"十四五"职业教育国家规划教材

会计信息化

(用友 U8V10.1 版)(第 2 版)

主　编　庞靖麒　张晓琳　卜艳艳
副主编　郑圣慈　徐　玮　徐　栋　刘　荣　马　娟
参　编　郑洪文　李树叶　李　莘　孟凡功　马晓东

北京理工大学出版社
BEIJING INSTITUTE OF TECHNOLOGY PRESS

版权专有　侵权必究

图书在版编目（CIP）数据

会计信息化：用友 U8V10.1 版 / 庞靖麒，张晓琳，卜艳艳主编 . —2 版 . -- 北京：北京理工大学出版社，2022.1（2024.1 重印）

ISBN 978-7-5763-0963-8

Ⅰ．①会… Ⅱ．①庞… ②张… ③卜… Ⅲ．①会计信息—财务管理系统—高等学校—教材 Ⅳ．① F232

中国版本图书馆 CIP 数据核字（2022）第 027642 号

责任编辑：钟　博	**文案编辑**：钟　博
责任校对：周瑞红	**责任印制**：施胜娟

出版发行 /	北京理工大学出版社有限责任公司
社　　址 /	北京市丰台区四合庄路 6 号
邮　　编 /	100070
电　　话 /	（010）68914026（教材售后服务热线）
	（010）68944437（课件资源服务热线）
网　　址 /	http://www.bitpress.com.cn

版 印 次 /	2024 年 1 月第 2 版第 5 次印刷
印　　刷 /	三河市天利华印刷装订有限公司
开　　本 /	787 mm × 1092 mm　1/16
印　　张 /	17.75
字　　数 /	395 千字
定　　价 /	49.80 元

图书出现印装质量问题，请拨打售后服务热线，负责调换

前 言

为落实《国家职业教育改革实施方案》、《会计改革与发展"十四五"规划纲要》（财会〔2021〕27号）、《会计信息化发展规划（2021—2025年）》的精神，本书编写团队立足"十四五"经济社会发展对财务人员的新要求，落实立德树人的教育根本任务，以财政部颁布的最新《企业会计准则》及有关财经法规为依据，契合岗位需求，融合现代新技术、新工艺编写了本书。

本书以山东绿都环保建材贸易有限公司2022年1月的业务为载体，按照企业工作流程设置了"财务软件准备""财务软件初始设置""日常经济业务核算""期末业务处理""编制财务报表"5个项目，中间三大项目按照用友功能模块的不同，又划分为总账管理、薪资管理、固定资产管理、应收款管理、应付款管理5个系统。在编写体例上，设置了"职场寄语""职业目标""典型工作任务""项目背景资料""常见故障排除""项目考核评价"及"项目小结"，以清晰的业务流程、准确的操作步骤和详细的内容讲解，启发学生思考，提高学生使用ERP软件处理经济业务、分析业财数据的能力。

与其他同类教材相比，本书具有以下显著特点。

（1）校企协同对接企业。本书编写团队中来自企业的专家具有丰富的软件操作、财务管理的一线经验，将企业新技术、新理念、新要求融入本书，根据岗位典型工作任务设计本书内容，使本书更加满足工作岗位需要。

（2）项目驱动任务导向。全书按照业务工作流程编排，设计贯穿全月的经济业务，并以做项目、完成任务的形式加以设计，所有相关知识点均融入任务，帮助学生在完成任务的过程中掌握相关知识和技能。

（3）分层资源满足需要。本书是山东省精品资源共享课"会计信息化"的建设成果之一，配套资源质量高。本书针对全部任务开发了操作演示微课，针对难点开发了知识解析微课，针对易错点开发了差错更正微课，操作演示微课通过二维码方式予以呈现，学生在学习过程中可以通过扫码进行动态自主学习。

（4）技术赋能更新内容。本书编写团队紧跟企业管理制度、新会计准则、新税法变化更新内容，将信息技术、企业管理理念、内控流程、制度规范融入典型工作任务，使本书紧跟时代步伐。

（5）思政育人润物无声。本书第一主编及团队成员中共计四人是国家级课程思政教学名师，书中的课程思政建设具有系统化、全面化、融合性的特点。编者结合本书内容设计思政强化点，并将其融入每个项目的"职场寄语""项目考核评价"中，教材还结合知识和技能点设计了"古智启思""政策法规""管理增效""警钟长鸣"等栏目，以提高学生对国家政策法规、职业素养、职业红线的认识，帮助学生养成诚实守信、认真严谨、数据服务的职业素养。

（6）在线学习有力支撑。本书是山东省资源库课程的配套教材，全部资源均可通过"智慧职教""职教云平台"免费获取，网站内容丰富，本书编写团队根据信息技术发展趋势不断更新资源，为开展线上学习提供有力保障。

本书是日照职业技术学院"会计信息化"课程改革的建设成果之一，课程于2017年被评为山东省精品资源共享课、2021年立项思政示范课。由庞靖麒、张晓琳、卜艳艳担任主编，由郑圣慈、徐玮、徐栋、刘荣、马娟担任副主编，郑洪文、李树叶、李莘、孟凡功、马晓东参编。编写分工如下：郑洪文（日照职业技术学院）编写子项目1.1；孟凡功（日照海港装卸有限公司）编写子项目1.2；徐栋（日照职业技术学院）编写子项目2.1；李树叶（山东经贸职业学院）编写子项目2.2；刘荣（日照职业技术学院）编写子项目2.3；卜艳艳（日照职业技术学院）编写子项目3.2、5.1；徐玮（威海海洋职业学院）编写子项目2.4、3.3；庞靖麒（日照职业技术学院）编写子项目2.5、2.6、3.4、3.5；张晓琳（日照职业技术学院）编写子项目2.7、3.1、3.6；郑圣慈（日照职业技术学院）编写子项目4.1、4.2；李莘（日照职业技术学院）编写子项目5.2；马娟（日照海港装卸有限公司）设计典型工作任务并对全书进行了通稿审阅。

本书得到了日照海港装卸有限公司、国网山东日照供电公司的大力支持，此外宋艳艳、孙元霞、孙淑芬老师对本书的编写也给予了诸多建议和帮助，在此深表感谢。

由于时间仓促，加之编者水平有限，书中难免存在疏忽和不当之处，恳请广大读者批评指正。

编　者
2021年12月

目录 Contents

项目一　财务软件准备

职场寄语 …………………………………………………… 1
职业目标 …………………………………………………… 2
典型工作任务 ……………………………………………… 2
项目背景资料 ……………………………………………… 2
　　子项目 1.1　认识会计信息系统及用友 U8V10.1 软件 ……… 4
　　子项目 1.2　建账授权 ……………………………………… 10
常见故障排除 ……………………………………………… 23
项目考核评价 ……………………………………………… 24
项目小结 …………………………………………………… 25

项目二　财务软件初始设置

职场寄语 …………………………………………………… 26
职业目标 …………………………………………………… 27
典型工作任务 ……………………………………………… 27
项目背景资料 ……………………………………………… 28
　　子项目 2.1　基础档案设置 ………………………………… 29
　　子项目 2.2　单据设置 ……………………………………… 53
　　子项目 2.3　薪资管理系统初始设置 ……………………… 56
　　子项目 2.4　固定资产系统初始设置 ……………………… 71
　　子项目 2.5　应付款管理系统初始设置 …………………… 81
　　子项目 2.6　应收款管理系统初始设置 …………………… 89
　　子项目 2.7　总账系统初始设置 …………………………… 95
常见故障排除 ……………………………………………… 103
项目考核评价 ……………………………………………… 106
项目小结 …………………………………………………… 107

项目三　日常经济业务核算

职场寄语 …………………………………………………… 109
职业目标 …………………………………………………… 110
典型工作任务 ……………………………………………… 110

目录

项目背景资料 …………………………………………………………… 111
　　子项目 3.1　总账凭证管理 ………………………………………… 112
　　子项目 3.2　薪资日常业务 ………………………………………… 133
　　子项目 3.3　固定资产日常业务 …………………………………… 147
　　子项目 3.4　采购付款业务 ………………………………………… 160
　　子项目 3.5　销售收款业务 ………………………………………… 183
　　子项目 3.6　出纳业务 ……………………………………………… 209
常见故障排除 …………………………………………………………… 218
项目考核评价 …………………………………………………………… 222
项目小结 ………………………………………………………………… 223

项目四　期末业务处理

职场寄语 ………………………………………………………………… 225
职业目标 ………………………………………………………………… 226
典型工作任务 …………………………………………………………… 226
项目背景资料 …………………………………………………………… 226
　　子项目 4.1　期末转账定义与凭证生成 …………………………… 227
　　子项目 4.2　期末对账与结账 ……………………………………… 242
常见故障排除 …………………………………………………………… 248
项目考核评价 …………………………………………………………… 249
项目小结 ………………………………………………………………… 250

项目五　编制财务报表

职场寄语 ………………………………………………………………… 251
职业目标 ………………………………………………………………… 252
典型工作任务 …………………………………………………………… 252
项目背景资料 …………………………………………………………… 252
　　子项目 5.1　编制自定义报表 ……………………………………… 253
　　子项目 5.2　利用报表模板生成常用报表 ………………………… 259
常见故障排除 …………………………………………………………… 268
项目考核评价 …………………………………………………………… 269
项目小结 ………………………………………………………………… 270
参考文献 ………………………………………………………………… 271

微课资源目录

应用服务器配置 …………………………………… 9
增加角色 …………………………………………… 11
增加用户 …………………………………………… 12
修改用户 …………………………………………… 13
删除用户 …………………………………………… 13
建立账套 …………………………………………… 15
修改账套 …………………………………………… 18
赋予权限 …………………………………………… 19
备份账套 …………………………………………… 21
引入账套 …………………………………………… 22
建立部门档案 ……………………………………… 30
增加人员类别 ……………………………………… 31
建立人员档案 ……………………………………… 31
建立客户档案 ……………………………………… 35
建立供应商档案 …………………………………… 36
设置计量单位 ……………………………………… 39
建立存货档案 ……………………………………… 40
外币设置 …………………………………………… 44
修改会计科目 ……………………………………… 44
增加会计科目 ……………………………………… 44
复制会计科目 ……………………………………… 45
指定会计科目 ……………………………………… 46
设置凭证类别 ……………………………………… 47
设置项目目录 ……………………………………… 48
设置结算方式 ……………………………………… 51
设置付款条件 ……………………………………… 52
设置开户银行 ……………………………………… 52
设置单据编号 ……………………………………… 54

设置单据格式	55
建立薪资子账套	56
赋权薪资主管	57
设置人员附加信息	58
设置人员档案	60
设置工资项目	62
定义 iff 公式	65
应纳税所得额	66
定义双 iff 公式	67
定义其他公式	68
扣税设置	69
设置银行代发工资文件	70
建立固定资产账套	72
设置固定资产类别	75
设置部门对应折旧科目	76
设置增减方式对应科目	78
录入固定资产原始卡片	80
设置应付款管理系统参数	82
设置应付款管理系统科目	84
录入应付票据期初余额	85
录入应付账款期初余额	86
录入预付账款期初余额	87
设置应收款管理系统参数	90
设置应收款管理系统科目	91
录入应收票据期初余额	93
录入应收账款期初余额	94
设置总账系统参数	96
应收票据期初余额	100
其他应收款期初余额	101
库存商品期初余额	102
项目核算凭证	114
部门核算凭证	116
个人往来核算凭证	117
银行辅助核算凭证	118

缴纳税款凭证	119
外币核算凭证	120
生成常用凭证	121
出纳签字	123
审核凭证	124
查询凭证	125
记账	126
修改凭证	128
删除凭证	130
查看账簿数据	132
计算工资	134
替换数据	135
银行代发一览表	137
扣缴个人所得税	138
工资分摊公式设置	141
个人所得税代扣设置	142
企业负担公积社保计提设置	142
个人负担公积社保代扣设置	142
职工教育经费计提设置	142
生成工资分摊凭证	143
工资构成分析表	146
新增固定资产	147
资产变动	150
计提折旧	151
减少资产	153
盘点固定资产	156
查看价值结构分析表	160
分配数据权限	161
赊购	162
运费采购业务	164
预付款采购	167
付款核销	170
现金折扣采购	173
票据结算	177

票据签发	178
采购退货	180
应付余额表	183
赊销	184
代垫费用销售	186
收款核销	189
预收款销售	191
收到票据	196
票据贴现	197
销售折让	199
销售退回	200
应收冲应收	203
坏账发生	205
坏账收回	205
查询对账单	208
查询资金日报表	209
登记支票登记簿	210
查询日记账	211
银行对账	215
自定义转账公式设置	228
自定义转账凭证生成	230
销售成本结转	233
确认汇兑损益	236
结转期间损益	239
薪资管理系统月末处理	243
固定资产系统月末处理	244
总账系统对账结账	245
往来系统月末处理	245
定义报表格式	253
生成报表图表	258
生成利润表	260
生成资产负债表	263
生成现金流量表	265

项目一
财务软件准备

 **职场寄语**

随着互联网+、大数据等新技术的发展，财务人员的从业环境发生了巨大改变，2021年影响中国会计人员的十大信息技术评选出炉：财务云、电子发票、会计大数据分析与处理技术、电子会计档案、机器人流程自动化（RPA）、新一代ERP、移动支付、数据中台、数据挖掘、智能流程自动化（IPA）。党的二十大把发展质量摆在更突出的位置，经济、社会等各方面都体现了高质量发展的要求。财务人员正面临一场角色转型，新技术的学习将是财务人员学习不可规避的领域，实践工作中，中小型企业使用财务软件进行业务核算仍然普遍存在，从成本效益角度考虑，在未来较长一段时间内还将存续。因此财会专业学生一方面要加强对财务机器人等新技术、新知识的学习，另一方面要从熟悉主流财务软件，理解其运行原理、明晰软件系统内部关系，为优质就业奠定良好基础。

职业目标

目标类型	目标要求	对应子项目
知识目标	了解会计信息系统发展的现状及方向,掌握软件的基本功能	子项目 1.1
	了解用友财务软件的调试方法	子项目 1.1
	了解账套的作用、建账流程,熟悉用户与角色的区别	子项目 1.2
	掌握系统管理员与账套主管的权限差异,熟悉授权流程	子项目 1.2
能力目标	能分析用友软件的构成及各模块间的关系	子项目 1.1
	能配置系统参数,完成用友 U8V10.1 软件的调试	子项目 1.1
	能根据企业当前业务及发展需要合理规划账套内容,科学管理账套	子项目 1.2
	能对用户进行增减操作,并根据企业内控需要进行授权管理	子项目 1.2
素质目标	感受信息技术的发展和国家的日益强大,提高祖国建设的参与感	子项目 1.1
	培养整体规划意识,学习用发展的眼光看待、分析问题	子项目 1.2
	养成科学地制订计划、执行计划的行为习惯	子项目 1.2
	明晰岗位分工,树立职责意识	子项目 1.2

典型工作任务

项目	子项目	典型工作任务
财务软件准备	认识会计信息系统及用友 U8V10.1 软件	认识会计信息系统
		认识用友 U8V10.1 软件
		配置应用服务器
	建账授权	用户管理
		账套管理
		赋予权限
		备份账套
		引入账套

项目背景资料

2021 年 3 月 11 日,十三届全国人大四次会议表决通过了中华人民共和国国民经济和社会发展第十四个五年规划和 2035 年远景目标纲要,"十四五"规划明确指明了经济发展、创新驱动、民生福祉、绿色生态和安全保障五大发展方向。山东绿都环保建材贸易有限公司于 2019 年 5 月成立,从事多种建筑材料物资的批发销售。近两年,该企业以国家绿色生态环保的政策为导向，取消高耗能建材业务，转向全环保建材的批发销售。成立初期该企业使用手工账进行账务处理核算，随着企业经营规模的扩大，2021年年底，该企业购入一套用友财务软件，并于2022年年初实施软件核算。为了更好地开展业务，财务人员应对我国会计信息系统的发展及用友软件进行基本了解，以结合企业的实际情况开展业务处理。该企业会计核算的基本信息如下。

1. 公司注册信息

公司名称：山东绿都环保建材贸易有限公司。

成立时间：2019年5月。

企业性质：有限责任公司。

单位地址：山东省日照市东港区青岛路68号。

注册资本：200万元。

法定代表人：王睿。

统一社会信用代码：91371102MA2CNQ6U9B。

2. 银行开户信息

人民币户：中国工商银行青岛路支行；　　账号：1616020812042100771。

美元户：中国银行威海路支行；　　账号：220485006457。

3. 企业部门及人员设置

企业根据经营需要，设置了办公室、财务部、采购部、销售部、仓储部。目前有在职人员10人，根据内控规定及企业经营管理需要，该企业对所有员工制定了明确的岗位分工，编制了岗位责任书，规定了员工在从事具体职务活动中所享有的权利、义务和应承担的责任，实现了业务活动在不同岗位之间、相同岗位不同员工之间的专业分工。

4. 企业的会计政策和核算方法

（1）该企业为增值税一般纳税人，执行《企业会计准则》，销售商品的增值税税率为13%，运费税率为9%，出租动产税率为13%。该企业当期取得的增值税专用发票，按照现行增值税制度规定当期允许抵扣的，均需认证且于当期一次性抵扣。该企业位于山东省日照市区，适用的城市维护建设税税率为7%，教育费附加征收率为3%，地方教育附加征收率为2%。该企业按规定代扣代缴个人所得税；企业所得税税率为25%，采用按季预缴、年终汇算清缴的方法；受疫情影响，房产税、印花税等其他税种暂免。

（2）存货采购采用实际成本法核算，存货发出采用月末加权平均法，于月末汇总计算。

（3）该企业对坏账采用应收账款余额百分比法核算，仅对应收账款计提坏账，其他债权无须计提，期末根据应收账款余额的5%计提坏账准备，坏账发生时冲减坏账准备。

（4）该企业固定资产包括房屋建筑、办公设备和运输设备三类，预计使用年限分别为30年、5年、10年，采用直线法计提折旧，净残值率均为4%。

（5）该企业按《中华人民共和国劳动法》的有关规定计算缴纳社会保险费和住房公积金。每月计提企业和个人负担金额，并于当月上缴。社会保险及住房公积金以企业上一年职工月平均工资数为计提基数，具体计提比例如下：基本养老保险为27%，其中企业承担19%，个人承担8%；医疗保险（含生育保险）为12.8%，其中企业承担10.8%，个人承担2%；失业保险为1%，其中企业承担0.8%，个人承担0.2%；工伤保险为0.2%，全部由企业承担。住房公积金计提比例为24%，由企业和个人分别承担12%。个人承担的社会保险、住房公积金在缴纳时通过"其他应付款"账户进行核算。个人所得税由企业代扣代缴，通过"应交税费"账户进行核算；职工教育经费、福利费不需要计提，在实际发生时予以列支，该企业无工会组织，无须计提工会经费。

（6）该企业的利润核算采用"账结法"，月末将收入类账户和支出类账户分别转入"本年利润"，年末按税后净利润的10%计提法定盈余公积，5%计提任意盈余公积。

子项目 1.1

认识会计信息系统及用友 U8V10.1 软件

任务1　认识会计信息系统

【任务要求】

了解我国会计信息化的发展历程，明确我国会计信息技术发展对企业财务业务核算、我国经济发展的支撑作用。

【任务解析】

随着近几年大数据、人工智能、移动互联网、云计算等技术的发展及其在企业中的推广应用，企业逐渐成为一个集合财务、管理、业务等资源于一体的大数据平台，大中型企业的账务处理从手工账逐步升级为会计信息化、云财务。当前我国中小型企业会计核算最主要的方式仍是财务软件。本任务要求了解会计信息系统在我国的发展，掌握会计信息化的实施对企业的意义、未来的发展方向及对财务人员的素养要求，使财务人员提升技能素养，为更好地服务企业奠定基础。

【知识链接】

1. 会计信息化与会计电算化

会计电算化也叫作计算机会计，是指将以电子计算机为主体的当代电子技术和信息技术应用到会计实务中，它实现了数据处理的自动化，使传统的手工会计信息系统发展演变为电算化会计信息系统。

会计信息化是指将会计信息作为管理信息资源，全面运用以计算机、网络通信为主的信息技术对其进行获取、加工、传输、应用等处理，为企业经营管理、控制决策和经济运行提供充足、实时、全方位的信息，以提高会计管理决策能力和企业管理水平。会计信息化是在会计电算化、会计信息系统概念的基础上派生出来的。

从发展历程上看，会计电算化是会计信息化的前身，但是两者的侧重点又有所不同。会计电算化侧重于使用计算机进行会计核算，体现的是会计核算的介质改革；会计信息化则侧重于为管理层提供信息，体现的是信息技术作用于企业管理的思想改革。

2. 我国会计信息化的发展历程

自 1946 年世界上第一台计算机 ENIAC 问世以来，计算机在信息处理方面所显示出来的巨大潜力就引起了会计人员的重视。1954 年，美国通用电气公司首次利用电子计算机计算职工薪金，引起了会计数据处理技术的变革，开创了利用计算机进行会计数据处理的新纪元。中国财政科学研究院研究员徐玉德将我国会计信息化的发展分为四个阶段。

第一阶段是尝试推广阶段（1979—1988 年）。1979 年，财政部和第一机械工业部为中国第一家会计电算化试点单位——长春第一汽车制造厂提供了 560 万元的财政支持，长春第一汽车制造厂从德意志民主共和国进口了一台 EC-1040 计算机以实行电算化会计。1981 年 8 月，中国人民大学和第一汽车制造厂联合召开了财务、会计、成本应用电子计算机问题讨论会，首次正式提出"电子计算机在会计工作中的应用"问题，引入"会计电算化"概念，这标志着我国会计信息化的发展步入正轨。1982 年，国务院主导成立计算机和集成电路领导小组，重点推广全国计算机的应用。1987 年，财政部颁布《关于国营企业推广应用电子计算机工作中若干财务问题的规定》，从提倡发展基金和严格管理成本支出两个方面促进会计电算化的发展。1988 年 6 月，由财政部财政科学研究所主办的全国首届会计电算化学术研讨会召开，会议提出了会计电算化应加强通用化、商业化，为会计电算化的发展指明了方向。

第二阶段是快速发展阶段（1989—1998 年）。1989 年，财政部召开了会计电算化管理专题讨论会，讨论并修订了《关于会计核算软件管理的几项规定（试行）》，决定在各级财政部门推行会计电算化的试点工作，会计电算化逐渐代替传统手工记账。随着国内会计电算化的推行，用友、金蝶等会计软件公司纷纷成立，逐步形成了商品化会计软件市场。会计软件的开发向通用化、专业化、商品化的方向发展。

第三阶段是稳步提高阶段（1999—2008 年）。1999 年，会计软件市场管理暨会计信息化研讨会召开，会议明确指出会计信息化将成为 21 世纪会计电算化的发展方向。2003 年，上海证券交易所和深圳证券交易所陆续开展 XBRL 应用试点。2005 年，财政部颁布《会计从业资格管理办法》《初级会计电算化考试大纲》，明确了会计信息化的地位和从业人员所需达到的具体要求。2006 年，中国 XBRL 研讨会在北京召开，会议明确了 XBRL 研究在今后一段时期将作为主要研究方向，为会计信息化提供统一标准。2008 年，我国会计信息化委员会暨 XBRL 中国地区组织成立大会在北京召开，中央各部门共同发力，从制度、准则和人才储备方面为会计信息化标准体系的建立提供了支持与保障。

第四阶段是全面推进阶段（2009 年至今）。2009 年，财政部颁布《关于全面推进我国会计信息化工作的指导意见》，从意义、主要任务和措施要求三个方面阐述全面推进会计信息化工作的具体内容。2010 年，财政部颁布《企业内部控制应用指引第 18 号——信息系统》，以促进企业有效实施内部控制，提高企业现代化管理水平。2017 年，德勤会计师事务所推出财务机器人，提供了财务自动化流程解决方案，这标志着会计工作正式由"信息化"向"智能化"转变。2021 年 11 月,财政部立足"十四五"时期会计信息化工作面临的形势与挑战,以提升我国会计信息化水平,推动会计数字化转型,构建国家会计信息化发展体系为目标,发布了《会计信息化"十四五"规划(征求意见稿)》,这标志着会计信息化发展开启了新的征程。

★★★ 古智启思 ★★★

南宋大儒朱熹在《观书有感》中写道:"问渠那得清如许,为有源头活水来"。正是因为源头活水,才让半亩方塘清澈如镜。互联网+、大数据、人工智能、区块链等现代信息技术的发展,引领了会计信息数字技术变革的潮流,传统会计面临巨大挑战。面对新的财务环境,只有不断学习新知识、接受新思想、更新新技术,才能保持思想的活跃与进步,为职业人生注入新的能量。在新的财务环境下,应该从哪些方面提升自己的知识、技能,以应对新技术带来的挑战?

任务 2 认识用友 U8V10.1 软件

【任务要求】

了解用友 U8V10.1 软件的主要功能、运行环境、各模块间数据的传递关系以及软件常用的快捷键。

【任务解析】

用友软件涵盖了财务、业务、生产、电商等多个领域,用友公司是国家重点软件企业之一。针对不同规模的企业,用友公司进行了差异性产品开发。畅捷通系列产品,如 T6、T+Cloud 主要面向小型企业,U8、U9 系列产品主要面向中型及成长型企业,而用友 NC 则是针对集团型企业的财务管理开发研制。本任务针对用友 U8V10.1 产品的运行环境、功能等进行初步认识和了解,为该软件的具体操作奠定基础。

【知识链接】

1. 用友 U8V10.1 软件的功能模块

随着中国经济的发展,根据企业经济业务处理的需要,用友软件也逐步升级更新,先后经历了 U8 ERP、U8 All-in-One、U8+ 等发展阶段,实现了从简单管理到粗放管理再到精细管理、从部门级应用到企业级应用再到供应链级应用、从局部到集成到全面再到软件及云应用、从少数人应用到全员应用的跨阶段发展。

用友 U8V10.1 软件是用友 U8V10.0 软件的升级版本,其后续产品包括 U8V11.0、U8V12.0、U8+V13.0、U8 V15.0 等以及 U8cloud 即 U8 云财务,这些产品都是在 U8V10.1 基础上的调整优化,与 U8V10.1 的主要操作功能和操作界面相近。U8V10.1 软件包括以下模块:企业门户、财务会计、管理会计、供应链管理、生产制造、分销管理、零售管理、人力资源管理、决策支持、集团应用、企业应用集成、移动应用等,其产品构成如图 1.1.1 所示。

针对用友 U8V10.1 软件的学习分为财务链和供应链两部分,财务链涉及的模块包括总账、人力资源、固定资产、应收款管理、应付款管理、UFO 报表,供应链涉及的模块包括采购管理、销售管理、库存管理、存货核算,其各模块间的数据传递关系如图 1.1.2 所示。

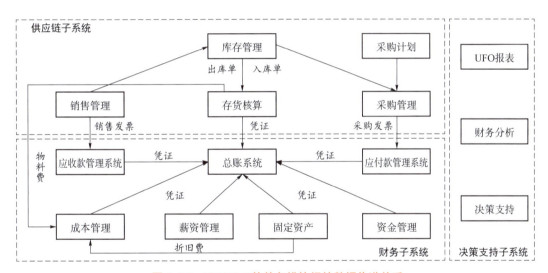

图 1.1.1　用友 U8V10.1 产品构成

图 1.1.2　U8V10.1 软件各模块间的数据传递关系

2. 用友 U8V10.1 软件演示期控制规则见表 1.1.1。

表 1.1.1　用友 U8V10.1 软件演示期控制规则

产品	子产品模块	演示期控制规则
财务管理	总账	总体控制时间为 2 个月。填制凭证控制为可不连续的 2 个月（以是否有数据为标准），如 1 月填制了凭证，2 月未制单，则还可填制 3 月的凭证，从 3 月填制过凭证起，账套到期
	UFO 报表	无加密狗情况：所有表都不能打印 无加密狗情况：报表表页最多只能有 4 页

续表

产品	子产品模块	演示期控制规则
财务管理	固定资产	产品月结超过2个月
	应收款管理	其他应收单、收款单有单据日期相隔超过2个月
	应付款管理	其他应付单、付款单有单据日期相隔超过2个月
	现金流量表	无加密控制
人力资源	薪资管理	薪资数据超过2个月 按照年度账进行控制，即每个年度账均控制在2个月期末处理
	计件工资	薪资数据超过2个月，有超过2个月的计件明细数据（包括：计件数据录入表、班组计件数据录入表和工资分配表，其中一张表有超过2个月的数据即过期） 薪资人员档案超过40个的计件属性人员 个人计件和集体计件有一产品过期，则另一产品也过期

3. 用友U8V10.1软件常用快捷键见表1.1.2。

表1.1.2　用友U8V10.1软件常用快捷键

快捷键	功能	说明
F1	帮助	在线帮助
F2	参照	光标所在字段的参照
F3	查询	在账表及列表中调出查询条件窗口，在参照中模糊查询后连续定位
F5	增加	新增一张凭证或单据
F6	保存	保存单据、凭证或账表格式
F7	企业日历	在基础档案中修改
F8	修改	在基础档案中成批修改
Ctrl+F3	定位	用于单据、列表和报表界面
PageUp	上一个/张	—
Alt+PageUp	第一个/张	—
PageDown	下一个/张	—
Alt+PageDown	末一个/张	—
Ctrl+I	增行	在单据和其他录入界面操作时新增一行
Ctrl+D	删行	在单据和其他录入界面操作时删除一行
Ctrl+S	辅助项	打开凭证辅助项窗口
Ctrl+H	隐藏/显示	隐藏或显示凭证菜单中的"恢复记账前状态"功能
Ctrl+F4	退出当前窗口	—
Ctrl+Shift+F6	取消结账	取消总账系统结账

【拓展延伸】

ERP软件随着我国经济的发展而不断升级，比较出名的国外ERP软件公司包括德国的 SAP 公司，美国的 Oracle 公司、Infor 公司等，它们在国际软件市场上占据绝对领导地位。如 SAP 公司遍布全球 130 个国家，其产品覆盖了 90% 以上全球企业 2 000 强。1994 年，SAP 公司在北京正式设立代表处，1995 年 SAP 中国分公司正式成立，实现了产品的本土化，不断拓展中国市场，主要服务于招商银行、联想集团、中国石化、中国电信、华为技术公司、广州日报集团等，同时也推进了本土软件公司 ERP 的发展，诸如用友、金蝶、浪潮等公司近几年也取得了跨越性发展，创新融合，实现了精细管控。

任务 3　配置应用服务器

【任务要求】

　　用友 U8V10.1 软件安装完毕并完成数据源配置后，首次登录时需要进行应用服务器配置，以确保 U8V10.1 软件能正常运行。

【任务解析】

　　本任务要求在完成用友 U8V10.1 软件的安装调试后，在学生端第一次登录软件时，进行软件的应用服务器配置，将数据库服务器名称与本机名称调整相符。

【知识链接】

　　正式运行用友 U8V10.1 软件，需要经过 3 个步骤。第一步：安装 SQL Server 2008 R2 数据库；第二步：安装用友 U8V10.1 软件；第三步：进行数据源配置、连接测试。因为目前学校软件一般采用同传安装方式，因此学生登录软件前需要先进行应用服务器配置，更改数据库服务器名称，以确保用友 U8V10.1 软件能正常连接运行。

【工作指导】

　　（1）用鼠标右键单击"计算机"图标，查看计算机属性，获取计算机名称。

　　（2）执行【开始】→【所有程序】→【用友 U8V10.1】→【系统服务】→【应用服务器配置】命令，或者直接双击桌面上【应用服务器配置】的钥匙图标，打开【U8 应用服务器配置工具】窗口，如图 1.1.3 所示。

应用服务器配置

　　（3）单击【数据库服务器】按钮，打开【数据源配置】窗口，如图 1.1.4 所示。

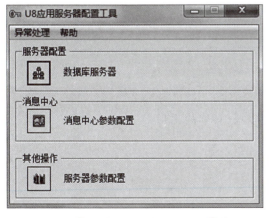

图 1.1.3　【U8 应用服务器配置工具】窗口

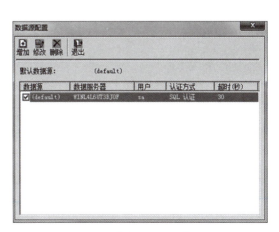

图 1.1.4　【数据源配置】窗口

（4）单击选择"default"数据源，单击【修改】按钮，打开【修改数据源】窗口，将数据服务器名称更改为本机名称，如图1.1.5所示，单击【确定】按钮，关闭【修改数据源】窗口。

（5）回到【U8应用服务器配置工具】窗口，单击【服务器参数配置】按钮，打开【服务器参数配置】窗口，将"加密服务器"和"负载均衡"均改为本机名称，完成配置，如图1.1.6所示。

图1.1.5 【修改数据源】对话框　　　　　　图1.1.6 【服务器参数配置】对话框

【拓展延伸】

在进行用友U8V10.1应用服务器配置的时候，数据库服务器名称可以设置为"127.0.0.1"或本机名称。当数据库名称为"127.0.0.1"（该IP地址是本机的环回地址，等同于本机名称），则学生端无须进行应用服务器配置，其数据库服务器即"127.0.0.1"，后续用户登录【系统管理】模块和【企业应用平台】时，【登录到】框中可默认为"127.0.0.1"。采用同传方式安装的学生机，数据库服务器名称并非指向本机，需要根据任务3中讲述的方法进行应用服务器配置，并且在后续用户登录【系统管理】模块和【企业应用平台】时，在【登录到】框中输入本机名称。

【探索思考】

登录用友论坛（https://www.oyonyou.com/forum-u8cloud-1.html），初步了解用友U8cloud、U8V15.0等产品，对比它们与用友U8V10.1软件的异同。

子项目1.2

建账授权

【系统管理】是用友U8V10.1软件中的一个独立模块，是系统正常运行的基础，对软件所属的各子模块进行统一的操作管理和数据维护。企业基础档案设置、日常业务处理、财务报表生成等工作在【企业应用平台】中完成，而【企业应用平台】正常运行的主要前提包括建立账套、设定用户及权限等，这些操作均在【系统管理】模块中完成，该模块针对账套、年度账、用户、权限、数据安全等进行管理，并可清除系统运行过程中的异常任务。

任务1　用户管理

【任务要求】山东绿都环保建材贸易有限公司为提高经营管理效率，自2022年1月1日起使用用友U8V10.1软件进行核算，管理层综合考虑业务处理需要和经营数据安全等因素，确定了用户名单。

任务1.1：增加角色"001 稽核"和"002 会计"；
任务1.2：根据表1.2.1所示信息增加用户；
任务1.3：用户202忘记密码，为用户202重置口令，新口令为"202"；
任务1.4：用户204因工作调动，无须再登录系统，请将用户204删除。

表 1.2.1　用户信息

编号	姓名	用户类型	口令	所属部门	角色
101	王睿	普通用户	101	办公室	经理
201	孙雯	普通用户	201	财务部	财务主管
202	肖勇	普通用户	202	财务部	会计
203	赵娜	普通用户	203	财务部	出纳
204	黄海	普通用户	204	财务部	稽核

【任务解析】为了保障企业经营数据的安全，应根据业务处理需要和企业内控管理规定确定可进入软件系统进行操作的人员及其权限，本任务要求设置有权进入软件系统进行业务操作的人员及其相关信息。

【岗位说明】用户的增、减、修改、注销等操作由系统管理员admin操作完成。

【知识链接】用户又称为操作员，是指有权登录【企业应用平台】进行业务操作的人员。为了保障软件系统和财务数据的安全性、保密性，需要对用户进行设置，后期因信息补充、调整等原因，可能需要对用户进行修改或删除，这些操作均由系统管理员完成。

【工作指导】

1. 增加角色

（1）执行【开始】→【所有程序】→【用友U8V10.1】→【系统服务】→【系统管理】命令，或双击桌面上的【系统管理】图标，打开【系统管理】窗口。

（2）执行【系统】→【注册】命令，打开【登录】对话框，在【登录到】

增加角色

框中输入计算机本机名称或"127.0.0.1",在【操作员】框中输入"admin",【密码】框为空,在【账套】下拉列表中选择"(default)"选项,如图1.2.1所示,单击【登录】按钮。

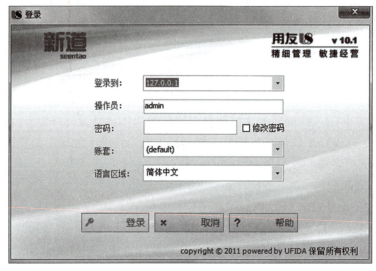

图1.2.1 "登录"对话框

(3)打开【用友U8[系统管理]】窗口,执行【权限】→【角色】命令,打开【角色管理】窗口,单击【增加】按钮,打开【角色详细情况】窗口,在【角色编码】框中输入"001",在【角色名称】框中输入"稽核",如图1.2.2所示,单击【增加】按钮,继续增加"002 会计",完成后关闭窗口。

2. 增加用户

(1)在【用友U8[系统管理]】窗口中执行【权限】→【用户】命令,打开【用户管理】窗口,单击【增加】按钮,打开【操作员详细情况】窗口,根据表1.2.1所示信息输入用户101的相关信息,如图1.2.3所示。

增加用户

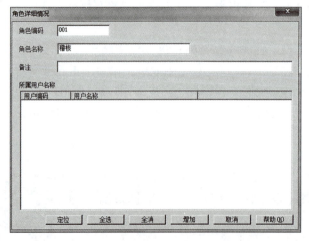

图1.2.2 增加角色

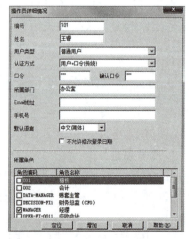

图1.2.3 增加用户

（2）单击【增加】按钮，继续输入其他用户信息，全部输入完毕后，单击【取消】按钮或关闭窗口，【用户管理】窗口显示所有用户列表，如图 1.2.4 所示。

用户编码	用户全名	部门	Email地址	手机号	用户类型	认证方式	状态
101	王睿	办公室			普通用户	用户+口令（传统）	启用
201	孙雯	财务部			普通用户	用户+口令（传统）	启用
202	肖勇	财务部			普通用户	用户+口令（传统）	启用
203	赵娜	财务部			普通用户	用户+口令（传统）	启用
204	黄海	财务部			普通用户	用户+口令（传统）	启用
admin	admin				管理员用户	用户+口令（传统）	启用

图 1.2.4　用户列表

※※※※※※※※※※※※※※※※※※※※※※※※※※※※※※※※※※※※

◆ admin 是默认的系统管理员，登录时不区分大小写。admin 的默认密码为空，为了保证系统安全，可以对 admin 设定密码，在【登录】对话框中，输入用户名后，勾选【修改密码】复选框进行登录，则可以设定新密码。

◆ 只有系统管理员 admin 才能增加、修改、删除用户，其他人员无此权限。

◆ 用户编码是唯一的，即使不同的账套，用户编码也不能重复。

◆ 角色是指在企业管理中拥有某一类职能的组织或岗位，如出纳、销售主管，它可以是实际部门或虚拟组织。系统自动设置了部分角色，企业可根据需要对角色进行管理，也可以先设置角色，再对角色赋权，设置用户时勾选角色，则角色对应的权限将自动赋予该用户。

◆ 一个角色可以分配给多个用户，一个用户也可以拥有多个不同的角色。

※※※※※※※※※※※※※※※※※※※※※※※※※※※※※※※※※※※※

3. 修改用户

（1）在【用友 U8〔系统管理〕】窗口，执行【权限】→【用户】命令，打开【用户管理】窗口，双击用户 202，打开【操作员详细情况】窗口。

（2）在【口令】和【确认口令】框中输入"202"，单击【确定】按钮。

4. 删除用户

（1）在【用户管理】窗口，双击用户 204，打开【操作员详细情况】窗口。

（2）取消"稽核"角色的勾选，单击【确定】按钮，回到【用户管理】窗口。

（3）选择用户 204，单击【删除】按钮，系统提示"确认删除用户：〔204〕吗？"，单击【是】按钮，用户 204 被删除。

修改用户

删除用户

※※※※※※※※※※※※※※※※※※※※※※※※※※※※※※※※※※※※

◆ 为了保障数据安全，系统管理员（admin）在设置用户时可赋予其口令，即系统登

录密码，用户在系统登录界面勾选【修改密码】复选框，可以完成口令的更换。若后期忘记密码，系统管理员（admin）重新设置密码即可，按照同样的操作流程，可以对用户的其他信息进行修改。

◆ 对于已经登录系统、正在操作的用户，不能删除或修改。

◆ 设置用户时若勾选了角色，删除该用户前首先要取消角色的勾选。

※※※※※※※※※※※※※※※※※※※※※※※※※※※※※※

【拓展延伸】

有权登录【系统管理】模块的用户有三类：系统管理员（admin）、系统安全管理员（SAdmin）和账套主管，其他普通用户无权登录。系统管理员（admin）负责建立、引入、输出账套，管理用户、角色，赋予功能权限，清除异常任务等；系统安全管理员（SAdmin）负责清除、还原日志，制定安全策略；账套主管负责修改账套、管理账套库，以及所管辖账套下的用户与角色授权。

【探索思考】

思考用户与角色的设置顺序有无先后之分？比较两者的异同。

任务 2 账套管理

【任务要求】结合企业当期业务处理和未来发展需要，财务部研究并报管理层审批，确定了企业的会计核算政策。

任务 2.1：根据以下信息建立企业账套。

（1）账套信息。账套号：003；账套名称：山东绿都环保建材贸易有限公司；账套路径：默认；启用会计期：2022 年 1 月；会计期间设置：1 月 1 日—12 月 31 日。

（2）单位信息。单位名称：山东绿都环保建材贸易有限公司；简称：绿都环保；机构代码：91371102MA2CNQ6U9B；单位地址：山东省日照市东港区青岛路68号；法人代表：王睿。

（3）核算类型。本币代码：RMB；本币名称：人民币；企业类型：商业；行业性质：2007 年新会计制度科目；账套主管：孙雯；按行业性质预置科目。

（4）基础信息。需要对客户、供应商、存货进行分类，无须外币核算。

（5）编码方案。①科目编码级次 4-2-2-2；②客户分类、供应商分类、存货分类编码级次 2-2；③收发类别编码级次 1-1；④其他编码级次默认。

（6）数据精度。系统默认。

（7）系统启用。启用总账系统、应收款管理系统、应付款管理系统、固定资产系统、薪资管理系统，启用日期为 2022 年 1 月 1 日。

任务 2.2：建账后考虑企业未来出口业务开拓计划，修改账套信息，增加外币核算。

【任务解析】该任务要求进行账套的建立与修改。首先，按照核算要求建立账套，并根据业务需求启用系统；其次，账套建立完成后，根据经营管理需要对账套进行修改。

【岗位说明】系统管理员 admin 完成建账工作，建账完成后，账套信息的修改由账套主管完成。

【知识链接】账套是一组相互关联的数据，每个独立核算的企业都应建立一套完整的账簿体系，各账套间的数据相互独立，互不影响。企业进行业务处理之前，需要在系统中对企业的基本信息、核算方法、业务处理规则等进行设置，这个过程称为建立账套。

【工作指导】

1. 建立账套

（1）系统管理员（admin）登录【系统管理】模块，在【用友 U8［系统管理］】窗口，执行【账套】→【建立】命令，打开【创建账套 – 建账方式】窗口，单击【新建空白账套】按钮，单击【下一步】按钮。

建立账套

（2）打开【创建账套 – 账套信息】窗口，输入账套号、账套名称，会计期间设置为"2022 年 1 月"，其他信息默认，如图 1.2.5 所示，单击【下一步】按钮。

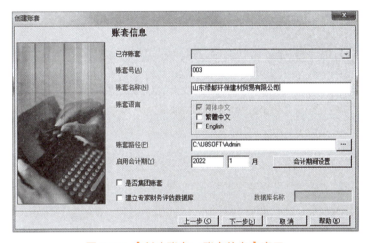

图 1.2.5 【创建账套 – 账套信息】窗口

（3）打开【创建账套 – 单位信息】窗口，输入单位名称、机构代码等信息，如图 1.2.6 所示，单击【下一步】按钮。

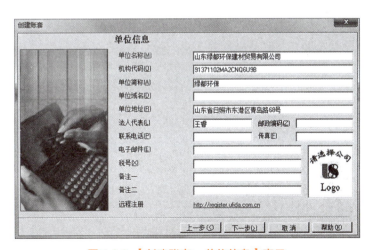

图 1.2.6 【创建账套 – 单位信息】窗口

（4）打开【创建账套－核算类型】窗口，【企业类型】选择"商业"，【行业性质】选择"2007年新会计制度科目"，【账套主管】选择"[201]孙雯"，勾选【按行业性质预置科目（S）】复选框，如图1.2.7所示，单击【下一步】按钮。

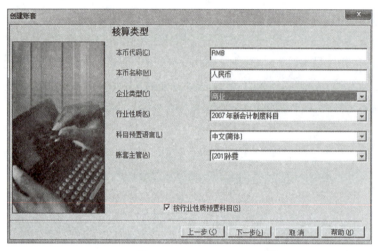

图1.2.7 【创建账套－核算类型】窗口

（5）打开【创建账套－基础信息】窗口，如图1.2.8所示，单击【下一步】按钮。

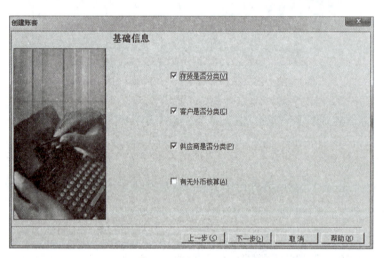

图1.2.8 【创建账套－基础信息】窗口

（6）打开【创建账套－开始】窗口，单击【完成】按钮，系统提示"可以创建账套了吗？"，单击【是】按钮，系统开始创建账套。

（7）经过几分钟的等待，系统打开【编码方案】窗口，根据任务信息，对编码级次进行设定，如图1.2.9所示。

（8）单击【确定】按钮，再单击【取消】按钮或者关闭【编码方案】窗口，打开【数据精度】窗口，如图1.2.10所示，若未作修改，直接单击【取消】按钮，打开【创建账套】

窗口，系统提示"［003］建账成功，现在进行系统启用的设置？"，如图 1.2.11 所示，单击【是】按钮。

图 1.2.10 "数据精度"窗口

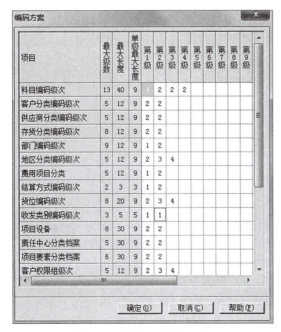

图 1.2.9 【编码方案】窗口

图 1.2.11 创建账套

（9）打开【系统启用】窗口，按照任务要求启用总账系统、薪资管理系统等 5 个系统，启用日期均为"2022-01-01"，如图 1.2.12 所示，单击【退出】按钮，系统提示"请进入企业应用平台进行业务操作"，关闭【系统启用】窗口，建账完成。

图 1.2.12 【系统启用】窗口

◆ 账套号是账套的唯一标志，设置后不允许修改，新建的账套号与系统内已经存在的账套号不可重复。

　　　　　◆ "工业"和"商业"两种企业类型下的业务范围存在差异，若选择了"商业"类型，则系统不能办理产成品入库、材料领用等业务，若选择了"工业"类型，则系统不能处理受托代销业务。

　　　　　◆ 编码方案设置后，单击【确定】按钮，然后关闭【编码方案】窗口，才能进行下一步的操作。

　　　　　◆ 系统可以于建账时启用，也可以在建账完成后，由账套主管登录【企业应用平台】，在【基础设置】选项卡中，执行【基本信息】→【系统启用】命令完成系统的启用工作。

2. 修改账套

（1）在【用友 U8〔系统管理〕】窗口，执行【系统】→【注销】命令，再执行【系统】→【注册】命令，更换用户 201 登录【系统管理】模块，在【密码】框输入"201"，【操作日期】为"2022-01-01"。

（2）执行【账套】→【修改】命令，单击【下一步】按钮，打开【修改账套 – 基础信息】窗口，勾选【有无外币核算】复选框，单击【完成】按钮，系统提示"确认修改账套吗？"，单击【是】按钮，直接关闭【编码方案】和【数据精度】窗口，系统提示"修改账套成功"。

修改账套

　　　　　◆ 账套建立完成之后，只有账套主管才有权对账套进行修改调整，其中账套号、账套语言、账套路径、启用会计期、是否集团账、本币代码、本币名称等信息无法进行修改，因此在建立账套时，财务人员应认真谨慎。

　　　　　◆ 编码方案、数据精度也可登录【企业应用平台】，在【基本设置】→【基本信息】界面中修改。

【拓展延伸】

　　信息化环境下的建账涉及基础档案的设置、业务处理重要参数的选择，若勾选错误，会对后期业务处理产生不可逆的影响，而且有的参数无法通过修改账套进行修改，所以建账时需要具有前瞻性、规划性、细心谨慎。

【探索思考】

　　分别以系统管理员（admin）身份和账套主管身份登录【系统管理】模块，观察不同身份登录后，账套、账套库、权限、视图等菜单的功能键颜色，比较两者权限的异同。

任务 3　赋予权限

【任务描述】企业账套建立完成后，需要对用户进行赋权，用户方可进入【企业应用平台】进行业务操作，根据表 1.2.2 进行授权操作。

表 1.2.2 用户权限一览表

操作员	职位	工作内容	权限
101 王睿	经理	对财务数据进行全面查询，了解企业运营情况、资金流等信息，开展管理决策	具有系统所有模块的全部权限
201 孙雯	财务主管	负责用户、账套、权限及软件安全管理；负责财务软件运行环境的建立、系统初始设置以及财务运行的全程监控	具有系统所有模块的全部权限
202 肖勇	会计	负责总账、固定资产、薪资管理系统的初始设置、日常业务处理及期末处理，负责银行对账工作	拥有【财务会计】→【总账】、【固定资产】、【应收账款】、【应付账款】的全部权限及【人力资源】→【薪资管理】的全部权限
203 赵娜	出纳	负责企业收付款业务，商业汇票业务，有价证券保管业务及现金、银行存款账簿的管理等工作	拥有【总账】→【凭证】→【出纳签字】及【总账】→【出纳】权限；【应收（付）款管理】→【日常处理】→【收（付）款单据处理】权限下除【收（付）款单审核】外的其他权限和【票据管理】权限

【任务解析】该任务要求在符合企业内部控制的前提下，对用户进行授权分工。

【岗位说明】本任务既可以由系统管理员（admin）完成所有用户的授权工作，也可以由账套主管完成其所管辖账套下的相关用户授权工作。

【知识链接】在实际工作中，为了避免舞弊、减少错误，财务需要合理分工。在完成了用户及账套的建立后，需要根据企业内部控制规定对用户进行权限赋予，即指定用户对账套数据的处理权限及操作范围。用友 U8V10.1 软件提供集中权限管理，除了提供用户对各模块操作的权限之外，还相应地提供了金额权限管理和对数据的字段级和记录级的控制，不同的组合方式为企业的内部控制提供了有效的方法。

【工作指导】

（1）在【用友 U8［系统管理］】窗口执行【权限】→【权限】命令，打开【操作员权限】窗口，单击左侧操作员列表中的"101 王睿"，勾选【账套主管】复选框，系统提示"设置普通用户：［101］账套主管权限吗？"，单击【是】按钮，系统自动勾选右侧所有权限。

赋予权限

（2）选择"202 肖勇"，单击工具栏中的【修改】按钮，单击右侧【财务会计】的【+】按钮，勾选【总账】、【固定资产】、【应收款管理】、【应付款管理】选项，以及【人力资源】→【薪资管理】选项，单击【保存】按钮，完成对用户 202 的赋权。

（3）选择"203 赵娜"，单击【修改】按钮，勾选【财务会计】→【总账】→【凭证】→【出纳签字】；【财务会计】→【总账】→【出纳】、【应收（付）款管理】→【日常处理】→【收（付）款单据处理】和【票据处理】选项，再取消"收（付）款单审核"与"收（付）款单弃审"选项的勾选，单击【保存】按钮，如图 1.2.13 所示。

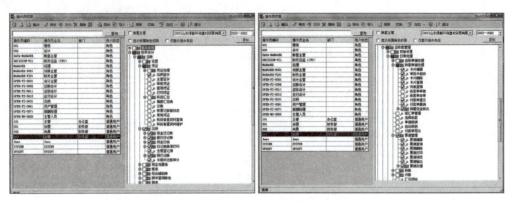

图 1.2.13　出纳授权

（4）全部用户授权完成后，单击【退出】按钮。

※※※※※※※※※※※※※※※※※※※※※※※※※※※※※※※※※※※※※※※

◆ 一个账套可以设定多个账套主管，账套主管自动拥有该账套的所有权限。一个用户也可以被设定为多个账套的账套主管，管理多个账套。

◆ 拥有不同权限的用户进入系统后，看到的界面及可操作的功能不同。

◆ 系统管理员（admin）可以给所有用户授权，账套主管只能对所管辖账套除账套主管外的其他用户授权。

※※※※※※※※※※※※※※※※※※※※※※※※※※※※※※※※※※※※※※※

【拓展延伸】

企业可根据实际情况，对角色或者用户进行授权。企业可以先设定角色，然后分配权限给角色，再进行用户设置，在设置用户时勾选角色，该角色拥有的权限会自动传递到该用户。若企业中每个角色的用户只有一两个人，可以不设置角色，直接对用户进行授权。

★★★管理增效★★★

财务部门涉及整个企业的资金，不相容职务分离尤为重要。《内部会计控制规范》规定，财务部门中的不相容职务分离主要包括以下几个方面：一是会计职务与出纳职务分离，也就是所谓的"管钱的不管账，管账的不管钱"，同时，出纳人员不得兼任稽核、会计档案保管和收入、支出、费用、债权、债务账目的登记工作；二是支票保管职务与印章保管职务分离，支票审核职务与支票签发职务分离；三是不得由一人保管支付款项所需的全部印章。实施不相容职务分离制度能够为企业有序经营、稳健发展提供相应的保障。企业实施软件核算，对用户进行授权分工必须遵循内部控制规定，以降低企业运营风险。

任务4　备份账套

【任务描述】在 D 盘建立文件夹，以"绿都环保建材账套"命名，将 003 账套备份到该文件夹中。

【任务解析】本任务要求将财务软件中的 003 号账套备份输出。

【岗位说明】只能由系统管理员（admin）完成账套的备份输出工作。

【知识链接】账套的备份是指将所选账套的数据进行备份输出。定期将企业数据备份出来存储到不同的介质中，有助于确保数据的安全。当发生计算机病毒、人为错误操作、自然灾害等不可预知事件时，及时备份账套可以降低企业的财务数据损失。

【工作指导】

（1）系统管理员（admin）登录【系统管理】模块，在【用友 U8〔系统管理〕】窗口，执行【账套】→【输出】命令，打开【账套输出】对话框，【账套号】选择"〔003〕山东绿都环保建材贸易有限公司"，单击【输出文件位置】右侧的参照按钮，弹出【请选择账套备份路径】窗口，双击打开目标文件夹，如图 1.2.14 所示，单击【确定】按钮。

备份账套

（2）回到【账套输出】窗口，勾选【删除当前输出账套】复选框，如图 1.2.15 所示。

（3）单击【确定】按钮，等待 1～2 分钟，系统提示"是否删除账套"，单击【是】按钮，几十秒后，系统提示"输出成功"，单击【确定】按钮，如图 1.2.16 所示。

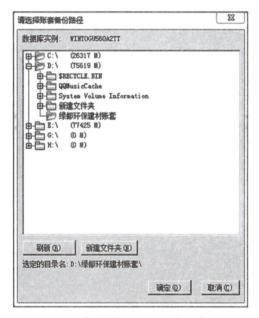

图 1.2.14 【请选择账套备份路径】窗口

图 1.2.15 【账套输出】窗口

图 1.2.16 账套输出成功

工作提示

◆ 在选择账套备份路径时，要双击文件夹，保证其处于打开状态。

◆ 账套数据比较大，进行账套备份时，需要 1～2 分钟的时间，请耐心等待。

◆ 账套备份成功后，会导出"UFDATA.BAK"和"UfErpAct.Lst"两个文件，缺一不可。

◆ 账套在输出时，如果不勾选"删除当前输出账套"复选框，则账套在输出完毕后，系统内依然保留该账套。

任务 5　引入账套

【任务描述】将 D 盘 "绿都环保建材账套" 文件夹中的账套数据引入用友 U8V10.1 软件系统。

【任务解析】本任务要求完成账套数据的引入工作。

【岗位说明】只能由系统管理员（admin）完成账套的引入工作。

【知识链接】账套引入也称为账套恢复，是将硬盘等存储介质中的备份数据恢复到指定路径中。当系统升级改造或发生病毒侵害时，系统管理员（admin）可将之前备份的账套数据，使用引入功能恢复到用友 U8V10.1 软件系统中，最大限度地保持业务数据完好，使损失降到最低。

【工作指导】

（1）系统管理员（admin）登录【系统管理】模块，在【用友 U8〔系统管理〕】窗口，执行【账套】→【引入】命令，打开【请选择账套备份文件】窗口，根据所给信息，选择正确路径，选择要恢复的账套备份数据中的列表文件 "UfErpAct.Lst"，如图 1.2.17 所示，单击【确定】按钮。

引入账套

（2）系统提示 "请选择账套引入的目录"，当前默认路径为 "C:\U8SOFT\Admin\"，单击【确定】按钮，如图 1.2.18 所示，单击【确定】按钮。

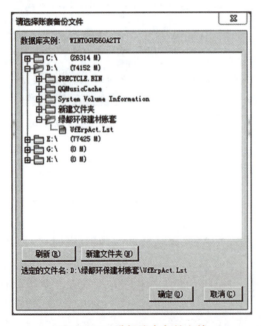

图 1.2.17　选择账套备份文件

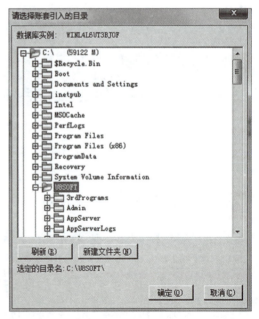

图 1.2.18　选择账套引入目录

（3）打开【账套引入】窗口，系统提示"正在引入［003］的［2022–2022］账套库，请等待"。

（4）等待1～2分钟，系统提示"账套［003］引入成功"，单击【确定】按钮。

◆ 通过引入账套可以将前期备份好的财务数据重新引入系统，使业务操作具有连续性。

◆ 引入账套时，先将账套数据复制到计算机C盘之外的逻辑分区中，再从逻辑分区将数据引入，不要从U盘直接引入，否则可能导致数据引入不成功。

【拓展延伸】

对于启用集团账的企业，账套引入功能有利于集团公司的操作，子公司的账套数据可以定期被引入母公司系统，以便进行有关账套数据的分析和合并工作。

【探索思考】

以系统安全管理员（SAdmin）身份登录【系统管理】模块，通过观察软件功能按钮颜色，讨论系统安全管理员（SAdmin）具有什么权限、可以进行哪些业务操作。

常见故障排除

序号	问题描述	原因分析	解决方案
1	系统管理员（admin）登录时，系统提示"请先选择数据源"或者"数据源错误"	登录服务器错误或者应用服务器配置错误	检查应用服务器设置；在登录界面的【登录到】下拉列表中选择正确的服务器名称
2	无法删除操作员（用户）	已经定义了角色或者系统存在该用户日志	先删除用户的角色，再删除用户；以系统安全管理员（SAdmin）身份登录【系统管理】模块，清除日志，再删除操作员
3	建立账套时，编码方案设置完毕后，等了很久系统没有反应	没有关闭【编码方案】对话框	编码方案设置好后，单击【确定】按钮，然后单击【取消】按钮或者关闭对话框，继续操作
4	【账套】→【修改】命令颜色为灰色，无法操作	用户身份错误	系统管理员（admin）无法修改账套，更换账套主管进行修改
5	建账时，系统提示"现在是否进行系统启用"时不小心单击【否】按钮	—	以账套主管身份登录【企业应用平台】，在【基础设置】选项卡下，通过执行【基本信息】→【系统启用】命令来启用
6	启用系统时，日期设定错误	—	在【系统启用】窗口，取消勾选后重新勾选，若该系统已经操作，则删除所有操作
7	给操作员赋权，但是无法选择	忘记单击【修改】按钮	先单击工具栏中的【修改】按钮，再进行选择即可

项目考核评价

姓名：		学号：		班级：		组别：				
评价项目		评价标准		评价依据		评价方式		权重	得分	总分
						小组 0.2	教师 0.8			
财务软件准备	职业素质	1. 遵守实训管理规定和劳动纪律； 2. 在实训过程中保持操作台干净整洁，实训耗材摆放规范，实训结束后及时清理垃圾； 3. 及时高效地完成实训任务		实训表现				0.1		
	专业能力	1. 准确解读企业会计政策，能正确分析政策选择对后续业务的影响； 2. 软件建账、授权流程明晰，理解原理并将其较好地运用于任务操作； 3. 及时完成并上交课上任务截图		建账、增加用户、授权等任务操作截图				0.6		
	创新能力	1. 对实训过程中遇到的问题积极思考，主动寻找解决办法； 2. 对企业内控管理、岗位分工提出积极合理的建议； 3. 结合企业财务目标，解读分析会计政策，积极思考在建账环节中不同政策选择对业务可能带来的影响		课堂表现、参与贡献				0.1		
	学习态度/质量	1. 登录平台，观看微课、课件等学习资源，自主开展课前预习； 2. 及时完成课前在线测试； 3. 积极针对系统管理员（admin）、用户、授权等知识点进行讨论、发帖、回帖		在线测试成绩/视频浏览时长/发帖、回帖数量		线上学习数据		0.2		
	教师评语	指导教师签名： 日期：								

项目小结

财务软件准备		
子项目	任务列表	学习内容
认识会计信息系统及用友 U8V10.1 软件	1. 认识会计信息系统	会计信息化与会计电算化的异同
		我国会计信息化的发展历程
	2. 认识用友 U8V10.1 软件	用友 U8V10.1 软件的功能模块
		用友 U8V10.1 软件的演示期限规则
		用友 U8V10.1 软件常用的快捷键
	3. 配置应用服务器	应用服务器配置方法及流程
建账授权	1. 用户管理	角色、用户（操作员）的含义及作用
		角色与用户的异同
		增、减角色的方法
		增加、修改、删除、注销用户的方法
	3. 账套管理	账套的作用及建账流程
		建立、修改账套的主体
		建立、修改账套的方法及注意问题
		系统管理员（admin）与账套主管的权限差异
	4. 赋予权限	功能权限与数据权限
		系统管理员（admin）与账套主管进行授权的异同
		授权遵循的原则
		功能权限授予与取消的方法
	5. 备份账套	账套备份的意义
		账套备份的操作主体与流程
		输出账套的文件格式
	6. 引入账套	引入账套的意义
		引入账套的操作主体与流程

项目二
财务软件初始设置

 **职场寄语**

  从十八大到二十大，这十年间，我国的改革开放和社会主义现代化建设取得巨大成就，为我们继续前进奠定了坚实基础、创造了良好条件、提供了重要保障，可见基础工作至关重要，本项目我们将开启财务软件的初始设置的学习。财务软件处理经济业务的速度、质量发生了质的飞跃，且所提供的信息更加全面系统，为精细化管理提供了有力保障。软件能否有效实施很大程度上取决于基础档案、系统初始设置的优劣。较手工账而言，财务软件初始设置是一项非常重要的内容，其设置的科学正确与否直接影响着未来经济业务处理以及财务业务信息的质量。实际工作中软件初始设置涉及到各个系统参数的选择、会计科目的设置、存货管理等多方面的内容，不仅要考虑当前企业经济业务处理所需，更要结合企业未来业务发展做出规划。因此看似简单的软件初始设置工作大多由财务主管设置完成，在进行初始设置时，要具备大局意识、规划理念和系统思维。

职业目标

目标类型	目标要求	对应子项目
能力目标	能高效准确地建立企业人员、客商、存货、财务等档案信息	子项目 2.1
	能根据企业管理和业务需要进行单据编号方式及单据个性化格式设置	子项目 2.2
	能科学地进行工资项目、公式、代发银行、个税扣缴等设置	子项目 2.3
	能根据管理需要设置固定资产类别、折旧科目等，准确录入原始卡片	子项目 2.4
	能正确设置往来系统参数、科目，准确录入系统受控科目的期初余额	子项目 2.5、2.6
	能根据业务需要设置总账参数，准确录入不同类型总账期初余额	子项目 2.7
知识目标	了解基础档案设置的内容及与其他系统间的关系	子项目 2.1
	掌握单据设置的内容、方法及作用，熟悉特殊业务相关单据格式设置	子项目 2.2
	掌握薪资系统工资项目属性类型、常用函数的意义及设置方法	子项目 2.3
	熟悉固定资产初始设置内容，掌握折旧科目设置依据、原始卡片要素	子项目 2.4
	掌握往来系统基本参数的含义及作用，科目设置的种类、条件和方法	子项目 2.5、2.6
	掌握总账系统常用参数的意义、对业务的影响，总账系统不同类型科目期初余额的录入方法	子项目 2.7
素质目标	树立扎实工作，筑牢基础的职业态度	子项目 2.1
	培养创新精神，提升业财融合管理意识	子项目 2.2
	培养认真谨慎的工作态度和遵守规则的意识	子项目 2.3～2.7
	培养分类管理，提高工作效率的意识	

典型工作任务

项目	子项目	典型工作任务
财务软件初始设置	基础档案设置	建立机构人员档案
		建立客商档案
		建立存货档案
		建立财务档案
		建立收付结算档案
	单据设置	单据编号设置
		单据格式设置
	薪资管理系统初始设置	建立薪资子账套
		设置人员附加信息
		设置人员档案

续表

项目	子项目	典型工作任务
财务软件初始设置	薪资管理系统初始设置	设置工资项目
		设置项目公式
		设置个税扣税
		设置银行代发文件
	固定资产系统初始设置	设置固定资产系统参数
		设置固定资产类别
		设置部门对应折旧科目
		设置增减方式
		录入原始卡片
	应付款管理系统初始设置	设置应付款管理系统参数
		设置应付款管理系统科目
		录入应付款管理系统期初余额
	应收款管理系统初始设置	设置应收款管理系统参数
		设置应收款管理系统科目
		录入应收款管理系统期初余额
	总账系统初始设置	设置总账系统参数
		录入总账系统期初余额

 项目背景资料

山东绿都环保建材贸易有限公司通过财务软件进行日常业务处理前，需要根据前期整理的数据建立基础档案，并对所启用的各个系统进行参数选择、科目设置和期初余额录入。

一、用友 U8V10.1 软件各模块参数

企业综合考虑当前经济业务处理需要和未来业务发展规划，对总账系统、薪资管理系统、固定资产系统、应收款管理系统及应付款管理系统进行个性化参数选择，以确保经济业务稳步开展。

二、企业往来单位档案

企业目前有客户 5 家，分别是山东锦绣建设集团有限公司、日照兴盛房地产开发有限公司、河北蓝海房地产开发有限公司、青岛华盛建筑装饰有限公司和江苏绿城房地产开发有限公司，这 5 家客户由销售部管理，其专管业务员分别为郑意和许诺。

企业的供应商分为门窗、玻璃、外墙装饰和运输服务四大类，主要的供应商包括北京

爱家门窗有限公司、浙江鼎鑫门窗有限公司、深圳精诚节能玻璃有限公司、江苏万代建材有限公司和山东众泰物流有限公司，由采购部负责管理。

三、工资项目及计算公式

企业通过银行代发工资并代扣代缴个税，设置了基本工资、岗位工资、绩效工资等工资项目，并定义了公式以提升工资薪金计算效率。

四、企业固定资产核算

企业为加强固定资产管理，设置房屋建筑、办公设备、运输设备三类固定资产，使用年限分别为 30 年、5 年、10 年，预计净残值率为 4%，使用平均年限法（一）计提折旧。

五、其他

企业设置收、付、转三类凭证进行核算，根据业务需要设置现金、现金支票、转账支票、网银等结算方式，企业发生的经济业务使用人民币或美元核算，外币采用浮动汇率，坏账采用应收账款余额百分比法计提坏账准备。

为顺利开展后续的日常经济业务，财务部综合考量当前经济业务处理需要和未来业务发展规划设置基础档案，完成各系统参数、科目、期初余额等相关设置。

子项目 2.1 基础档案设置

基础档案是用友 U8V10.1 软件开展会计核算的前提和基础，企业根据实际情况，结合基础数据的要求，做好基础档案的整理设计工作。由于基础数据之间存在先后承接关系，因此基础档案的设置应遵循一定的顺序，对于设置好的基础档案，各系统将共用其信息。

任务 1　建立部门人员档案

【任务描述】根据表 2.1.1～表 2.1.3 所示信息建立企业的部门档案和人员档案。

表 2.1.1　部门档案

部门编码	部门名称	部门属性	部门编码	部门名称	部门属性
1	管理中心	综合管理	2	采购部	采购管理
101	办公室	办公管理	3	销售部	市场营销
102	财务部	财务管理	4	仓储部	物流管理

表 2.1.2　人员类别

分类编码	类别名称	分类编码	类别名称
10101	管理人员	10103	销售人员
10102	采购人员	10104	仓储人员

表 2.1.3　人员档案

人员编码	姓名	性别	行政部门	雇佣状态	人员类别	是否业务员	业务或费用部门
101	王睿	男	办公室	在职	管理人员	是	办公室
102	安可	女	办公室	在职	管理人员	是	办公室
201	孙雯	女	财务部	在职	管理人员	是	财务部
202	肖勇	男	财务部	在职	管理人员	是	财务部
203	赵娜	女	财务部	在职	管理人员	是	财务部
301	赵明	男	采购部	在职	采购人员	是	采购部
302	韩硕	男	采购部	在职	采购人员	是	采购部
401	郑意	男	销售部	在职	销售人员	是	销售部
402	许诺	女	销售部	在职	销售人员	是	销售部
501	张萍	女	仓储部	在职	仓储人员	是	仓储部

【任务解析】本任务要求建立企业的部门档案、人员类别档案，并在此基础上建立人员档案。

【岗位说明】由账套主管完成基础档案的设置与日常维护工作。

【知识链接】机构人员档案主要用于设置企业各个职能部门的信息，包括本单位信息、部门档案、人员档案、岗位档案、职务档案等。部门指独立具有财务核算或业务管理要求的单元体，既可以是实际的部门机构，也可以是虚拟的核算单元。

【工作指导】

1. 建立部门档案

（1）用户 201 登录【企业应用平台】，【操作日期】为"2022-01-01"。

（2）在【基础设置】选项卡中，执行【基础档案】→【机构人员】→【部门档案】命令，打开【部门档案】窗口。

建立部门档案

（3）单击【增加】按钮，根据表2.1.1所示信息建立"管理中心"档案，如图2.1.1所示，单击工具栏中的【保存】按钮或按F6键，再单击工具栏中的【增加】按钮或按F5键，继续录入其他部门档案，全部录入完毕后如图2.1.2所示，关闭【部门档案】窗口。

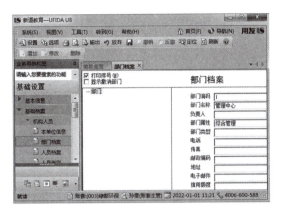

图2.1.1　管理中心档案　　　　　　　图2.1.2　部门档案

2. 增加人员类别

（1）执行【机构人员】→【人员类别】命令，打开【人员类别】窗口。

（2）选择左侧的"正式工"选项，单击工具栏中的【增加】按钮，打开【增加档案项】窗口，将【档案编码】补充完整为"10101"，在【档案名称】框中输入"管理人员"，如图2.1.3所示。

增加人员类别

图2.1.3　增加人员类别

（3）单击【确定】按钮，根据表2.1.2所示信息继续增加其他人员类别，全部增加完毕后，关闭【增加档案项】窗口，在"正式工"类别下建立4种人员类别，单击【退出】按钮。

3. 建立人员档案

（1）执行【机构人员】→【人员档案】命令，打开【人员列表】窗口，当前【人员列表】窗口显示人员为空。

（2）单击【增加】按钮，打开【人员档案】窗口，根据表2.1.3所示信息，录入人员编码、人员姓名、行政部门等信息，选择性别和雇用状态，勾选【是否业务员】复选框，如图2.1.4所示。

建立人员档案

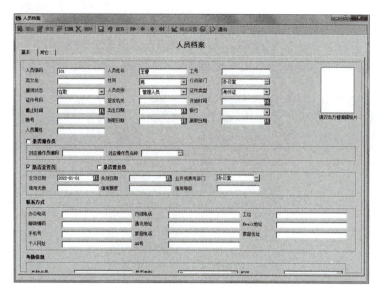

图 2.1.4　建立人员档案

（3）单击【保存】按钮，继续建立其他人员档案，全部建立完成后单击【退出】按钮，【人员列表】窗口显示全部人员档案，如图 2.1.5 所示。

图 2.1.5　全部人员档案

※※※※※※※※※※※※※※※※※※※※※※※※※※※※※※※※

◆ 部门编码必须和编码方案中的 编码级次一致，否则无法保存。

◆ 增加部门档案时，先增加上级再增加下级，删除时 先删除下级再删除上级。

◆ 建立好的部门档案如需修改，可通过【修改】按钮实现，但是 部门编码无法修改。

◆ 设置人员档案前需 要先设置人员所属的类别，系统预置了"正式工""合同工""实习生"3类人员，可以在此基础上扩充人员类别。

※※※※※※※※※※※※※※※※※※※※※※※※※※※※※※※※

【拓展延伸】

建立部门档案时，由于此时人员档案尚未设置，所以【负责人】暂时不能设置，如果需要设置，待人员档案设置完成后，再回到部门档案中通过【修改】命令补充完成。如果某个部门因为单位机构调整而被削减，可以对其进行撤销，撤销部门时该部门不能有在职和未注销的职员，其方法是选中要撤销的部门，然后单击工具栏中的【撤销】按钮，即可撤销此部门。

任务 2　建立客商档案

【任务描述】根据表 2.1.4～表 2.1.6 所示信息建立客户档案，根据表 2.1.7 和表 2.1.8 所示信息建立供应商档案。

表 2.1.4　地区分类

分类编码	类别名称	分类编码	类别名称
01	华东地区	03	华北地区
02	华南地区	04	华中地区

表 2.1.5　客户分类

分类编码	类别名称	分类编码	类别名称
01	批发	02	零售

表 2.1.6　客户档案

编码、名称、简称	地区	分类	税号及开户银行（默认）信息	地址、电话、专管业务员
001 山东锦绣建设集团有限公司 山东锦绣	01	01	税号：9137110230047456XM 中国建设银行日照分行 37001718808050059628	日照市开发区太原路 13 号 0633-8283788 销售部　郑意
002 日照兴盛房地产开发有限公司 日照兴盛	01	01	税号：91110214633003685W 中国工商银行日照石臼支行 1616020100910203364	日照市海滨三路 166 号 0633-8022901 销售部　郑意
003 河北蓝海房地产开发有限公司 河北蓝海	03	01	税号：92130120MA267TX021 中国银行衡水建设路支行 6622345287509676987	河北省衡水市英才路 32 号 0318-2125585 销售部　许诺
004 青岛华盛建筑装饰有限公司 青岛华盛	01	02	税号：9137021168526 6700T 中国工商银行黄岛区支行 1803022009200798369	青岛市黄岛区长江路 86 号 0532-83098888 销售部　许诺

续表

编码、名称、简称	地区	分类	税号及开户银行（默认）信息	地址、电话、专管业务员
005 江苏绿城房地产开发有限公司 江苏绿城	01	01	税号：91321006314A022XQ6 中国工商银行扬州文星路支行 1102020309000095267	江苏扬州市文星路97号 0514-86561558 销售部 许诺

表 2.1.7 供应商分类

分类编码	类别名称	分类编码	类别名称
01	节能门窗	03	外墙装饰
02	节能玻璃	04	运输服务

表 2.1.8 供应商档案

编码、名称、简称	地区	分类	税号及开户银行（默认）信息	地址、电话、专管业务员
001 北京爱家门窗有限公司 北京爱家	03	01	税号：91110000633401325W 中国建设银行北京市前门支行 11001005100056112501	北京天桥区前门大街48号 010-62293668 采购部 赵明
002 浙江鼎鑫门窗有限公司 浙江鼎鑫	01	01	税号：91330101FA9542T002 中信银行杭州分行 73310101852600023658	杭州市余杭区绿汀路87号 0571-89710022 采购部 韩硕
003 深圳精诚节能玻璃有限公司 深圳精诚	02	02	税号：91440300072547136T 中国建设银行深圳宝安区支行 44201006100062125501	深圳市宝安区新安街17号 0755-88869548 采购部 赵明
004 江苏万代建材有限公司 江苏万代	01	03	税号：91321002024YX834LA 中国建设银行南京新港支行 32001881436052330027	南京市中山北路67号 025-66990022 采购部 赵明
005 山东众泰物流有限公司 众泰物流	01	04	税号：9137112005T280057A 中国工商银行日照石臼支行 1616020109020000125	日照市海滨四路88号 0633-8780267

【任务解析】本任务要求建立企业的客户档案和供应商档案。

【知识链接】建立客户档案、供应商档案主要是为销售管理、采购管理、应收款管理和应付款管理提供服务，企业填制销售发票、统计销售单位数据时会用到客户档案，而在录入采购发票、进行应付款结算时会用到供应商档案，因此必须先设立客商档案。如果建账时选择对客户、供应商进行分类，则必须先进行分类设置，然后才能建立客户、供应商档案，若建账时未选择对客户、供应商分类，则可能不分类，直接建立客商档案。

【工作指导】

1. 建立客户档案

第一步：进行地区分类。

（1）在【基础设置】选项卡中，执行【基础档案】→【客商信息】→【地区分类】命令，打开【地区分类】窗口。

建立客户档案

（2）单击【增加】按钮，根据表2.1.4所示信息进行地区分类，完成后单击【退出】按钮。

第二步：进行客户分类。

（1）执行【客商信息】→【客户分类】命令，打开【客户分类】窗口。

（2）单击【增加】按钮，根据表2.1.5所给信息进行客户分类，建立完成后单击【退出】按钮。

第三步：建立客户档案。

（1）执行【客商信息】→【客户档案】命令，打开【客户档案】窗口。

（2）单击【增加】按钮，打开【增加客户档案】窗口，它包括【基本】【联系】【信用】【其它】4个页签，分别对客户的4类属性进行记录。

（3）在【基本】页签中，输入客户编码、客户名称、客户简称、税号，选择所属地区、所属分类，如图2.1.6所示。

图2.1.6 客户档案－基本信息

（4）单击【联系】页签，选择分管部门和专管业务员，输入地址、电话信息，如图2.1.7所示。

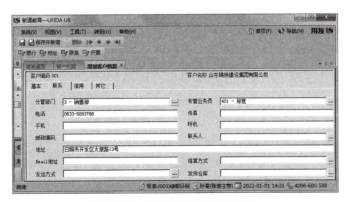

图2.1.7 客户档案－联系信息

（5）单击上方的【银行】按钮，打开【客户银行档案】窗口，单击【增加】按钮，输入开户银行、银行账号信息，在【默认值】下拉列表中选择"是"选项，如图2.1.8所示，单击【保存】按钮退出。

图2.1.8 客户档案–银行档案

（6）回到【增加客户档案】窗口，单击【保存并新增】按钮，依次建立其他客户档案，全部建立完成后保存并退出，如图2.1.9所示，关闭【客户档案】窗口。

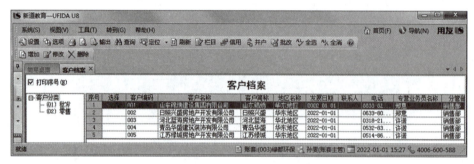

图2.1.9 客户档案列表

2. 建立供应商档案

第一步：进行供应商分类。

（1）执行【基础档案】→【客商信息】→【供应商分类】命令，打开【供应商分类】窗口。

（2）单击【增加】按钮，根据表2.1.7所示信息进行供应商分类，完成后退出。

建立供应商档案

第二步：建立供应商档案。

（1）执行【客商信息】→【供应商档案】命令，打开【供应商档案】窗口。

（2）单击【增加】按钮，打开【增加供应商档案】窗口，在【基本】页签中，输入供应商编码、供应商名称、供应商简称、税号信息，单击上方的【银行】按钮，打开【供应商银行档案】窗口，录入供应商的开户银行、银行账号信息，在【默认值】下拉列表中选择"是"选项，保存后关闭窗口，回到【基本】页签，如图2.1.10所示。

（3）单击【联系】页签，选择分管部门和专管业务员，输入地址、电话，如图2.1.11所示。

（4）单击【保存并新增】按钮，依次建立其他供应商档案，全部建立完毕后关闭窗口，如图2.1.12所示。

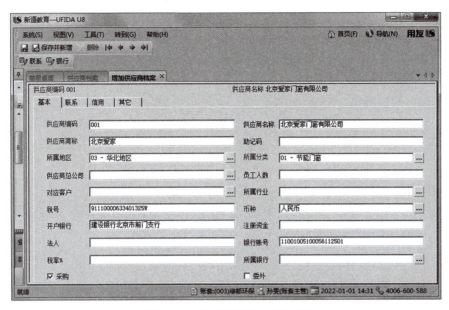

图 2.1.10　供应商档案 – 基本信息

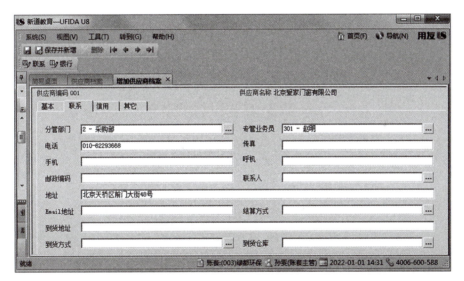

图 2.1.11　供应商档案 – 联系信息

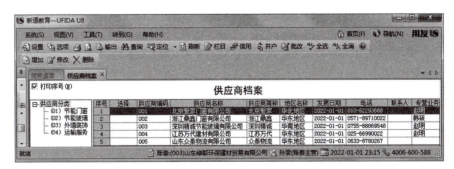

图 2.1.12　供应商档案列表

※※※※※※※※※※※※※※※※※※※※※※※※※※※※※※※※※※

◆ 建立客户、供应商档案时，应遵循预先设定的分类编码规则。

◆ 建立客户、供应商档案的银行档案时，有且只有一个开户银行账号能作为默认值。

◆ 若建立账套时勾选了客户分类、供应商分类，则必须先进行客商分类，再建立客商档案，否则可以直接建立客商档案。

※※※※※※※※※※※※※※※※※※※※※※※※※※※※※※※※※

【拓展延伸】

客户档案下有"国内""国外""服务"3种属性，一般情况下新增客户档案默认为"国内"属性，若启用了出口管理系统，则默认为"国外"属性，而"服务"属性为售后服务业务所用。

【探索思考】

若企业当前业务相对简单，客户与供应商数量较少，是否有必要对客户、供应商进行分类？为什么？

任务3 建立存货档案

【任务描述】根据表2.1.9、表2.1.10所示信息建立存货档案。

表2.1.9 计量单位相关信息

计量单位组			计量单位	
编码	名称	类别	编码	名称
01	自然单位	无换算率	01	平方
			02	次

表2.1.10 存货分类及存货档案

存货分类		存货编码及名称	计量单位组	计量单位	税率/%	存货属性
01 商品	0101 节能门	101 爱家TY30 净化门	01	平方	13	内销、外销、外购
		102 鼎鑫LH70 门	01	平方	13	内销、外销、外购
		103 鼎鑫PE98 门	01	平方	13	内销、外销、外购
	0102 节能窗	201 爱家VE30 一体窗	01	平方	13	内销、外销、外购
		202 鼎鑫CH80 隔音窗	01	平方	13	内销、外销、外购
	0103 节能玻璃	301 节能中空玻璃	01	平方	13	内销、外销、外购
	0104 外墙装饰	401 SP 超薄保温板	01	平方	13	内销、外销、外购
		402 SY 外墙一体板	01	平方	13	内销、外销、外购
02 劳务		501 运输费	01	次	9	外购、应税劳务

【任务解析】本任务要求根据企业经营业务范围进行存货分类、设置存货单位并建立存货档案。

【知识链接】存货档案主要用于设置企业在生产经营中使用的各种存货信息。设置存货档案前，应先设置单位，而单位的设置又包括计量单位分组和计量单位设置两部分，计量单位组包括无换算、浮动换算和固定换算3种类别，具有换算关系的计量单位组中有一个主计量单位、多个辅助计量单位，可以设置主、辅计量单位之间的换算率，还可以设置采购、销售、库存和成本系统所默认的计量单位。

【工作指导】

1. 设置单位

第一步：设置计量单位组。

（1）执行【基础档案】→【存货】→【计量单位】命令，打开【计量单位】窗口，单击工具栏中的【分组】按钮，打开【计量单位组】窗口。

设置计量单位

（2）单击【增加】按钮，在【计量单位编码】框中输入"01"，在【计量单位组名称】框中输入"自然单位"，在【计量单位组类别】下拉列表中选择"无换算率"选项，如图2.1.13所示，设置完毕后单击【保存】按钮退出，回到【计量单位】窗口。

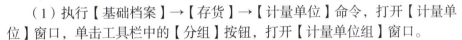

图 2.1.13　设置计量单位组

第二步：设置计量单位。

（1）选择刚才添加的自然单位"无换算率"计量单位组，单击工具栏中的【单位】按钮，打开【计量单位】窗口。

（2）单击【增加】按钮，根据表2.1.9所示信息输入计量单位编码、计量单位名称，保存后退出，如图2.1.14所示，依次退出【计量单位】和【计量单位组】窗口。

图 2.1.14　设置计量单位

2. 设置存货档案

第一步：进行存货分类。

（1）执行【存货】→【存货分类】命令，打开【存货分类】窗口。

（2）单击【增加】按钮，根据表 2.1.10 中第一列信息进行存货分类，保存后退出。

建立存货档案

第二步：建立存货档案。

（1）执行【存货】→【存货档案】命令，打开【存货档案】窗口。

（2）单击工具栏中的【增加】按钮，打开【增加存货档案】窗口，根据表 2.1.10 所示信息，录入存货编码、存货名称，选择存货分类、计量单位组、主计量单位信息，将【销项税率%】和【进项税率%】改为"13"，并进行存货属性的勾选，如图 2.1.15 所示。

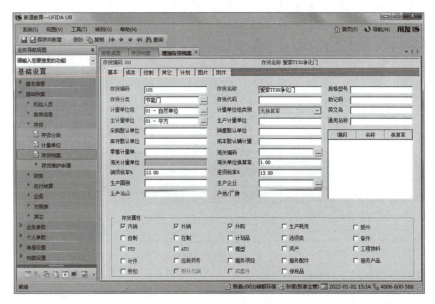

图 2.1.15 【增加存货档案】窗口

（3）单击【保存并新增】按钮，继续建立其他存货档案，全部建立完成后，保存并退出，【存货档案】窗口显示存货档案列表，如图 2.1.16 所示。

图 2.1.16 存货档案列表

※※※※※※※※※※※※※※※※※※※※※※※※※※※※※※※※※※※※※※※

◆ <u>必须先设置计量单位组</u>，并在此基础上设置计量单位。

◆ 在设置存货属性时，只有勾选了"内销""外销"属性，销售发票才能选择该存货，同样对于外购存货，只有勾选了"外购"属性，采购发票才能选择该存货。<u>如果属性选择错误，则后期进行票据开具时无法准确选择该存货</u>，因此在选择存货属性时应<u>认真谨慎</u>。

◆ 对于存货税率的设置，也可以先建立所有存货档案，回到【存货档案】窗口，<u>执行【批改】命令，将【销项税率%】和【进项税率%】改为"13"，然后再建立运输费存货档案</u>。

※※※※※※※※※※※※※※※※※※※※※※※※※※※※※※※※※※※※※※※

【拓展延伸】

如果企业没有启用供应链或应收款管理系统、应付款管理系统，无须填制发票，则企业可不用设置存货档案。对于启用供应链的企业，建立账套时，只有选择了"商业"核算类型，并且在采购管理和库存管理的选项中勾选了【有受托代销业务】复选框，存货的"受托代销"属性才能被激活，否则就是灰色的，无法进行勾选。

【探索思考】

在【存货档案】窗口，通过F1键可启用在线帮助功能，初步了解存货的【成本】【控制】【计划】等页签下设置的内容及其作用。

任务4 建立财务档案

【任务描述】根据表2.1.11～表2.1.14所示信息建立财务档案，将1001指定为现金科目，将1002指定为银行科目，将1001、100201、100202、101201、101202指定为现金流量科目。

表2.1.11 外币及汇率设置

币符	币名	汇率类型
USD	美元	浮动汇率

表2.1.12 会计科目

科目编码	科目名称	外币/单位	辅助账类型/新增科目性质
1001	库存现金		日记账
100201	工行存款		银行账、日记账
100202	中行存款	美元	银行账、日记账
101201	存出投资款		
101202	银行汇票		

续表

科目编码	科目名称	外币/单位	辅助账类型/新增科目性质
1121	应收票据		客户往来（受控于应收款管理系统）
1122	应收账款		客户往来（受控于应收款管理系统）
1123	预付账款		供应商往来（受控于应付款管理系统）
122101	应收个人款		个人往来
1405	库存商品	平方	数量核算、项目核算
2201	应付票据		供应商往来（受控于应付款管理系统）
2202	应付账款		供应商往来（受控于应付款管理系统）
2203	预收账款		客户往来（★不受控于应收款管理系统）
2204	合同负债		客户往来（受控于应收款管理系统）
221101	工资		
221102	社会保险		
221103	住房公积金		
221104	离职后福利		
221105	职工教育经费		
221106	其他		
222101	应交增值税		
22210101	进项税额		
22210102	销项税额		
22210103	转出未交增值税		
22210104	进项税额转出		
222102	未交增值税		
222103	应交所得税		
222104	应交城市维护建设税		
222105	应交教育费附加		
222106	应交地方教育费附加		
222107	应交个人所得税		
224101	代扣社会保险		
224102	代扣住房公积金		
410401	未分配利润		
6001	主营业务收入	平方	数量核算、项目核算
6115	资产处置损益		★科目类型：损益；科目性质：收入
6401	主营业务成本	平方	数量核算、项目核算
6403	税金及附加		
6601	销售费用		

续表

科目编码	科目名称	外币/单位	辅助账类型/新增科目性质
660101	办公费		部门核算
660102	差旅费		部门核算
660103	折旧费		部门核算
660104	工资薪酬		部门核算
660105	业务招待费		部门核算
660106	其他		部门核算
6602	管理费用		
660201	办公费		部门核算
660202	差旅费		部门核算
660203	折旧费		部门核算
660204	工资薪酬		部门核算
660205	业务招待费		部门核算
660206	其他		部门核算
6702	信用减值损失		★科目类型：损益；科目性质：支出

表 2.1.13　凭证类别

凭证类别	限制类型	限制科目
收款凭证	借方必有	1001、100201、100202
付款凭证	贷方必有	1001、100201、100202
转账凭证	凭证必无	1001、100201、100202

表 2.1.14　项目目录

设置步骤	设置内容			
项目大类	商品（普通项目）			
核算科目	主营业务收入（6001）、库存商品（1405）、主营业务成本（6401）			
项目分类	1. 节能门	2. 节能窗	3. 节能玻璃	4. 外墙装饰
项目名称	101 爱家 TY30 净化门 102 鼎鑫 LH70 门 103 鼎鑫 PE98 门	201 爱家 VE30 一体窗 202 鼎鑫 CH80 隔音窗	301 节能中空玻璃	401 SP 超薄保温板 402 SY 外墙一体板

【任务解析】本任务要求进行财务档案初始设置，包括外币设置，会计科目的增加、修改、指定，凭证类别的设置及项目目录的设置。

【知识链接】企业的财务档案包括会计科目、凭证类别、外币及汇率、项目目录等内容，在开展日常工作前，需根据工作需要对财务档案进行设置。因为建账时选择了"按行业性质预置会计科目"选项,故系统提供与之对应的一级科目,企业应结合业务处理需要增加明细科目、设置辅助核算类型,并指定会计科目,为后续填制凭证、处理业务奠定基础。

【工作指导】

1. 设置外币及汇率

(1)在【基础设置】选项卡中,执行【基础档案】→【财务】→【外币设置】命令,打开【外币设置】窗口。

外币设置

(2)选择"浮动汇率"选项,在【币符】框中输入"USD",在【币名】框中输入"美元",单击【确认】按钮后,左侧列表中出现美元,如图2.1.17所示,单击【退出】按钮。

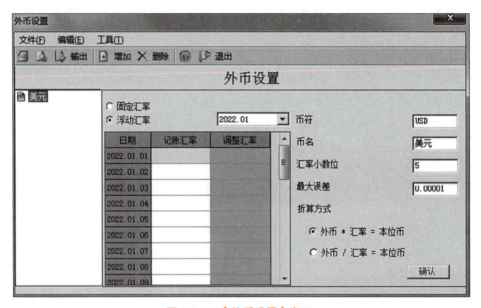

图 2.1.17 【外币设置】窗口

2. 设置会计科目

第一步:修改会计科目。

(1)执行【财务】→【会计科目】命令,打开【会计科目】窗口。

(2)选择"1405 库存商品"科目,双击该科目或者单击工具栏中的【修改】按钮,打开【会计科目-修改】窗口,单击下方的【修改】按钮,勾选左侧的【数量核算】复选框,在【计量单位】框中入"平方",再勾选右侧的【项目核算】复选框,如图2.1.18所示。用同样的方法完成1121等科目名称和科目属性的修改。

修改会计科目

第二步:增加会计科目。

(1)在【会计科目】窗口,单击【增加】按钮,打开【新增会计科目】窗口。

(2)在【科目编码】框中输入"100201",在【科目名称】框中输入"工行存款",单击【确定】按钮,同理增加"100202 中行存款",勾选【外币核算】复选框,【币种】默认为"美元 USD",如图 2.1.19 所示。

增加会计科目

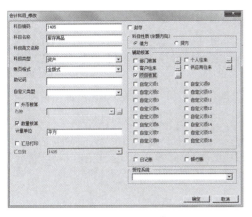

图 2.1.18 修改科目　　　　　图 2.1.19 增加会计科目

（3）根据表 2.1.12 所示信息继续增加 101201、101202 等会计科目。注意科目类型和性质，如 6115 的【科目类型】为"损益"，【科目性质】为"收入"，如图 2.1.20 所示；科目 6702 的【科目类型】为"损益"，【科目性质】为"支出"，如图 2.1.21 所示。

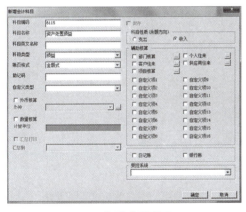
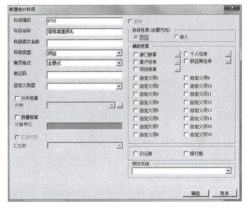

图 2.1.20 新增会计科目 6115　　　　　图 2.1.21 新增会计科目 6702

第三步：复制会计科目。

（1）按照新增会计科目流程，给 6601 增加办公费、差旅费等明细科目，所有明细科目勾选【部门核算】复选框。

复制会计科目

（2）在【会计科目】窗口中，执行【编辑】→【成批复制】命令，打开【成批复制】窗口，在【科目编码】框中分别输入 "6601" 和 "6602"，并勾选【辅助核算】复选框，如图 2.1.22 所示。

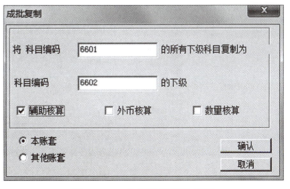

图 2.1.22 【成批复制】窗口

（3）单击【确认】按钮，则6602拥有了和6601相同的明细科目。

第四步：指定会计科目。

（1）在【会计科目】窗口，执行【编辑】→【指定科目】命令，打开【指定科目】窗口。

指定会计科目

（2）选择左侧的"现金科目"选项，在【待选科目】框中选择"1001库存现金"选项，单击【>】按钮，将"1001库存现金"添加到【已选科目】框内，如图2.1.23所示。

（3）选择左侧的"银行科目"选项，将"1002银行存款"指定过去。同理完成现金流量科目的指定，如图2.1.24所示，单击【确定】按钮退出。

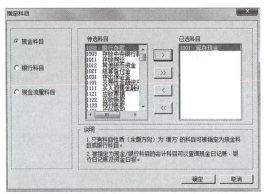

图 2.1.23　指定现金科目

图 2.1.24　指定现金流量科目

（4）会计科目指定完成后，库存现金和银行存款自动具有日记账和银行账属性。

（5）根据表2.1.12所示信息依次完成会计科目的增加、修改、指定等操作，资产、负债科目如图2.1.25和图2.1.26所示。

图 2.1.25　会计科目表 – 资产科目

图 2.1.26　会计科目表 – 负债科目

※※※※※※※※※※※※※※※※※※※※※※※※※※※※※※※※※※※※

◆ 会计科目的编码必须唯一，不能重复。增加会计科目时，要遵循先建上级再建下级的原则，删除会计科目时则与之相反。

◆ 如果会计科目已录入余额，应先清除余额再进行修改或者删除。

◆ 指定会计科目是指定现金、银行存款科目给出纳使用，如果不进行会计科目的指定，则出纳无法进行后续的出纳签字、查询现金、银行存款日记账等操作。

※※※※※※※※※※※※※※※※※※※※※※※※※※※※※※※※※※※※

3. 设置凭证类别

（1）执行【财务】→【凭证类别】命令，打开【凭证类别预置】窗口。

（2）选择"收款凭证　付款凭证　转账凭证"分类方式，单击【确定】按钮打开【凭证类别】窗口。

设置凭证类别

（3）单击工具栏中的【修改】按钮，设置收款凭证的【限制类型】为"借方必有"，在【限制科目】栏中输入"1001,100201,100202"，同理完成付款凭证和转账凭证的设置，如图 2.1.27 所示，设置完毕后单击【退出】按钮。

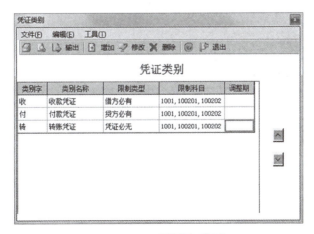

图 2.1.27　设置凭证类别

4. 设置项目目录

第一步：增加项目大类。

（1）执行【财务】→【项目目录】命令，打开【项目档案】窗口，它包括【核算科目】【项目结构】【项目分类定义】【项目目录】4个页签。

（2）单击工具栏中的【增加】按钮，打开【项目大类定义_增加】窗口，在【新项目大类名称】框中输入"商品"，默认选择"普通项目"选项，如图2.1.28所示。

设置项目目录

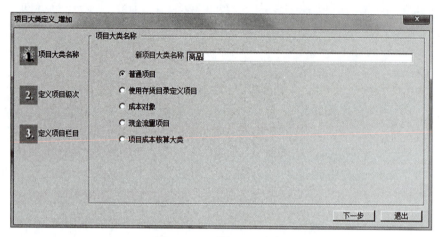

图 2.1.28　增加项目大类

（3）单击【下一步】按钮，默认项目级次，再单击【下一步】按钮，默认项目栏目，单击【完成】按钮，完成项目大类的增加，返回【项目档案】窗口。

第二步：设置核算科目。

（1）在【项目大类】下拉列表中选择"商品"选项。

（2）单击【>>】按钮，将左侧所有科目从【待选科目】框转到【已选科目】框，如图2.1.29所示，单击【确定】按钮。

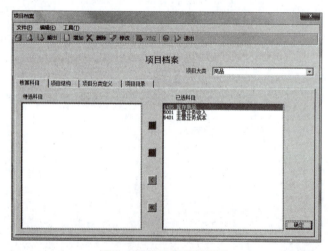

图 2.1.29　设置核算科目

第三步：增加项目分类。

单击【项目分类定义】页签，单击右下角的【增加】按钮，根据表 2.1.14 所示信息输入分类编码和分类名称，单击【确定】按钮，如图 2.1.30 所示。

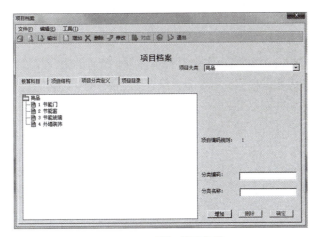

图 2.1.30　增加项目分类

第四步：增加项目目录。

（1）单击【项目目录】页签，单击右下角的【维护】按钮，打开【项目目录维护】窗口。

（2）单击【增加】按钮，输入项目编号和项目名称，选择对应的所属分类码，如图 2.1.31 所示，全部完成后关闭【项目档案】窗口。

图 2.1.31　【增加项目目录】窗口

◆ 设置项目目录，待指定的科目必须具有项目核算属性。

◆ 一个项目大类可以包含多个会计科目，但是一个会计科目只能归属于一个项目大类，在设置项目目录时，系统默认选择现金流量项目大类，要根据设置要求选择准确的项目大类，以免造成不可逆的错误。

【拓展延伸】

设置项目目录可以提升会计核算的效率，有助于对重点项目进行管理。独立处理的项目都可以进行项目核算，如产成品、生产成本、商品采购、库存商品、在建工程等，对于尚在进行的项目，设置项目目录时要注意不得选择"是否结算"选项，而对于已经完成的项目，可于次年初删除。

【探索思考】

查找资料，现金流量表中的货币资金是否包含企业所有的银行存款？如何通过明细科目设置，实现后续现金流量表数据根据日常业务数据直接生成，而无须再进行财务数据的二次调整？

任务5 建立收付结算档案

【任务描述】根据表2.1.15～表2.1.17所示信息设置企业的收付结算方式、付款条件和开户银行，并对银行档案中的中国工商银行档案进行修改，企业账户规则和个人账户规则为：定长，账号长度19，自动带出账号长度16。

表2.1.15 结算方式

结算方式编号	结算方式名称	票据管理	结算方式编号	结算方式名称	票据管理
1	现金结算	否	4	商业汇票	否
2	支票结算	是	5	银行汇票	否
201	现金支票	是	6	网银结算	否
202	转账支票	是	7	电子税务局	否
3	电汇	否	8	其他	否

表2.1.16 付款条件

付款条件编码	信用天数	优惠天数1	优惠率1	优惠天数2	优惠率2
01	30	10	2	20	1

表2.1.17 本单位开户银行

企业开户银行编码	001	002
开户银行	中国工商银行青岛路支行	中国银行威海路支行
账号	1616020812042100771	220485006457
币种	人民币	美元
所属银行编码	01 中国工商银行	00002 中国银行
客户编号/机构号/联行号		2107/03214/006

【任务解析】本任务要求设置企业的结算方式、付款条件及开户银行信息。

【知识链接】企业收付结算信息包括结算方式、付款条件、本单位开户银行等。结算方式设置功能用来管理企业在经营过程中收付款项所使用的各种结算手段,该功能有利于提高与银行对账的效率。银行档案用于设置本企业在货款结算过程中对应的开户银行信息,在应收款管理系统中录入增值税专用发票时,若无本单位开户银行信息,则发票无法保存。

【工作指导】

1. 设置结算方式

(1)执行【基础档案】→【收付结算】→【结算方式】命令,打开【结算方式】窗口。

(2)单击【增加】按钮,在【结算方式编码】框中输入"1",在【结算方式名称】框中输入"现金结算",单击【保存】按钮。

设置结算方式

(3)同理,增加其他结算方式,其中现金支票和转账支票需要勾选【是否票据管理】复选框,全部增加完毕后,如图2.1.32所示,单击【保存】按钮退出。

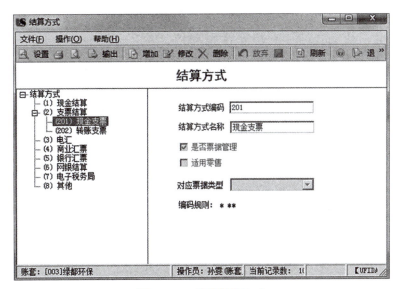

图 2.1.32 设置结算方式

※※

◆ 结算方式编码应符合编码规则,且必须唯一,若建账时编码规则错误,可通过修改账套的方式修改,或者在【企业应用平台】通过执行【基本信息】→【编码方案】命令进行修改。

◆ 设置现金支票与转账支票时的【是否票据管理】复选框与总账系统选项里的"支票控制"联合使用,制单时使用支票贷记银行存款科目时,系统针对票据管理的结算方式进行登记,如果录入支票号在支票登记簿中已存在,该支票将予以报销。

※※

2. 设置付款条件

执行【收付结算】→【付款条件】命令，打开【付款条件】窗口，单击【增加】按钮，根据表 2.1.16 录入付款条件编码、信用天数、优惠天数和优惠率，单击【保存】按钮，如图 2.1.33 所示。

设置付款条件

图 2.1.33　设置付款条件

3. 设置开户银行

（1）执行【收付结算】→【银行档案】命令，打开【银行档案】窗口。

（2）双击"01 中国工商银行"，打开【修改银行档案】窗口，在【个人账户规则】区域勾选【定长】复选框，设置【账号长度】为"19"，设置【自动带出账号长度】为"16"，在【企业账户规则】区域设置【账号长度】为"19"，如图 2.1.34 所示，依次单击【保存】按钮、【退出】按钮，退出【银行档案】窗口。

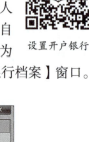
设置开户银行

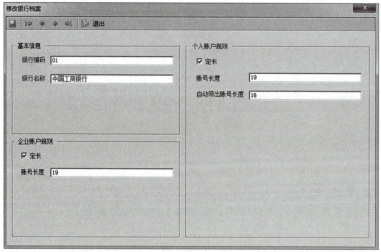

图 2.1.34　【修改银行档案】窗口

（3）执行【收付结算】→【本单位开户银行】命令，打开【本单位开户银行】窗口，单击【增加】按钮，打开【增加本单位开户银行】窗口。

（4）根据任务要求输入编码、银行账号等信息，如图 2.1.35 所示，单击【保存】按钮，继续增加开户银行信息，增加完毕后保存退出。

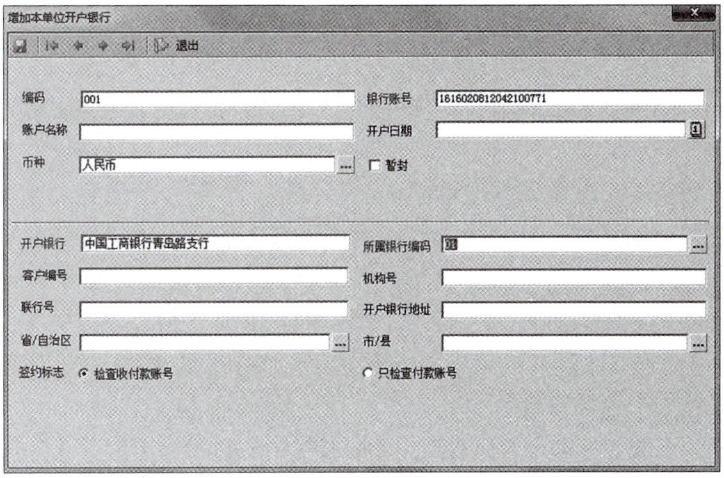

图 2.1.35 设置本单位开户银行

【拓展延伸】

系统提供了常用的 17 个银行档案，若企业的开户银行未在这 17 个银行中，则企业在进行本单位开户银行信息设置前，应先建立银行档案，后续建立本单位开户银行时，才能参照所属的银行。

【探索思考】

现金折扣条件"2/10，1/20，n/30"的含义是什么？当债权方提供现金折扣条件时，债务方该如何决策？是否选择享受该现金折扣条件取决于哪些因素？

★★★古智启思★★★

《道德经·第六十四章》有云："合抱之木，生于毫末；九层之台，起于累土。"老子阐述了事物发展变化的规律，大的东西无不从细小的东西发展而来的。基础档案是各模块都能调用的基础资料，是会计信息系统的"毫末""累土"，会计信息系统的正常运行正是基于这些基础档案。结合所学，思考如何控制基础档案设置操作的错误率。

子项目 2.2

任务1 单据编号设置

【任务描述】 将采购普通发票、采购专用发票、销售专用发票、销售普通发票的编号改为"手工改动，重号时自动重取"方式。

【任务解析】本任务要求调整单据编号方式，使票据可以手工编号。

【岗位说明】由账套主管根据所给信息完成单据的编号设置和格式设置。

【知识链接】单据设置功能包括"单据格式设置""单据编号设置"和"单据打印控制"3个部分，可以实现主要单据显示界面、打印格式、编号的设置。在实际工作中根据业务处理及管理需要对发票、收款单等常用单据设置表头、表体项目及编号原则。

【工作指导】

（1）用户201登录【企业应用平台】，【操作日期】为"2022-01-01"。

（2）在【基础设置】选项卡中，执行【单据设置】→【单据编号设置】命令，打开【单据编号设置】窗口。

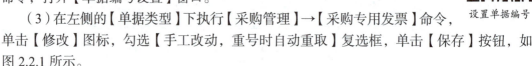
设置单据编号

（3）在左侧的【单据类型】下执行【采购管理】→【采购专用发票】命令，单击【修改】图标，勾选【手工改动，重号时自动重取】复选框，单击【保存】按钮，如图2.2.1所示。

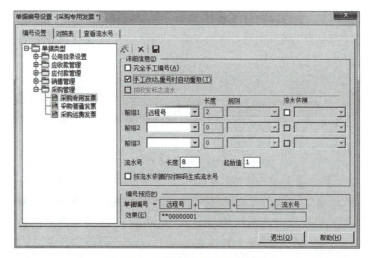

图2.2.1 【单据编号设置】窗口

（4）同理，完成其他单据编号的设置，全部完成后单击【退出】按钮。

【拓展延伸】

单据编号可以根据业务需要随时设置，在实际工作中，常用单据可以提前设置好，也可以根据需要在业务发生时进行设置。

【探索思考】

思考手工编号和系统自动编号各有什么优、缺点，实际工作中哪类单据适合系统自动编号，哪类单据适合手工编号。

任务2　单据格式设置

【任务描述】删除销售专用发票和销售普通发票中"销售类型"这一表头项目。

【任务解析】系统提供的"销售专用发票"和"销售普通发票"模板中,"销售类型"属于必填项目。因企业未启用供应链,故没有设置销售类型,该任务要求通过单据格式设置功能删除销售发票的特定表头项目,以确保能正常填制、保存销售发票。

【知识链接】单据格式设置主要是根据系统预置的单据模板定义企业所需要的单据格式,可实现预置模板的表头、表体项目的增、减、属性等设置。

【工作指导】

(1)执行【单据设置】→【单据格式设置】命令,打开【单据格式设置】窗口。

(2)在【U8单据目录分类】下执行【销售管理】→【销售专用发票】→【显示】→【销售专用发票显示模板】命令,打开【销售专用发票】模板。

(3)单击上方工具栏中的【表头项目】按钮,打开【表头】窗口,通过定位功能快速找到"销售类型"表头项目,然后取消"销售类型"的勾选,如图2.2.2所示,单击【确定】按钮。

(4)回到【单据格式设置】窗口,单击【保存】按钮,同理取消销售普通发票模板中"销售类型"的勾选。

设置单据格式

【拓展延伸】

销售专用发票中表头项目"销售类型"除了通过以上方法删除外,还可将必填项目改为选择性填写项目,具体操作如下:执行【销售管理】→【专用发票】→【显示】→【销售专用发票显示模板】命令,单击上方工具栏中的【表头项目】按钮,打开【表头】窗口,在【项目名称】框中找到"销售类型",取消勾选【必输】复选框,如图2.2.3所示,则填制发票时,即使"销售类型"为空,发票也可以保存。除了表头项目的删除、修改,还可以实现表体项目的增加、删除、名称更换、属性修改等操作。

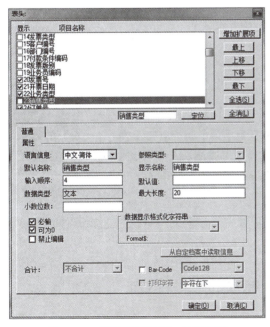

图2.2.2 表头项目设置-取消勾选

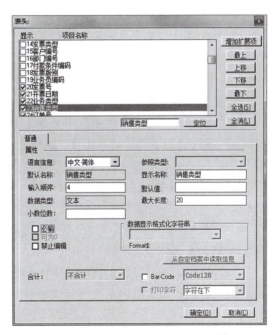

图2.2.3 表头项目设置-修改属性

子项目 2.3 薪资管理系统初始设置

在使用用友 U8V10.1 软件进行薪资核算之前，需要准备好基础数据，建立并完善薪资管理系统的应用环境，如规划职工的编码规则、划分人员类别、整理好要设置的工资项目及核算方法并准备好部门档案、人员档案等基本信息。经过薪资初始设置，可以根据企业需要建立工资账套，设置系统运行所需要的各项基础信息，为薪资业务日常处理做好准备。

任务 1 建立薪资子账套

【任务描述】山东绿都环保建材贸易有限公司的工资类别为单个，核算币种为人民币，需代扣个人所得税，不进行扣零处理，企业于 2022 年 1 月 1 日启用薪资管理系统，建立薪资子账套，并给用户 202 赋予薪资主管权限。

【任务解析】本任务要求建立薪资子账套并进行数据权限赋予。

【岗位说明】账套主管进行薪资子账套的建立和数据权限的分配，后续薪资管理系统人员档案、工资项目等初始设置工作由薪资主管操作完成。

【知识链接】建立薪资管理系统子账套是薪资管理系统正常运行的基础，薪资子账套与系统管理中的企业账套是不同的概念，薪资子账套仅针对薪资管理系统，是企业账套的一个组成部分。由于系统自动进行了"工资权限"的数据权限控制，因此用户 202 进行该系统业务操作前，需要先进行数据权限的分配。

【工作指导】

1. 建立薪资子账套

（1）用户 201 登录【企业应用平台】，【操作日期】为"2022-01-01"。

（2）在【业务工作】选项卡中，执行【人力资源】→【薪资管理】命令，打开【建立工资套】窗口，在【参数设置】页面，【工资类别个数】默认为"单个"，【币别】默认为"人民币 RMB"，如图 2.3.1 所示，单击【下一步】按钮。

建立薪资子账套

（3）进入【扣税设置】页面，勾选"是否从工资中代扣个人所得税"复选框，如图 2.3.2 所示，单击【下一步】按钮。

（4）进入【扣零设置】页面，默认系统设置，如图 2.3.3 所示，单击【下一步】按钮。

（5）进入【人员编码】页面，如图 2.3.4 所示，单击【完成】按钮。

图 2.3.1 建立薪资子账套—【参数设置】页面

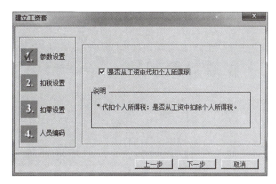
图 2.3.2 建立薪资子账套—【扣税设置】页面

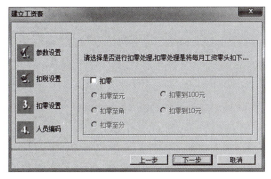
图 2.3.3 建立薪资子账套—【扣零设置】页面

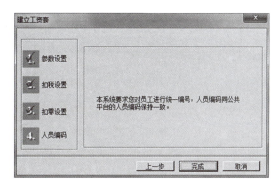
图 2.3.4 建立薪资子账套—【人员编码】页面

※※※※※※※※※※※※※※※※※※※※※※※※※※※※※※※※※※※※

工作提示

◆ 工资类别可以是"单个",也可以是"多个"。根据人力资源需要可以选择设置多个不同的工资类别,不同的工资类别的工资项目可以不同。

◆ 选择代扣个人所得税后,系统自动生成工资项目"代扣税",并自动计算代扣税金的金额。

◆ 扣零处理是指每次发放工资时零头扣下,积累取整,于下次工资发放时补上,系统在计算工资时将依据扣零类型(扣零至元、扣零至角、扣零至分)进行扣零计算。用户一旦选择了扣零处理,系统自动在固定工资项目中增加"本月扣零"和"上月扣零"项目,扣零计算公式由系统自动定义,银行代发工资时,扣零无实际意义。

※※※※※※※※※※※※※※※※※※※※※※※※※※※※※※※※※※※

2. 赋权薪资主管

(1)在【系统服务】选项卡中,执行【权限】→【数据权限分配】命令,打开【权限浏览】窗口,单击左侧的用户"202 肖勇",【业务对象】选择"工资权限",单击工具栏中的【授权】按钮。

(2)打开【记录权限设置】窗口,勾选上方的【工资类别主管】复选框,单击【保存】按钮,系统提示"保存成功,重新登录门户,此配置才能生效",单击【确定】按钮,关闭窗口,回到【权限浏览】窗口,如图 2.3.5 所示。

赋权薪资主管

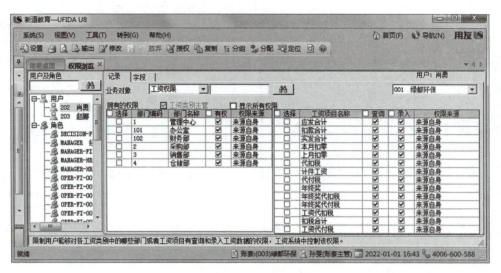

图 2.3.5 【权限浏览】窗口

※※

◆ 用户根据管理需要选择权限控制的对象，如"用户""部门""业务员"等，账套主管不参加数据权限分配。

◆ 若设置了数据权限，只有给用户分配数据权限，用户才能进行相关业务操作，数据权限的分配由账套主管完成。也可取消数据权限控制，即取消"工资权限"选项的勾选，则用户不分配数据权限也可以处理薪资业务。

※※

【拓展延伸】

用友 U8V10.1 软件可以实现 3 个层次的权限管理，即功能权限管理、数据权限管理和金额权限管理，后两者使授权更加精细、有效。功能权限管理在【系统管理】中进行设置，而数据权限管理和金额权限管理通过【企业应用平台】下的【权限】中进行设置。

任务 2　设置人员附加信息

【任务描述】在薪资管理系统的人员档案中增加"学历""技术职称"两项信息。

【任务解析】本任务要求设置人员的附加信息，以满足管理需求。

【知识链接】【人员附加信息】功能用于增加人员档案基本信息以外的其他信息，以丰富人员档案内容，如增加身份证号、学历、职称、性别等，从而便于对人员进行更加有效、精细的管理。

【工作指导】

（1）更换用户 202 登录【企业应用平台】,【操作日期】为"2022-01-01"。

（2）在【业务工作】选项卡中，执行【人力资源】→【薪资管理】→【设置】→【人员附加信息设置】命令，打开【人员附加信息设置】窗口。

设置人员附加信息

（3）单击【增加】按钮，在【栏目参照】下拉列表中选择"学历"选项，单击【增加】按钮，继续选择"技术职称"选项，如图2.3.6所示，单击【增加】按钮，完成后单击【确定】按钮。

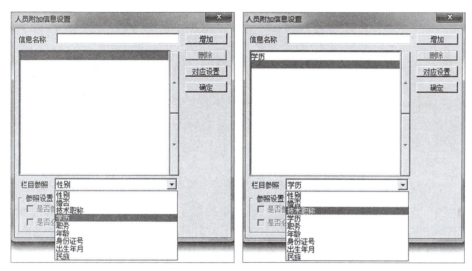

图2.3.6　人员附加信息设置

【拓展延伸】

设置人员辅助信息与人员基础信息的对应关系的方法：设置好需建立对应关系的人员附加信息后，单击【对应设置】按钮，打开【人员信息同步设置】窗口，在对应的【人事信息项目】下拉列表中选择对应的人员信息，选择完毕单击【确认】按钮，保存本次设置的对应关系。

任务3　设置人员档案

【任务描述】山东绿都环保建材贸易有限公司人员档案见表2.3.1，所有人员均为中方人员，均需计税，企业通过中国工商银行代发工资。

表2.3.1　人员档案

部门名称	人员编号	姓名	人员类别	账号	学历	技术职称
办公室	101	王睿	管理人员	6222001640008125401	本科	高级
办公室	102	安可	管理人员	6222001640008125402	本科	中级
财务部	201	孙雯	管理人员	6222001640008125403	硕士	高级
财务部	202	肖勇	管理人员	6222001640008125404	本科	中级
财务部	203	赵娜	管理人员	6222001640008125405	大专	初级
采购部	301	赵明	采购人员	6222001640008125406	本科	中级
采购部	302	韩硕	采购人员	6222001640008125407	大专	初级
销售部	401	郑意	销售人员	6222001640008125408	本科	初级

续表

部门名称	人员编号	姓名	人员类别	账号	学历	技术职称
销售部	402	许诺	销售人员	6222001640008125409	大专	初级
仓储部	501	张萍	仓储人员	6222001640008125410	本科	初级

【任务解析】本任务要求建立薪资管理系统的人员档案,为薪资发放做好准备。

【知识链接】薪资管理系统人员档案用于登记工资发放人员的姓名、职工编号、所在部门、人员类别等信息,企业通过银行代发工资,人员档案中应包含发放工资的银行账号等信息,该信息可在基础档案中设置,也可以在薪资管理系统中设置。

设置人员档案

【工作指导】

(1)执行【薪资管理】→【设置】→【人员档案】命令,打开【人员档案】窗口。

(2)单击工具栏中的【批增】按钮,打开【人员批量增加】窗口,勾选左侧所有部门,单击【查询】按钮,如图2.3.7所示,单击【确定】按钮。

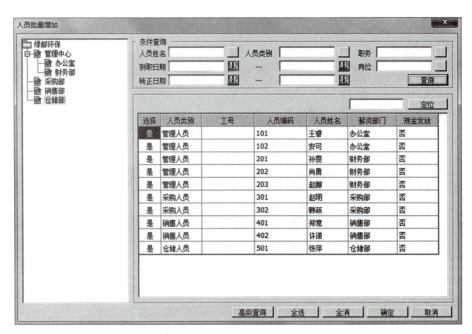

图2.3.7 【人员批量增加】窗口

(3)打开【人员档案】窗口,双击人员编号"101",打开【人员档案明细】窗口,包括【基本信息】和【附加信息】两个页签,根据表2.3.1所示信息在【基本信息】页签选择银行名称,录入银行账号,如图2.3.8所示。

(4)单击【附加信息】页签,录入学历和技术职称,如图2.3.9所示,单击【确定】按钮,系统提示"写入该人员档案信息吗?",单击【确定】按钮,系统自动打开下一个人员的【人员档案明细】窗口,继续完善其他人员档案。

图 2.3.8 【人员档案明细】窗口的【基本信息】页签

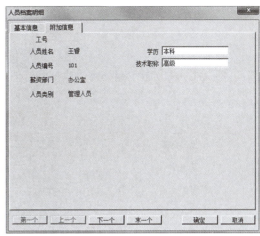
图 2.3.9 【人员档案明细】窗口的【附加信息】页签

(5) 全部人员档案补充完毕，人员档案列表如图 2.3.10 所示。

选择	薪资部门名称	工号	人员编号	人员姓名	人员类别	账号	中方人员	是否计税	工资停发	核算计件工资	现金发放	学历	技术职称
	办公室		101	王睿	管理人员	6222001640008125401	是	是	否	否	否	本科	高级
	办公室		102	安可	管理人员	6222001640008125402	是	是	否	否	否	本科	高级
	财务部		201	孙雯	管理人员	6222001640008125403	是	是	否	否	否	硕士	高级
	财务部		202	肖勇	管理人员	6222001640008125404	是	是	否	否	否	本科	中级
	财务部		203	赵娜	管理人员	6222001640008125405	是	是	否	否	否	大专	初级
	采购部		301	赵明	采购人员	6222001640008125406	是	是	否	否	否	本科	初级
	采购部		302	韩硕	采购人员	6222001640008125407	是	是	否	否	否	大专	初级
	销售部		401	郑意	销售人员	6222001640008125408	是	是	否	否	否	大专	初级
	销售部		402	许诺	销售人员	6222001640008125409	是	是	否	否	否	大专	初级
	仓储部		501	张萍	仓储人员	6222001640008125410	是	是	否	否	否	本科	初级

图 2.3.10 人员档案列表

工作提示

◆ 薪资管理系统的人员来源于基础档案中的人员档案，对于新增的职工，先在基础设置中建立人员档案，再将该人员增加到薪资管理系统。

◆ 薪资管理系统中的人员档案包括基本信息和附加信息，较基础档案中的人员档案内容更为丰富，更能够满足薪资管理的需要，可根据企业对薪资管理的需要决定如何设置。

【探索思考】

企业在日常运行中，个别职工可能因工作调动、休假、离职等原因需要暂时停发工资，探讨如何在薪资管理系统中实现工资的暂停发放。

任务4　设置工资项目

【任务描述】 山东绿都环保建材贸易公司工资项目见表2.3.2，请在系统中增加工资项目。

表 2.3.2　工资项目

项目名称	类型	长度	小数位数	增减项
基本工资	数字	8	2	增项
岗位工资	数字	8	2	增项
交通津贴	数字	8	2	增项
绩效工资	数字	8	2	增项
请假扣款	数字	8	2	减项
个人社会保险	数字	8	2	减项
个人住房公积金	数字	8	2	减项
请假天数	数字	8	2	其它
公积社保计提基数	数字	8	2	其它
月初累计收入	数字	8	2	其它
累计收入总额	数字	8	2	其它
累计减除费用	数字	8	2	其它
累计专项扣除	数字	8	2	其它
专项附加扣除	数字	8	2	其它
累计专项附加扣除	数字	8	2	其它
累计预扣预缴应纳税所得额	数字	8	2	其它
期初累计预扣预缴税额	数字	8	2	其它
企业住房公积金	数字	8	2	其它
企业医疗工伤保险	数字	8	2	其它
企业养老失业保险	数字	8	2	其它
应付工资	数字	8	2	其它

【任务解析】 本任务要求设置工资项目，为后续项目公式的定义奠定基础。

【知识链接】 设置工资项目即定义工资项目的名称、类型、长度等内容，企业可根据薪资管理需要自行设置工资项目，如基本工资、岗位工资、副食补贴等。当企业建立多个工资类别时，不同类别的工资项目可不同，计算公式也可进行差异化设置。

【工作指导】

（1）执行【薪资管理】→【设置】→【工资项目设置】命令，打开【工资项目设置】窗口，系统已预置了"应发合计""代扣税"等8个工资项目。

（2）单击工资项目"应发合计"，再单击【增加】按钮，"应发合计"下

设置工资项目

面增加一空行，单击右侧【名称参照】下拉列表，选择"基本工资"选项，如图2.3.11所示，单击【上移】按钮，将"基本工资"选项调整到第一行。

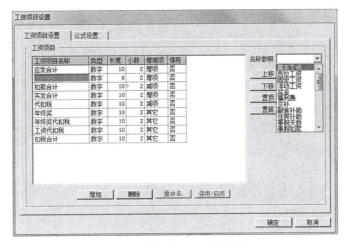

图 2.3.11 【工资项目设置】窗口

（3）单击【增加】按钮，按照表2.3.2所示信息，增加其他工资项目，如图2.3.12所示，单击【确定】按钮，关闭【工资项目设置】窗口。

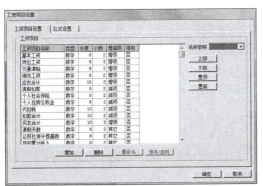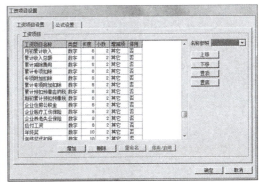

图 2.3.12 企业全部工资项目

※※※※※※※※※※※※※※※※※※※※※※※※※※※※※※※※※※※※※※※

工作提示

◆ 系统已经预置了"代扣税""应发合计""扣款合计""实发合计"等工资项目，并定义了其公式，不要删除或修改系统预置的工资项目。

◆ 系统提供若干常用工资项目供参考，可参照录入，对于参照中未提供的工资项目，可以双击【工资项目名称】一栏手工输入，或先从【名称参照】下拉列表中选择一个项目，然后单击【重命名】按钮，进行名称修改。

◆ 要注意工资项目的增减项。若为"增项"，系统自动将其列为"应发合计"的组成部分；若为"减项"，系统自动将其列为"扣款合计"的组成部分；若为"其他"，则既不构成应发合计项目，也不构成扣款合计项目，仅供其中某个工资项目的计算使用。

◆ 设置工资项目后,按照项目之间的逻辑顺序可以按【上移】【下移】按钮调整先后顺序。

※※※※※※※※※※※※※※※※※※※※※※※※※※※※※※※※※※※※

【拓展延伸】

　　薪资管理系统可独立使用,也可与人力资源系统集成使用。集成使用时,可从【人力资源】系统获取数据,计算绩效奖金、加班费、考勤扣款、社保公积金个人扣款等数据信息。在启用了人力资源系统中的 HR 基础设置和人事信息管理后,工资项目界面会出现人事与薪资项目,通过人事与薪资项目接口设计取数公式,在工资变动业务中执行【取数】命令,从人力资源系统获取相关数据。

【探索思考】

　　思考是否需要考虑工资项目的排序问题,如果工资项目需要排序,按照什么标准进行排序更加合理。

★★★德技并修★★★

　　1980 年从技校毕业后,中国航天科技集团有限公司第一研究院特种熔融焊接工、高级技师高凤林就一直从事火箭发动机焊接工作。从一名普通的焊接工人到"大国工匠",高凤林经历了日以继夜的磨砺。"'1 万小时'定律,是任何人从平凡变成超凡的必要条件。"熟能生巧,经过艰苦的锤炼,高凤林的焊接技术逐渐脱颖而出。参加工作以来,经他的手焊接的火箭发动机达到 140 多台,他所焊接的焊缝总长度达到 12 万多米。高凤林认为,理解工匠精神,必须理解爱岗敬业、无私奉献的内涵,将事业看成施展才华的机会和舞台,并扎根在这个事业的生产一线上建功立业,通过持续专注,精益求精,不断追求极致。

任务 5　设置项目公式

【任务描述】 根据表 2.3.3 所示信息定义山东绿都环保建材贸易有限公司的工资项目公式。

表 2.3.3　公式设置

工资项目	公式
岗位工资	管理人员 800 元,其他人员 600 元
交通津贴	销售部门 400 元,采购部门 300 元,其他部门 200 元
请假扣款	请假天数 ×50
个人社会保险	公积社保计提基数 ×0.102
个人住房公积金	公积社保计提基数 ×0.12
应付工资	基本工资 + 岗位工资 + 交通津贴 + 绩效工资 − 请假扣款
累计收入总额	月初累计收入 + 应付工资
累计减除费用	5 000 × month()

续表

工资项目	公式
累计专项扣除	（个人社会保险＋个人住房公积金）×month()
累计专项附加扣除	专项附加扣除 ×month()
累计预扣预缴应纳税所得额	如果（累计收入总额－累计减除费用－累计专项扣除－累计专项附加扣除）的计算结果大于等于零，取该数值，否则取零
企业住房公积金	公积社保计提基数 ×0.12
企业医疗工伤保险	公积社保计提基数 ×0.11
企业养老失业保险	公积社保计提基数 ×0.198

【任务解析】本任务要求定义工资项目公式，以提高工资录入的准确性和效率。

【知识链接】当企业职工、工资项目数量较多时，手工逐一录入工资数据不仅费时，而且可能造成错误。部分工资项目具有一定的规律，可通过定义公式的方式计算数据，由系统自动计算工资项目数据，既提高工作效率，又降低手工录入的错误率。

【工作指导】

1. iff 函数公式定义－岗位工资

（1）执行【人力资源】→【薪资管理】→【设置】→【工资项目设置】命令，打开【工资项目设置】窗口。

定义 iff 公式

（2）单击【公式设置】页签，单击【增加】按钮，在【工资项目】下拉列表中选择"岗位工资"选项，如图 2.3.13 所示，单击【函数公式向导输入】按钮，打开【函数向导——步骤之 1】窗口，选择左侧的"iff"函数，如图 2.3.14 所示。

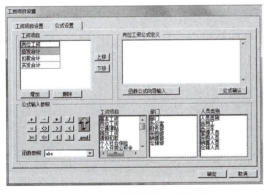

图 2.3.13 设置岗位工资公式

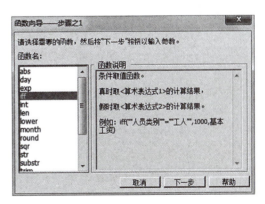

图 2.3.14 调用 iff 函数

（3）单击【下一步】按钮，打开【函数向导——步骤之 2】窗口，单击【逻辑表达式】框右侧按钮（参照按钮），打开【参照】窗口，从【参照列表】下拉列表中选择【人员类别】为"管理人员"，如图 2.3.15 所示，单击【确定】按钮。

（4）回到【函数向导——步骤之 2】窗口，在【算术表达式 1】框中输入"800"，在【算术表达式 2】框中输入"600"，如图 2.3.16 所示，单击【完成】按钮。

图 2.3.15　选择人员类别

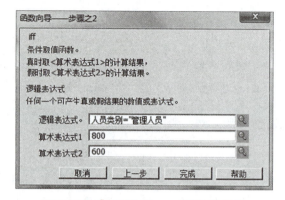
图 2.3.16　【函数向导——步骤2】窗口

（5）回到"工资项目设置"窗口，岗位工资公式定义如图 2.3.17 所示，单击【公式确认】按钮。

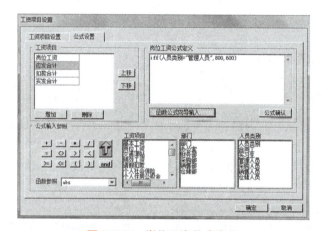
图 2.3.17　岗位工资公式定义

※※※※※※※※※※※※※※※※※※※※※※※※※※※※※※※※※※※※

累计预扣预缴应纳税所得额公式的含义：计算累计收入总额－累计减除费用－累计专项扣除－累计专项附加扣除，若该计算结果为正数或者零，则累计预扣预缴应纳税所得额取计算结果，否则取零值。该公式可调用 iff 函数后，直接手工录入函数条件和取值，定义好的公式如图 2.3.18 所示，操作视频扫码观看。
应纳税所得额

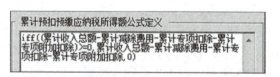
图 2.3.18　累计预扣预缴应纳税所得额公式定义

※※※※※※※※※※※※※※※※※※※※※※※※※※※※※※※※※※※※

2. 双 iff 函数公式定义－交通津贴

定义双 iff 公式

（1）在【工资项目设置】窗口，单击【增加】按钮，在【工资项目】下拉列表中选择"交通津贴"选项，单击右侧的【函数公式向导输入】按钮，打开【函数向导——步骤之1】窗口，选择"iff"函数，单击【下一步】按钮。

（2）打开【函数向导——步骤之2】窗口，单击【逻辑表达式】右侧的参照按钮，在【参照列表】下拉列表中选择【部门名称】为"销售部"，单击【确定】按钮，回到【函数向导——步骤之2】窗口，在【算术表达式1】框中输入"400"，如图 2.3.19 所示，单击【完成】按钮。

（3）回到【工资项目设置】窗口，文本对话框中的公式为"iff（部门="销售部"，400，）"，将鼠标放置到后括号前，如图 2.3.20 所示。

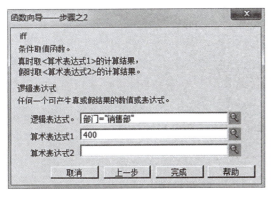

图 2.3.19 【函数向导——步骤之2】窗口

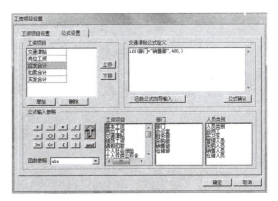

图 2.3.20 设置交通津贴公式

（4）单击【函数公式向导输入】按钮，选择"iff"函数，单击【下一步】按钮，打开【函数向导——步骤之2】窗口，单击【逻辑表达式】右侧的参照按钮，【部门名称】选择"采购部"，单击【确定】按钮，回到【函数向导——步骤之2】窗口，在【算术表达式1】框中输入"300"，在【算术表达式2】框中输入"200"，如图 2.3.21 所示，单击【完成】按钮。

（5）回到【工资项目设置】窗口，完成交通津贴公式的定义，如图 2.3.22 所示，单击【公式确认】按钮。

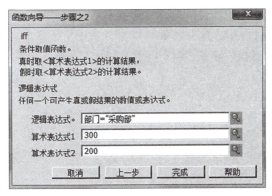

图 2.3.21 调用 iff 函数公式

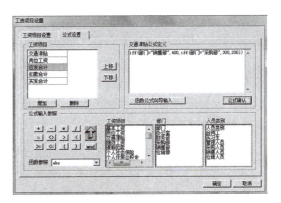

图 2.3.22 交通津贴公式定义

3. 普通公式定义

（1）在【工资项目设置】窗口，继续单击【增加】按钮，在【工资项目】下拉列表中选择"请假扣款"选项，【工资项目】选择"请假天数"，【公式输入参照】选择"*"，再单击向上箭头键，输入"50"，或直接通过键盘输入"*50"，单击【公式确认】按钮，完成请假扣款公式的设置。

定义其他公式

（2）同理完成其他公式的定义，全部公式定义完毕后，单击【确定】按钮保存退出。

※※※※※※※※※※※※※※※※※※※※※※※※※※※※※※※※※※

◆ 项目公式既可以通过【函数参照】下拉列表输入，也可以直接手工录入，手工录入公式时，注意不要留有空格，并且相关符号应该在英文状态下录入，公式里不能出现百分号，应将其换算为小数表示。

◆ 公式录入有误时，单击【公式确认】按钮，系统会提示"公式不合法"。

◆ month 函数的含义是取计算机系统日期的月份，例如计算机系统日期是 2022-05-04，则 month()=5。该业务属于 2022 年 1 月的业务，若计算机系统日期不是 1 月，则需要进行调整，如计算机系统的月份是 5 月，则以上公式中要将"month()"更换为"（month()-4）"。

※※※※※※※※※※※※※※※※※※※※※※※※※※※※※※※※※※

【拓展延伸】

在实际工作中，对于大中型企业会设置独立的人力资源管理部门，员工的考勤、薪资定岗、薪资计算等事项都由人力资源管理部门计算完成，对于没有设置单独人力资源管理部门的小微企业，可由薪资会计完成薪资相关业务的计算。

【探索思考】

若管理人员或销售人员的岗位工资是 800 元，其他人员的岗位工资是 600 元，思考如何利用 iff 函数来定义公式。

★★★政策法规★★★

专项附加扣除是指在计算综合所得应纳税额时，除了基本减除费用标准和三险一金等专项扣除外，还允许额外扣除子女教育、继续教育、大病医疗、住房贷款利息、住房租金和赡养老人这六项专项附加扣除。在征收个税时引入专项附加扣除，可以让个税更好地反映不同家庭的负担情况，更好地发挥调节收入分配功能。这六项专项附加扣除政策使很多在子女、养老、医疗、住房等方面负担较大的老百姓切实受益，税负将更为均衡、合理、公平，更能照顾生活压力较大的特定群体。2022 年 3 月，国务院印发《关于设立 3 岁以下婴幼儿照护个人所得税专项附加扣除的通知》，自 2022 年 1 月 1 日起，纳税人照护 3 岁以下婴幼儿子女的相关支出，在计算缴纳个人所得税前按照每名婴幼儿每月 1 000 元的标准定额扣除。

任务 6　设置个税扣税

【任务描述】企业根据新税法规定，使用累计预扣法代扣代缴个人所得税，按照

表2.3.4所示信息重新设置税率表,其中税率表中的"基数"和"附加费用"设置为零。

表2.3.4 个人所得税预扣率(适用于居民个人工资、薪金所得预扣预缴)

级数	累计预扣预缴应纳税所得额	预扣率/%	速算扣除数/元
1	不超过36 000元的	3	0
2	超过36 000~144 000元的部分	10	2 520
3	超过144 000~300 000元的部分	20	16 920
4	超过300 000~420 000元的部分	25	31 920
5	超过420 000~660 000元的部分	30	52 920
6	超过660 000~960 000元的部分	35	85 920
7	超过960 000元的部分	45	181 920

【任务解析】本任务要求根据最新税法规定,在选项中设置计税依据和税率。

【知识链接】薪资管理系统中已经设置好个税税率和计税依据,系统自动执行个人所得税的计算。自2019年1月1日起施行的新《中华人民共和国个人所得税法》规定,薪资采用累计预扣法代扣代缴个人所得税,即本期应预扣预缴税额=(累计预扣预缴应纳税所得额×预扣率-速算扣除数)-累计减免税额-累计已预扣预缴税额,因教学版用友软件未升级,需要手工对这部分内容按照新税法规定进行设置。

【工作指导】

(1)执行【人力资源】→【薪资管理】→【设置】→【选项】命令,打开【选项】窗口,单击【扣税设置】页签,再单击【编辑】按钮,将"应发合计"替换为"累计预扣预缴应纳税所得额",如图2.3.23所示。

扣税设置

(2)单击【税率设置】按钮,打开【个人所得税申报表——税率表】窗口,将【基数】和【附加费用】调整为"0",按照表2.3.4所示信息调整税率表,如图2.3.24所示,单击【确定】按钮。

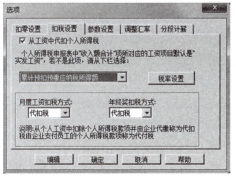

图2.3.23 【选项】窗口的【扣税设置】页签

图2.3.24 【个人所得税申报表——税率表】窗口

◆ 若软件没有打补丁,【个人所得税申报表——税率表】窗口的工资、薪金所得所适用的7级超额累进税率与当前新税法规定的税率不一致，用户可根据新税法规定调整费用基数、附加费用以及税率。

◆ 用户可删除原有级数，也可以在此基础上修改，调整某一级的"应纳税所得额上限"，则下一级的"应纳税所得额下限"自动同步变更。

◆ 税率修改后，需要在【薪资管理】→【业务变动】→【工资变动】窗口，执行计算汇总，才能根据新的税率重新计算个人所得税，否则还是原有数据。

※※※※※※※※※※※※※※※※※※※※※※※※※※※※※※※※※※※※※※※

【拓展延伸】

根据《中华人民共和国个人所得税法》的规定，个人所得税包括三大类：第一类是综合所得，适用3%～45%的超额累进税率；第二类是经营所得，适用5%～35%的超额累进税率；第三类包括利息、股息、红利所得，财产租赁所得，财产转让所得和偶然所得，适用20%的比例税率，工资薪金适用第一类税率。

任务7　设置银行代发工资文件

【任务描述】请根据表2.3.5所示信息设置银行代发工资文件格式，并将其磁盘输出格式设置为".TXT"。

表2.3.5　银行代发工资文件格式

栏目名称	数据类型	总长度	小数位数	数据来源
单位编号	字符型	10	0	系统默认
人员编号	字符型	10	0	人员编号
姓　名	字符型	16	0	人员姓名
账　号	字符型	19	0	账　号
金　额	数字型	10	2	实发合计
录入日期	字符型	8	—	20220128

【任务解析】本任务要求设置银行代发工资文件格式及其磁盘输出格式。

【知识链接】设置银行代发工资文件格式是指根据银行的要求，设置提供数据中所包含的项目，以及项目的数据类型、长度和取值范围等信息，此外企业应设置向银行提供的数据是以何种文件形式存放在磁盘中，因此要进行磁盘输出格式的设置，以确保企业财务或人力资源管理部门将工资发放信息准确传递给银行，银行按照要求完成工资的代发任务。

【工作指导】

（1）执行【人力资源】→【薪资管理】→【业务处理】→【银行代发】命令，打开【请选择部门范围】窗口，选择所有部门，如图2.3.25所示。

（2）单击【确定】按钮，打开【银行文件格式设置】窗口，在【银行模板】下拉列表中选择"中国工商银行"选项，根据表2.3.5所示信息设置模板格式，如图2.3.26所示。

设置银行代发工资文件

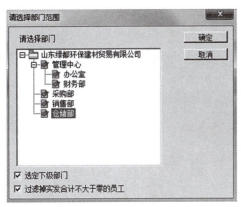 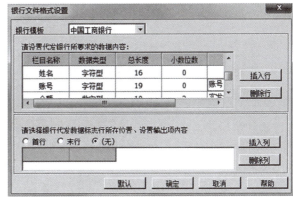

图 2.3.25 【请选择部门范围】窗口　　　图 2.3.26 【银行文件格式设置】窗口

（3）单击【确定】按钮，系统提示"确认设置的银行文件格式？"，单击【是】按钮。

（4）打开【银行代发一览表】窗口，单击工具栏中的【方式】按钮，打开【文件方式设置】窗口，默认选择"TXT（定长文件）"格式，单击【确定】按钮，系统提示"确认当前设置文件格式？"，单击【是】按钮，磁盘输出格式设置成功。

【拓展延伸】

银行代发工资是指委托银行通过企业的基本户发放职工工资，目前许多单位发放工资时都采用工资银行卡方式，这种做法既减轻了财务部门发放工资工作的负担，有效地避免了财务部门到银行提取大笔款项所承担的风险，又提高了对员工个人工资的保密程度。采用银行代发工资方式发放工资，需要将每个月发放工资的数据传递给银行，本任务就是根据工资发放要求对银行代发文件格式进行初始设置。

子项目 2.4

固定资产系统初始设置

固定资产系统是用友 U8V10.1 软件的重要组成部分，负责企业固定资产的日常核算和管理工作，包括固定资产卡片的增减变动、折旧计提、按月反映固定资产的变动情况等。首次运行固定资产系统需要建立该系统子账套，并进行必要的系统初始设置工作，具体包括固定资产系统初始化、设置固定资产类别、设置部门对应折旧科目、设置增减方式对应入账科目、录入原始卡片等工作。

任务1 设置固定资产系统参数

【**任务描述**】山东绿都环保建材贸易有限公司于2022年1月1日建立固定资产子账套，其建账的控制参数和补充参数见表2.4.1。

表 2.4.1 固定资产子账套参数

控制参数		参数设置
约定与说明		我同意
启用月份		2022-01
折旧信息		折旧方法：平均年限法（一） 折旧汇总分配周期：1个月 当（月初已计提月份 = 可使用月份 –1）时，将剩余折旧全部提足
编码方式		固定资产编码方式：按"类别编码 + 部门编码 + 序号"自动编码 序号长度：2
账务接口		与账务系统进行对账 对账科目：固定资产对账科目：1601 固定资产 累计折旧对账科目：1602 累计折旧 对账不平不允许固定资产月末结账
补充参数	与账务系统接口	月末结账前一定要完成制单登账业务 固定资产缺省入账科目：1601 累计折旧缺省入账科目：1602 减值准备缺省入账科目：1603 增值税进项额缺省入账科目：22210101 固定资产清理缺省入账科目：1606
	其他	已发生资产减少的卡片10年后可删除 卡片金额型数据显示千分位格式

【**任务解析**】本任务要求设置固定资产系统参数，固定资产系统参数包括基本参数和补充参数，其中基本参数的设置是通过建立固定资产账套完成的。

【**岗位说明**】本任务由账套主管根据任务要求完成固定资产系统初始设置工作。

【**知识链接**】固定资产系统是针对固定资产增减变动等业务进行核算管理的系统。固定资产系统初始化是根据企业的具体情况，建立一个适合企业需要的固定资产子账套的过程。固定资产系统初始化需要设置的内容主要包括：约定及说明、启用月份、折旧信息、编码方式、账务接口和补充参数6个部分，完成固定资产系统初始化是使用该系统管理资产的首要操作。

【**工作指导**】
1. 建立固定资产账套

（1）用户201登录【企业应用平台】，【操作日期】为"2022-01-01"。

（2）在【业务工作】选项卡中，执行【财务会计】→【固定资产】命令，

建立固定资产账套

系统提示"这是第一次打开此账套,还未进行过初始化,是否进行初始化?",单击【是】按钮,打开【初始化账套向导-约定及说明】窗口,选择"我同意"选项。

(3)单击【下一步】按钮,进入【初始化账套向导-启用月份】窗口,账套启用月份只能查看不能修改,直接单击【下一步】按钮,进入【初始化账套向导-折旧信息】窗口,更改折旧方法,如图 2.4.1 所示。

(4)单击【下一步】按钮,进入【初始化账套向导-编码方式】窗口,选择"自动编码"选项,并在下拉列表中选择"类别编号+部门编号+序号"选项,更改【序号长度】为"2",如图 2.4.2 所示。

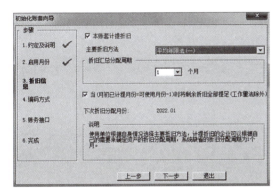

图 2.4.1 【初始化账套向导-折旧信息】窗口   图 2.4.2 【初始化账套向导-编码方式】窗口

(5)单击【下一步】按钮,进入【初始化账套向导-账务接口】窗口,分别输入固定资产和累计折旧的对账科目,如图 2.4.3 所示。

(6)单击【下一步】按钮,进入【初始化账套向导-完成】窗口,如图 2.4.4 所示。

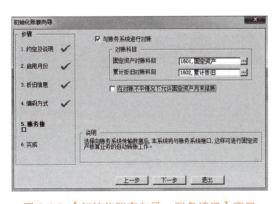 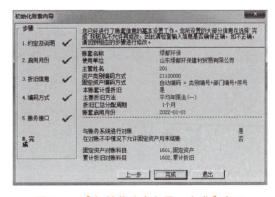

图 2.4.3 【初始化账套向导-账务接口】窗口   图 2.4.4 【初始化账套向导-完成】窗口

(7)单击【完成】按钮,系统提示"完成固定资产子账套建立所有的设置,是否保存?",单击【是】按钮,固定资产账套初始化完成。

※※※※※※※※※※※※※※※※※※※※※※※※※※※※※※※※※※※

◆ 对账不平不允许结账。若固定资产管理中的"固定资产"和"累计折旧"科目与总账管理中的"固定资产"和"累计折旧"科目的期初余额和期末余额对账不相等,则固定资产系统月末不能结账。该选项可以随时勾选或取消。

◆ 若账套建立完成后需要更改设置信息,可执行【固定资产】→【维护】→【重新初始化账套】命令,该操作将删除账套中的业务数据,重新进行固定资产账套的建立。

※※※

2. 设置固定资产系统补充参数

(1)执行【固定资产】→【设置】→【选项】命令,打开【选项】窗口,在【与账务系统接口】页签中单击【编辑】按钮,根据表2.4.1所示信息设置缺省入账科目,如图2.4.5所示。

(2)单击【其它】页签,将【已发生资产减少卡片可删除时限】调整为"10",勾选【卡片金额型数据显示千分位格式】复选框,如图2.4.6所示,单击【确定】按钮,完成设置。

图2.4.5 【与账务系统接口】页签

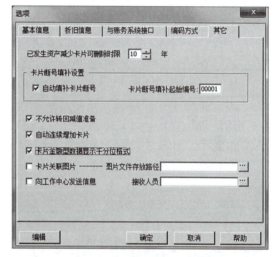

图2.4.6 【其它】页签

※※※

◆ 缺省科目可以理解为制单默认科目,通过缺省科目的设置可以提升业务处理的效率。缺省科目既可以在资产类别中设置,也可以在选项中设置,当固定资产系统制单时,凭证会优先带出资产类别中设置的缺省科目,若资产类别未设置,则自动带出选项中设置的缺省科目,若均未设置,则凭证科目为空,需要手工录入。

※※※

【拓展延伸】

固定资产系统的参数包括基本参数和补充参数,其中基本参数在创建固定资产子账套时设置,而补充参数在【选项】窗口中设置,大部分参数可随时修改,但是也有部分参数一旦选定就无法更改,若需要更改只能通过重新初始化账套来实现,因此设置参数和处理业务时要谨慎小心,避免出错。

★★★政策法规★★★

随着我国经济发展的不断加速、信息技术的应用更加深入广泛,企业档案管理的重点从传统载体转向电子载体,管理手段和方法转向信息化,企业档案工作进入信息化转型阶段。根据新修订的《中华人民共和国档案法》的配套制度建设要求,综合考虑解决企业档案工作中存在的一些突出问题,国家档案局于2021年6月召开《企业档案管理规定》的修订工作。

任务2 设置固定资产类别

【任务描述】企业固定资产包括房屋建筑、车辆及计算机、打印机等办公设备,为了加强固定资产管理,根据表2.4.2对固定资产进行类别设置。

表 2.4.2 固定资产类别

编 码	类别名称	使用年限/年	净残值率/%	计提属性	卡片样式
01	房屋建筑	30	4	正常计提	含税卡片样式
02	办公设备	5	4	正常计提	含税卡片样式
03	运输设备	10	4	正常计提	含税卡片样式

【任务解析】本任务要求设置企业固定资产的类别,以便于后期对资产进行分类管理。

【知识链接】固定资产种类繁多,规格不一,要强化固定资产管理,及时、准确地做好固定资产核算,必须科学地对固定资产进行分类,为核算和统计管理提供依据。企业可以根据自身的特点和管理要求,确定合理的资产分类方法。

【工作指导】

(1)执行【固定资产】→【设置】→【资产类别】命令,打开【资产类别】窗口,单击【增加】按钮,根据表2.4.2所示信息录入类别名称、使用年限、净残值率等信息,如图2.4.7所示。

设置固定资产类别

图 2.4.7 设置固定资产类别

（2）单击【保存】按钮，继续设置其他固定资产类别，全部录入完成后关闭【资产类别】窗口，系统提示"是否保存数据？"，单击【否】按钮。

※※

◆ 建立资产类别时按照先上级后下级的原则，若上级类别的使用年限、净残值率与下级相同，可自动继承，使用年限、净残值率和计量单位只对末级有效。

◆ 资产类别编码不能重复，同级的类别名称不能相同，类别编码、类别名称、计提属性、卡片样式不能为空。

◆ 非明细类别编码不能被修改和删除，修改明细类别编码时只能修改本级的编码，使用过的类别编码及其属性不能修改，不允许删除或增加下级类别。

※※

【拓展延伸】

设置资产类别时，系统给出6种折旧计提选择：不提折旧、平均年限法（一）、平均年限法（二）、工作量法、年数总和法以及双倍余额递减法。这些方法是系统设置的折旧方法，只能选用，不能删除和修改。如果这几种方法不能满足企业的使用需要，则系统提供了折旧方法的自定义功能，可以自定义适合的折旧方法名称和计算公式。

任务3 设置部门对应折旧科目

【任务描述】为了自动生成每月的折旧计提凭证，根据表2.4.3所示信息设置部门对应折旧科目。

表 2.4.3 固定资产部门对应折旧科目

部门	对应折旧科目
办公室、财务部、采购部、仓储部	管理费用/折旧费（660203）
销售部	销售费用/折旧费（660103）

【任务解析】本任务要求设置各部门所使用固定资产对应的折旧计提科目。

【知识链接】对应折旧科目是指计提折旧时所对应的成本或费用科目。设置对应折旧科目是对折旧费用的入账科目进行设置，资产因使用发生磨损，应根据受益性原则归入相应的成本费用，通过部门对应折旧科目的设置，可以预先确定每个部门的折旧科目，以简化后期生成折旧凭证的工作量。

【工作指导】

（1）执行【固定资产】→【设置】→【部门对应折旧科目】命令，打开【部门对应折旧科目】窗口，选择"管理中心"选项，单击【修改】按钮，在【折旧科目】框中输入"660203"，单击【保存】按钮，系统提示"是否将［管理中心］部门的所有下级部门的折旧科目替换为［折旧费］？"，如图2.4.8所示。

设置部门对应折旧科目

项目二 财务软件初始设置

图 2.4.8 设置部门对应折旧科目

（2）单击【是】按钮，刷新后，可以看到"管理中心"下的"办公室""财务部"对应折旧科目均为"660203 管理费用/折旧费"。

（3）同理完成其他部门折旧科目的设置，设置完毕后关闭【部门对应折旧科目】窗口。

※※※※※※※※※※※※※※※※※※※※※※※※※※※※※※※※※※※※

◆ 设置部门对应折旧科目前，必须已建立好部门档案。

◆ 设置部门对应折旧科目时，必须选择末级会计科目。设置上级部门的折旧科目，则下级部门可以自动继承，也可以选择不同科目，即上、下级部门的折旧科目可以相同，也可以不同。

◆ 设置部门对应折旧科目时，还可以选择部门，用鼠标右键单击【编辑】按钮，然后设置折旧科目。

※※※※※※※※※※※※※※※※※※※※※※※※※※※※※※※※※※※※

【拓展延伸】

固定资产计提折旧的方法不同，企业会计利润也会不同。常用的折旧方法包括平均年限法、工作量法、双倍余额递减法和年数总和法，其中后两种方法为加速折旧法，企业应根据《关于完善固定资产加速折旧企业所得税政策的通知》（财税【2014】75 号文）的规定，根据与固定资产有关的经济利益的预期实现方式，合理选择折旧方法。对于纳税人在 2018 年 1 月 1 日—2023 年 12 月 31 日期间新购进的设备、器具，单位价值不超过 500 万元的，允许一次性计入当期成本费用，不再分年计提折旧。

任务 4 设置固定资产增减方式

【任务描述】根据表 2.4.4 所示信息设置固定资产增减方式对应的会计科目。

表 2.4.4 固定资产增减方式

增加方式目录	对应入账科目	减少方式目录	对应入账科目
增加方式	—	减少方式	—
直接购入	工行存款（100201）	出售	固定资产清理（1606）
投资者投入	实收资本（4001）	毁损/报废	固定资产清理（1606）

续表

增加方式目录	对应入账科目	减少方式目录	对应入账科目
捐赠	营业外收入（6301）	投资转出	固定资产清理（1606）
盘盈	以前年度损益调整（6901）	捐赠转出	固定资产清理（1606）
在建工程转入	在建工程（1604）	盘亏	待处理财产损溢（1901）

【任务解析】企业固定资产的增减方式不同，其会计核算也有所差异。本任务要求设置不同情境下固定资产增减变动对应的入账科目。

【知识链接】明确资产的增减方式可做到对固定资产增减的汇总管理心中有数，增减方式包括增加方式和减少方式两类，用以确定资产计价和处理的原则。为了在增减固定资产业务发生时，根据不同的增减方式自动生成凭证，可以按照不同的增减方式设置对应的入账科目，以提升业务处理效率。

【工作指导】

（1）执行【设置】→【增减方式】命令，打开【增减方式】窗口。

（2）单击【增加方式】前面的【+】按钮，展开所有增加方式，选择"101 直接购入"选项，单击鼠标右键执行【编辑】命令或者单击【修改】按钮，在【对应入账科目】框中输入"100201"，如图 2.4.9 所示。

设置增减方式对应科目

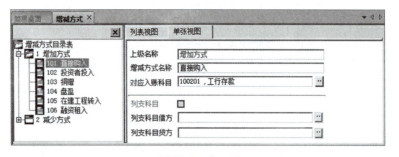

图 2.4.9 "直接购入"对应入账科目

（3）单击工具栏中的【保存】按钮，同理设置其他增减方式对应的入账科目，如图 2.4.10 所示，完成后关闭【增减方式】窗口。

图 2.4.10 增减方式对应入账科目

※※※※※※※※※※※※※※※※※※※※※※※※※※※※※※※※※

◆ 设置增减方式对应入账科目是为了在处理增减固定资产业务时直接生成凭证，若期初没有进行该设置，生成凭证时需要<u>手工补充科目</u>。

◆ <u>非明细增减方式不能删除，已使用的增减方式不能删除。</u>

◆ 除盘亏外所有减少的固定资产先计入"固定资产清理"，<u>出售、转让等原因</u>产生的处置利得或损失转入"<u>资产处置损益</u>"，报废、毁损等原因产生的利得或损失转入"营业外收入""营业外支出"。

※※※※※※※※※※※※※※※※※※※※※※※※※※※※※※※※※

【拓展延伸】

因为本系统提供的报表中有固定资产盘盈、盘亏报表，所以增减方式中"盘盈""盘亏""毁损"不能修改和删除。

任务 5　录入固定资产原始卡片

【任务描述】山东绿都环保建材贸易有限公司在启用财务软件核算前，已经购置并投入使用一批固定资产，相关信息见表 2.4.5，请在系统中录入固定资产原始卡片。

表 2.4.5　固定资产原始卡片

固定资产名称	类别编号	使用部门	使用年限/月	开始使用日期	原值/元	累计折旧/元
办公楼	01	办公室/财务部	360	2019-06-12	2 124 800.00	172 108.80
仓库	01	仓储部	360	2019-08-26	568 400.00	42 971.04
奥迪	03	办公室	120	2020-06-06	245 600.00	35 366.40
通用五菱	03	采购部	120	2019-06-12	89 650.00	21 516.00
办公家具	02	办公室/财务部	60	2019-07-22	30 600.00	14 198.40
三星电脑	02	办公室	60	2020-03-15	6 300.00	2 116.80
联想电脑	02	财务部	60	2019-06-24	5 200.00	2 496.00
联想电脑	02	销售部	60	2019-09-03	4 800.00	2 073.60
打印机	02	办公室	60	2019-07-19	2 200.00	1 020.80
合计	—	—			3 077 550.00	293 867.84

注：以上固定资产均外购取得，使用状况均为"在用"，多部门使用的固定资产均摊。

【任务解析】该任务要求录入固定资产系统的期初余额，即录入固定资产原始卡片。

【知识链接】原始卡片是指固定资产管理系统开启使用日期前，企业已存在的记录固定资产情况的卡片，即已使用并计提折旧的固定资产的卡片。固定资产卡片是固定资产核算和管理的基础依据，为保持历史资料的连续性，在使用固定资产核算前，除了必要的基础设置工作外，还必须将系统启用之前的数据加以录入。

录入固定资产原始卡片

【工作指导】

（1）执行【固定资产】→【卡片】→【录入原始卡片】命令，打开【固定资产类别档案】窗口，选择【资产类别】为"01房屋建筑"，单击【确定】按钮。

（2）打开【固定资产卡片】窗口，在【固定资产名称】框中输入"办公楼"，单击【使用部门】按钮，选择"多部门使用"选项，打开【使用部门】窗口，单击【增加】按钮，依次输入使用部门和使用比例，如图2.4.11所示，单击【确定】按钮，完成使用部门的设置。

图 2.4.11　选择固定资产使用部门

（3）选择增加方式、使用状况，录入开始使用日期、原值、累计折旧和使用年限（月），其他信息为系统默认，如图2.4.12所示。

（4）单击【保存】按钮，提示"数据成功保存"，继续根据所给资料完成其他固定资产原始卡片的录入，全部固定资产原始卡片录入完成后，关闭【固定资产卡片】窗口。

（5）执行【固定资产】→【处理】→【对账】命令，因总账系统尚未录入期初余额，因此两个系统对账结果不平衡，对账结果提示"固定资产账套原值：3077550.00""固定资产账套累计折旧：293867.84"，如图2.4.13所示。

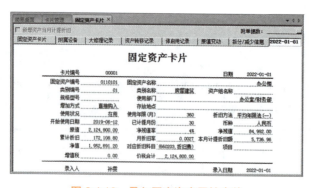

图 2.4.12　录入固定资产原始卡片

图 2.4.13　对账结果提示

◆ 固定资产原始卡片的项目应录入齐全，否则无法保存。
◆ 资产的使用年限应换算为月份，如10年应换算为120个月。
◆ 如果原始卡片录入错误，在未保存前可直接修改，如果已经保存，则可以执行【卡片】→【卡片管理】命令进行修改，在【查询条件选择】窗口取消【开始使用日期】选项的勾选，可过滤出固定资产原始卡片。

◆ 若总账系统期初余额录入完成,可执行【固定资产】→【处理】→【对账】命令,对账结果应为平衡,本业务由于总账系统尚未录入期初数据,所以对账结果不平衡,但是可以查看到该系统中"固定资产"和"累计折旧"录入金额。

※※※※※※※※※※※※※※※※※※※※※※※※※※※※※※※※※※※※※

【拓展延伸】
当一项固定资产为多部门使用时,部门数为 2～20,且卡片上的"对应折旧科目"默认为使用部门设置的折旧对应科目。卡片编号是系统根据初始化时定义的编码方案自动设定的,不能修改,如果删除的卡片不是最后一张,系统将保留空号。【已计提月份】由系统根据开始使用日期自动计算得出,但可以修改;原值、累计折旧录入的金额必须是卡片录入月月初的价值,否则将出现计算错误。

【探索思考】
如果固定资产原始卡片中存在同批次购进的多项相同的固定资产,观察固定资产原始卡片的功能键,思考如何快速录入该类原始卡片。

子项目 2.5 应付款管理系统初始设置

应付款管理系统主要用于核算和管理供应商往来款项,通过采购发票、其他应付单、付款单等单据的录入,对企业的往来款项进行综合管理,提供供应商的往来款余额资料。应付款管理系统包括参数设置、日常处理、单据与账表查询等功能。

任务 1 设置应付款管理系统参数

【任务描述】山东绿都环保建材贸易有限公司应付款管理系统的参数见表 2.5.1,按照该表所示信息设置应付款管理系统参数。

表 2.5.1 应付款管理系统参数

系统	页签	参数设置
应付款管理系统	常规	单据审核日期依据:单据日期 自动计算现金折扣
	凭证	受控科目制单方式:明细到单据

【任务解析】本任务要求设置应付款管理系统的参数。

【岗位说明】在实际工作中一般由财务主管进行应付款管理系统的参数、科目等初始设置，或者由会计在财务主管的指导下完成该系统的初始设置。

【知识链接】应付款管理系统参数设置包括【常规】【凭证】【权限与预警】【核销设置】及【收付款控制】页签，对采购付款业务处理规则做出规定和限制。

【工作指导】

（1）用户 201 登录【企业应用平台】，【操作日期】为"2022-01-01"。

（2）执行【财务会计】→【应付款管理】→【设置】→【选项】命令，打开【账套参数设置】窗口。

设置应付款管理系统参数

（3）单击【编辑】按钮，在【常规】页签下，将【单据审核日期依据】更改为"单据日期"，勾选【自动计算现金折扣】复选框，如图 2.5.1 所示。

（4）单击【凭证】页签，将【受控科目制单方式】更改为"明细到单据"，如图 2.5.2 所示，单击【确定】按钮保存退出。

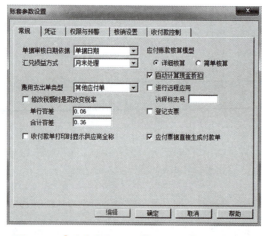

图 2.5.1 【账套参数设置】窗口的【常规】页签

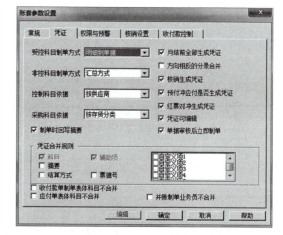

图 2.5.2 【账套参数设置】窗口的【凭证】页签

※※※※※※※※※※※※※※※※※※※※※※※※※※※※※※※※※※※※※※※

◆ 单据审核日期依据。因单据审核后记账，故单据审核日期依据决定了业务总账、明细账、余额表等查询期间的取值。系统提供的单据审核日期包括"业务日期"和"单据日期"两种。若选择"业务日期"，则审核单据时，系统将当前的业务日期作为单据的审核日期；若选择"单据日期"，系统将单据上的日期作为审核日期。业务处理时，该选项从"单据日期"改为"业务日期"时无限制条件，可随时更改；但是从"业务日期"改为"单据日期"，则需要判断当前未审核单据中有无单据日期在已结账月份的单据，若有，则不允许修改。

◆ 自动计算现金折扣。现金折扣是指为鼓励客户在信用期间提前付款而采取的折扣政策。若选择自动计算，需要在发票或应付单中输入付款条件，则在核销时系统依据付款条件自动计算该发票或应付单可享受的现金折扣。

◆ 受控科目制单方式。系统提供了"明细到供应商""明细到单据"两种方式。若选择"明细到供应商"方式,将一个供应商的多笔业务合并生成一张凭证,而控制科目相同时,系统自动将其合并成一条分录,以便在总账系统中能够根据客户查询其详细信息;若选择"明细到单据"方式,将一个供应商的多笔业务合并生成一张凭证时,系统会将每一笔业务形成一条分录,以便在总账系统中能查看到每个供应商的每笔业务的详细情况。只有在【受控科目制单方式】下拉列表中选择"明细到单据"选项,红票对冲业务才能生成凭证。

※※※※※※※※※※※※※※※※※※※※※※※※※※※※※※※※※※※

【拓展延伸】

应付款管理系统主要用于核算供应商往来款项,通过采购发票、其他应付单、付款单等单据,对企业的采购往来款项进行综合管理,提供供应商往来款余额资料。在不启用供应链时,采购业务相关的发票填制、发票审核、发票制单工作均在该系统中完成。

★★★管理增效★★★

在新的采购环境下,供应商关系发生了根本性变化,供应商从单纯的货物、服务的提供者转变为买方的战略性商业合作伙伴。毫无疑问,战略供应商关系管理是驱动竞争策略、提高供应商关系管理优势的重要手段之一。发挥关键合作伙伴的最大能效同样重要。战略供应商关系管理是一项复杂的功能,涉及评估、高级评估和后续行动计划,旨在不断优化长期战略供应商关系。战略供应商关系管理有多种模式,企业应结合自身管理需要,探索适合的战略供应商管理模式。

任务2 设置应付款管理系统科目

【任务描述】根据表2.5.2设置应付款管理系统的基本科目和结算方式科目。

表2.5.2 应付款管理系统初始科目设置

科目类别	设置内容		
基本科目	应付科目 2202; 税金科目 22210101; 银行承兑科目 2201;	预付科目 1123;	采购科目 1405 商业承兑科目 2201 现金折扣科目 6603
结算方式科目	现金结算　　人民币 1001; 转账支票　　人民币 100201; 商业汇票　　人民币 100201; 网银结算　　人民币 100201;	现金支票　人民币 100201; 电汇　　　人民币 100201; 银行汇票　人民币 101202; 其他　　　人民币 100201	

【任务解析】本任务要求设置应付款管理系统的基本科目和结算方式科目,以便后续处理该系统业务时能自动生成会计凭证,提高业务处理效率。

【知识链接】应付款管理系统初始设置包括科目设置、账期内账龄区间设置、逾期账龄区间设置、报警级别设置、单据类型设置和中间币种设置6项内容,其中科目设置又包括基本科目、控制科目、产品科目和结算方式科目4类,期初设置好会计科目,业务处理时可自动生成采购、退货、款项结算等凭证,提高了业务处理的效率和准确性。

【工作指导】

(1)执行【财务会计】→【应付款管理】→【设置】→【初始设置】命令,打开【初始设置】窗口。

设置应付款管理系统科目

(2)单击左侧列表中的【基本科目设置】选项,再单击工具栏中的【增加】按钮,根据表2.5.2所示信息,逐行增加应付科目、预付科目、采购科目等,如图2.5.3所示。

基础科目种类	科目	币种
应付科目	2202	人民币
预付科目	1123	人民币
采购科目	1405	人民币
税金科目	22210101	人民币
商业承兑科目	2201	人民币
银行承兑科目	2201	人民币
现金折扣科目	6603	人民币

图2.5.3 应付款管理系统基本科目设置

(3)单击左侧列表中的【结算方式科目设置】选项,根据表2.5.2所示,录入结算方式、币种及对应的会计科目,如图2.5.4所示,录入完毕后关闭【初始设置】窗口。

结算方式	币种	本单位账号	科目
201 现金支票	人民币	16160208120421007771	100201
202 转账支票	人民币	16160208120421007771	100201
3 电汇	人民币	16160208120421007771	100201
4 商业汇票	人民币	16160208120421007771	100201
5 银行汇票	人民币	16160208120421007771	101202
6 网银结算	人民币	16160208120421007771	100201
8 其他	人民币	16160208120421007771	100201

图2.5.4 应付款管理系统结算方式科目设置

※※※※※※※※※※※※※※※※※※※※※※※※※※※※※※※※※※※

工作提示

◆ 设置了基本科目,在生成凭证时,系统会根据设置<u>自动生成凭证</u>,且凭证保存前,可对相应的会计科目进行修改。

◆ 应付账款2202、预付账款1123、应付票据2201<u>应为"供应商往来",并受控于应付款管理系统</u>,否则无法保存。若未进行相关设置,可在基础档案下<u>修改会计科目属性</u>。

※※※※※※※※※※※※※※※※※※※※※※※※※※※※※※※※※※※

【拓展延伸】

若企业所有供应商正常采购业务发生的应付账款均通过"应付账款"核算,所有预付货款均通过"预付账款"核算,则无须进行控制科目设置。但若针对不同的供应商、供应商分类、地区分类分别设置了不同的应付账款明细科目和预付账款明细科目,可先在"选项"窗口选择控制科目依据,再通过控制科目设置实现差异化管理。

任务3 录入应付款管理系统期初余额

【任务描述】山东绿都环保建材贸易有限公司2022年1月初应付票据期初余额、应付账款期初余额、预付账款期初余额见表2.5.3~表2.5.5,请在应付款管理系统中录入期初余额。

表2.5.3 应付票据期初余额 43 505.00 元

收票单位	票据类型	科目	票据面值/元	票据编号	签发日期	到期日	业务员
江苏万代	商业承兑	2201	43 505.00	10360678	2021-09-24	2022-01-24	赵明

表2.5.4 应付账款期初余额 487 030.00 元

票据类型	开票日期	发票号	供应商	业务员	存货名称	数量	原币单价/元
专用发票	2021-11-04	01807795	浙江鼎鑫	韩硕	鼎鑫LH70门	300	450.00
					鼎鑫PE98门	300	620.00
	2021-12-07	00431002	北京爱家	赵明	爱家TY30净化门	50	2 200.00

表2.5.5 预付账款期初余额 30 000.00 元

日期	供应商	结算方式	金额/元	票据号	业务员	科目
2021-12-25	深圳精诚	网银结算	30 000.00	66980021	赵明	1123

【任务解析】本任务要求录入应付款管理系统期初余额,并与总账系统对账。

【知识链接】为了保证数据的连续性和完整性,企业首次启用应付款管理系统时,对于在系统启用前已经存在,并受控于该系统的应付账款、预付账款及应付票据3个会计科目的余额,作为期初数据录入系统,且应付款管理系统与总账系统的数据应对应一致。

【工作指导】

1. 录入应付票据期初余额

(1)执行【应付款管理】→【设置】→【期初余额】命令,打开【期初余额-查询】窗口,单击【确定】按钮,打开【期初余额】窗口。

(2)单击【增加】按钮,打开【单据类别】窗口,【单据名称】选择"应付票据",【单据类型】选择"商业承兑汇票",单击【确定】按钮。

(3)打开【期初单据录入】窗口,单击【增加】按钮,根据表2.5.3所

录入应付票据
期初余额

示信息，录入应付票据期初余额，单击【保存】按钮，如图 2.5.5 所示。

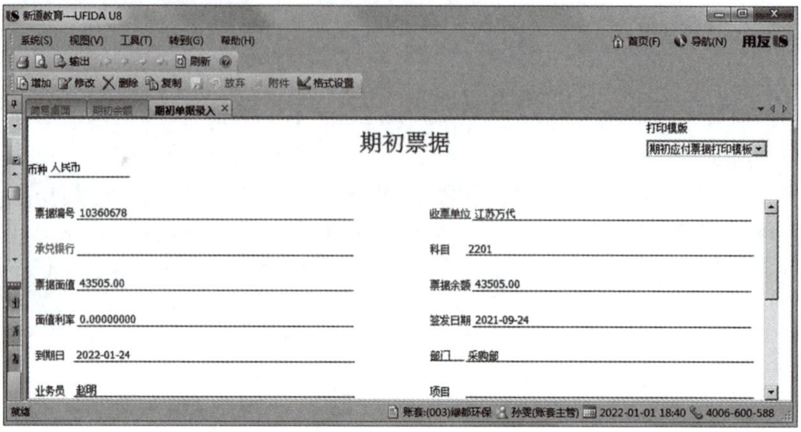

图 2.5.5　应付票据期初余额

（4）关闭【期初单据录入】窗口，返回【期初余额明细表】窗口，单击工具栏中的【刷新】按钮，显示商业承兑汇票的期初余额。

2. 录入应付账款期初余额

（1）单击工具栏中的【增加】按钮，打开【单据类别】窗口，【单据名称】选择"采购发票"，【单据类型】选择"采购专用发票"，单击【确定】按钮。

（2）打开【采购发票】窗口，单击【增加】按钮，根据表 2.5.4 所示信息录入应付"浙江鼎鑫"的期初余额，单击【保存】按钮，如图 2.5.6 所示。

录入应付账款期初余额

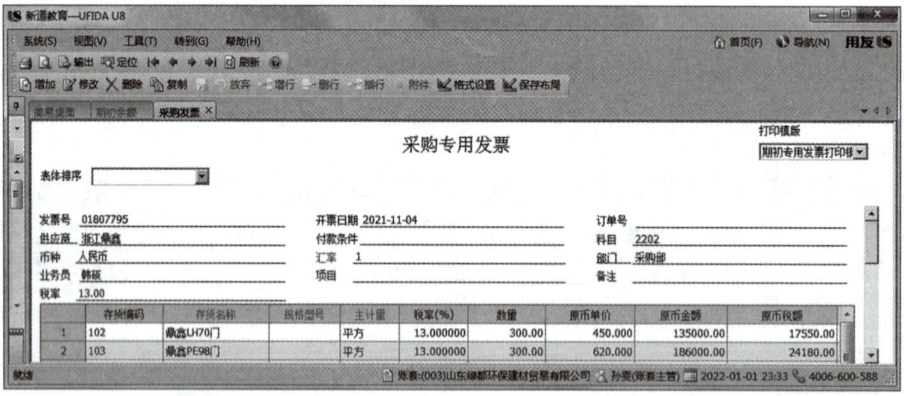

图 2.5.6　应付"浙江鼎鑫"期初余额

（3）单击【增加】按钮，录入"北京爱家"期初采购发票的余额，保存后关闭【采购发票】窗口，返回【期初余额明细表】窗口，单击【刷新】按钮，新增两条采购发票期初余额。

◆ 在录入采购发票时，既需要录入表头内容，也需要录入表体项目，其中蓝字部分的信息为必录信息,而黑字部分的信息可根据情况选择录入。

◆ 表头的会计科目必须正确录入,否则在总账系统期初余额录入时将无法实现数据的引入,应付款管理系统也无法正确和总账系统进行对账。

◆ 录入期初采购发票时,应注意发票方向的选择,如果选择【正向】,则表明是一张蓝字发票,如果选择【负向】,则表明是一张红字发票。

※※※※※※※※※※※※※※※※※※※※※※※※※※※※※※※※※

3. 录入预付账款期初余额

(1)单击工具栏中的【增加】按钮,打开【单据类别】窗口,【单据名称】选择"预付款",【单据类型】选择"付款单",单击【确定】按钮。

(2)打开【期初单据录入】窗口,单击【增加】按钮,根据表2.5.5所示资料录入预付账款表头信息,录入完毕后单击表体第一行,表头信息自动带入,单击【保存】按钮,如图2.5.7所示。

录入预付账款期初余额

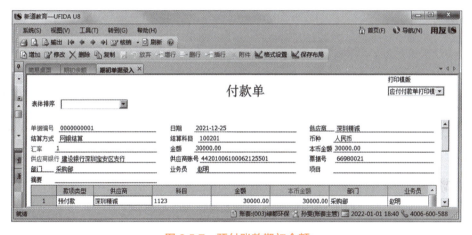

图2.5.7 预付账款期初余额

※※※※※※※※※※※※※※※※※※※※※※※※※※※※※※※※※

◆ 录入付款单时,表头的【结算科目】是指企业以不同结算方式付款时所对应的会计科目,如付款时支付的是转账支票,则【结算科目】为100201。

◆ 付款单的表头与表体信息均需要录入,表头录入完毕后,单击表体的第一行,则表头所填信息会自动填充到表体的第一行。

◆ 表体中的科目必须正确填写,付款单所对应的会计科目为"预付账款"。

※※※※※※※※※※※※※※※※※※※※※※※※※※※※※※※※※

(3)关闭【期初单据录入】窗口,返回【期初余额明细表】窗口,单击【刷新】按钮,新增预付账款期初余额,如图2.5.8所示。

图 2.5.8 期初余额明细表

（4）单击工具栏中的【对账】按钮，系统自动进行应付款管理系统受控科目与总账系统期初余额的对账，如图 2.5.9 所示。

图 2.5.9 期初对账

※※※※※※※※※※※※※※※※※※※※※※※※※※※※※※※※※※※※

◆ 当总账系统已经录入期初余额，执行应付款管理系统期初对账后，若对账结果无差额，说明总账系统与应付款管理系统受控科目的期初余额完全一致；若对账结果存在差额，需要根据差额信息回查应付款管理系统受控科目在本系统的期初余额及总账系统期初余额，查找错误原因并进行修改。

◆ 当会计期间已经结账后，期初余额只能查询，不能再修改。

※※※※※※※※※※※※※※※※※※※※※※※※※※※※※※※※※※※※

【拓展延伸】

只有受控于应付款管理系统的科目才能在应付款管理系统录入期初余额，一般来说该系统受控科目包括"应付账款""应付票据"和"预付账款"。这 3 个科目需要同时在总账系统录入期初余额，若往来系统已经完成了期初余额的录入工作，则总账系统录入这 3 个科目期初余额时，无须逐一手工录入，可利用【引入】功能，将应付款管理系统期初余额引入总账系统。

【探索思考】

思考为什么在应付款管理系统录入"应付账款""应付票据"和"预付账款"期初余

额的时候，需要在表头或表体正确录入会计科目，才能在总账系统通过【引入】功能实现期初余额的引入。

子项目 2.6 应收款管理系统初始设置

应收款管理系统主要用于核算和管理客户往来款项，通过销售发票、其他应收单、收款单等单据的录入，对企业的往来款项进行综合管理，提供客户的往来款余额资料。应收款管理系统包括参数设置、日常处理、单据与账表查询等功能，其操作界面和功能与应付款管理系统类似。

任务 1 设置应收款管理系统参数

【任务描述】根据表 2.6.1 所示信息设置山东绿都环保建材贸易有限公司应收款管理系统参数。

表 2.6.1 应收款管理系统参数

系统	页签	参数设置
应收款管理系统	常规	单据审核日期依据：单据日期 坏账处理方式：应收余额百分比法 自动计算现金折扣
	凭证	核销生成凭证 受控科目制单方式：明细到单据

【任务解析】本任务要求设置应收款管理系统的参数。

【岗位说明】在实际工作中一般由财务主管进行参数等初始设置，或者会计在财务主管的指导下完成本系统的初始设置。

【知识链接】应收款管理系统参数设置又称为选项设置，是对销售收款处理规则的规定。在使用应收款管理系统处理日常业务前，需要根据企业管理需要，在【选项】界面进行勾选设置，该系统参数包括【常规】【凭证】【权限与预警】及【核销设置】4 个页签。

【工作指导】
（1）执行【财务会计】→【应收款管理】→【设置】→【选项】命令，打开【账套参数设置】窗口。

（2）单击【编辑】按钮，在【常规】页签下，将【单据审核日期依据】更改为"单据日期"，将【坏账处理方式】更改为"应收余额百分比法"，勾选【自动计算现金折扣】复选框，如图2.6.1所示。

（3）单击【凭证】页签，将【受控科目制单方式】更改为"明细到单据"，如图2.6.2所示，单击【确定】按钮保存退出。

设置应收款管理系统参数

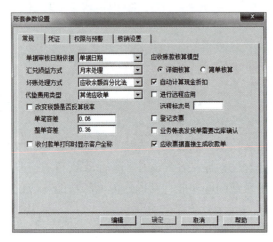

图2.6.1 【账套参数设置】窗口的【常规】页签

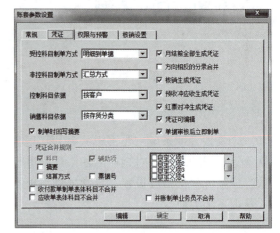

图2.6.2 【账套参数设置】窗口的【凭证】页签

※※※※※※※※※※※※※※※※※※※※※※※※※※※※※※※※※※※

◆［坏账处理方式］坏账处理方式有备抵法和直接转销法两大类，其中备抵法又包括应收余额百分比法、销售收入百分比法、账龄分析法。我国会计准则规定只能使用备抵法核算坏账。在软件环境下，如果在设置参数时勾选了备抵法，需要在初始设置中录入坏账准备的期初余额、计提比例或输入账龄区间，然后才能处理坏账计提等相关业务。如果坏账处理方式默认为直接转销法，则后续无法进行坏账准备的初始设置。

※※※※※※※※※※※※※※※※※※※※※※※※※※※※※※※※※※※

【拓展延伸】

应收款管理系统主要用于核算客户往来款项，通过销售发票、其他应收单、收款单等单据，对企业的销售往来款项进行综合管理，提供客户往来款余额信息。该系统可与销售管理系统、总账系统集成使用，若不启用供应链，销售业务相关的发票开具、发票审核、发票制单均在该系统中完成。

任务2　设置应收款管理系统科目

【任务描述】根据表2.6.2所示信息设置应收款管理系统的科目。

表 2.6.2　应收款管理系统初始科目设置

科目类别	设置内容	
基本科目	应收科目 1122； 商业承兑科目 1121； 销售收入科目 6001； 税金科目 22210102；	预收科目 2204； 银行承兑科目 1121； 销售退回科目 6001； 现金折扣科目 6603
结算方式科目	现金结算 人民币 1001； 转账支票 人民币 100201； 商业汇票 人民币 100201； 网银结算 人民币 100201；	现金支票　人民币 100201； 电汇　　　人民币 100201； 银行汇票　人民币 100201； 其他　　　人民币 100201
坏账准备	提取比例 5%； 坏账准备科目：1231；	坏账准备期初余额：13277.50 对方科目：6702

【任务解析】本任务要求设置应收款管理系统的基本科目、结算方式科目和坏账准备，以提高后续业务处理效率。

【知识链接】应收款管理系统与应付款管理系统初始设置都包括科目设置、账期内账龄区间设置等内容，其中科目设置包括基本科目、控制科目、产品科目和结算方式科目4类，期初设置好会计科目，业务处理时可自动生成赊销、销售退货、货款结算等业务凭证。此外当企业使用备抵法核算坏账时，期初还应该进行坏账准备的初始设置。

【工作指导】

（1）执行【财务会计】→【应收款管理】→【设置】→【初始设置】命令，打开【初始设置】窗口。

（2）单击【增加】按钮，根据表 2.6.2 所示信息逐行增加应收科目、预收科目、销售收入科目等，如图 2.6.3 所示。

设置应收款管理系统科目

图 2.6.3　应收款管理系统基本科目设置

（3）单击左侧列表中的【结算方式科目设置】选项，根据表 2.6.2 所示信息，录入结算方式、币种及对应的会计科目。

◆ 在进行科目设置之前，需要进行会计科目属性的修改，将应收账款 1122、合同负债 2204、应收票据 1121 科目的属性改为"客户往来"核算，使之受控于应收款管理系统。

◆ 当企业不同客户的应收科目、预收科目存在差异时，可通过设置控制科目实现差异化管理，若无差异，无须设置控制科目。

※※※※※※※※※※※※※※※※※※※※※※※※※※※※※※※※※※※

（4）单击左侧列表中的【坏账准备设置】选项，根据表 2.6.2 所示信息录入坏账的计提比例、坏账准备期初余额、坏账准备科目及对方科目，如图 2.6.4 所示，单击【确定】按钮，系统提示"储存完毕"，单击【确定】按钮。

图 2.6.4　坏账准备设置

※※※※※※※※※※※※※※※※※※※※※※※※※※※※※※※※※※※

◆ 在进行坏账准备设置前，应先在应收款管理系统的选项中，将坏账处理方式改为备抵法的一种，方可进行坏账准备的初始设置。

◆ 总账系统与应收款管理系统中的坏账准备期初余额需要人工核对。

◆ 即使坏账准备期初没有余额，也要在【坏账准备期初余额】框中也要录入"0"。

◆ 坏账准备设置完成后，若本月未发生坏账业务，则此处可进行修改，若已经计提了坏账或者发生了其他坏账相关业务，则此处无法修改。

※※※※※※※※※※※※※※※※※※※※※※※※※※※※※※※※※※※

【拓展延伸】

2018 年 1 月 1 日起施行的《企业会计准则第 14 号——收入》（财会〔2017〕22 号）第四十一条规定，企业应当根据本企业履行履约义务与客户付款之间的关系在资产负债表中列示合同资产或合同负债。自 2021 年 1 月 1 日起，新会计准则在上市公司、非上市公司全面实施，企业根据合同约定预先收到购货款，而产生的向客户转让商品的义务应通过"合同负债"科目核算。

【探索思考】

查找资料，查看"信用减值损失"科目的核算内容及账户结构，对比"信用减值损失"科目与"资产减值损失"科目的异同。

任务 3　录入应收款管理系统期初余额

【任务描述】山东绿都环保建材贸易有限公司 2022 年 1 月初应收票据、应收账款见

表 2.6.3、表 2.6.4，根据所给资料录入应收款管理系统期初余额。

表 2.6.3　应收票据期初余额 80 000.00 元

开票单位	票据类型	科目	票据面值/元	票据编号	承兑银行	签发（收到）日	到期日
日照兴盛	银行承兑	1121	80 000.00	10360397	中国工商银行	2021-10-26	2022-04-26

表 2.6.4　应收账款期初余额 265 550.00 元

票据类型	开票日期	发票号	客户	税率/%	存货名称	数量	无税单价/元
专用发票	2021-12-14	18553024	山东锦绣	13	鼎鑫 PE98 门	120	800.00
					节能中空玻璃	600	95.00
专用发票	2020-10-03	48092352	江苏绿城	13	SP 超薄保温板	1 000	82.00

【任务解析】本任务要求录入应收款管理系统受控科目的期初余额。

【知识链接】为了保证数据的连续性和完整性，企业首次启用应收款管理系统时，对于在系统启用前已经存在，并受控于该系统的应收账款、应收票据、合同负债 3 个会计科目的余额，应作为期初数据录入该系统。

【工作指导】

1. 录入应收票据期初余额

（1）执行【应收款管理】→【设置】→【期初余额】命令，打开【期初余额-查询】窗口，单击【确定】按钮，打开【期初余额明细表】窗口。

（2）单击工具栏中的【增加】按钮，打开【单据类别】窗口，【单据名称】选择"应收票据"，【单据类型】选择"银行承兑汇票"，单击【确定】按钮。

（3）打开【期初单据录入】窗口，单击【增加】按钮，根据表 2.6.3 所示信息，录入应收票据期初余额，单击【保存】按钮，如图 2.6.5 所示。

录入应收票据
期初余额

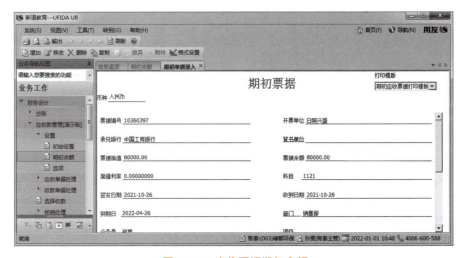

图 2.6.5　应收票据期初余额

（4）关闭【期初单据录入】窗口，返回【期初余额】窗口，单击【刷新】按钮，新增一条银行承兑汇票的期初余额。

2. 录入应收账款期初余额

（1）单击工具栏中的【增加】按钮，打开【单据类别】窗口，【单据名称】选择"销售发票"，【单据类型】选择"销售专用发票"，单击【确定】按钮。

录入应收账款期初余额

（2）打开【期初销售发票】窗口，单击【增加】按钮，根据表2.6.4所示信息录入应收账款期初余额，单击【保存】按钮，如图2.6.6所示。

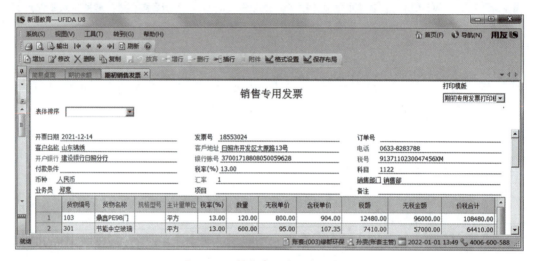

图2.6.6 销售专用发票期初余额

（3）单击【增加】按钮，继续录入江苏绿城销售发票，完成后关闭【期初销售发票】窗口，返回【期初余额】窗口，单击【刷新】按钮，显示应收款管理系统受控科目的全部期初余额，如图2.6.7所示。

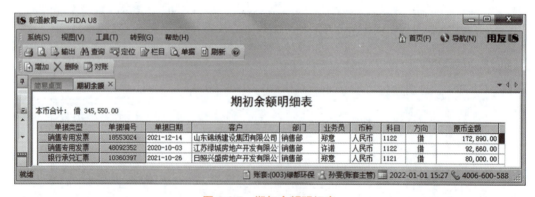

图2.6.7 期初余额明细表

（4）单击工具栏中的【对账】按钮，系统自动进行应收款管理系统受控科目与总账系统期初余额的对账，如图2.6.8所示。

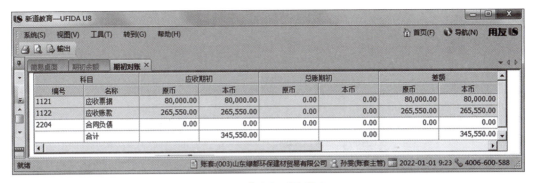

图 2.6.8 【期初对账】窗口

【拓展延伸】

只有受控于应收款管理系统的科目才能在应收款管理系统录入期初余额，该系统受控科目包括"应收账款""应收票据"和"合同负债"。若这 3 个科目已经在总账系统正确录入期初余额，对账结果将无差额。

子项目 2.7 总账系统初始设置

总账系统又称为账务处理系统，是会计信息系统的核心系统，该系统可完成凭证的填制、审核、记账等工作。该系统与其他子系统间存在大量的数据传递，其他子系统生成的凭证会自动传递到总账系统，并在该系统完成数据的进一步汇总加工工作。总账系统的主要功能包括：设置、凭证管理、账表查询、期末处理等。总账系统初始设置包括两部分内容：系统参数设置和系统期初余额录入，这是开展后续业务处理的基础和前提。

任务 1　设置总账系统参数

【任务描述】 请根据表 2.7.1 所示信息设置山东绿都环保建材贸易有限公司总账系统参数。

表 2.7.1 总账系统参数信息

页签	参数
凭证	无须制单序时控制；需进行支票控制；银行科目结算方式必录
会计日历	数量小数位、单价小数位、本位币精度均为 2
权限	出纳凭证必须经出纳签字 不允许修改、作废他人填制的凭证 明细账查询权限控制到科目
其他	外币核算采用浮动汇率 其他采用系统默认的参数

【任务解析】本任务要求设置总账系统参数。
【岗位说明】总账系统参数设置、期初余额录入工作由账套主管完成。
【知识链接】总账系统参数是对总账系统业务处理规则的限定，一般于业务处理前进行设置，后期由于具体情况需要或业务变更，发生账套信息与核算内容不符时，可对参数进行调整。总账系统参数设置关系重大，包括【凭证】【账簿】【凭证打印】【预算控制】【权限】【会计日历】【其他】【自定义项核算】8 部分内容。

【工作指导】
（1）在"业务工作"选项卡中执行【总账】→【设置】→【选项】命令。
（2）打开【选项】窗口，其内容包括【凭证】【账簿】等 8 个页签，单击【编辑】按钮，根据表 2.7.1 所示资料，在对应的页签界面选择控制参数，如图 2.7.1～图 2.7.4 所示。

设置总账系统参数

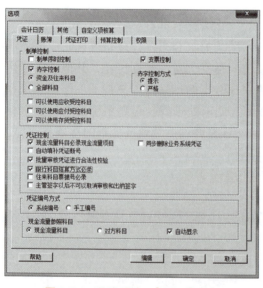

图 2.7.1 总账系统 -【凭证】页签

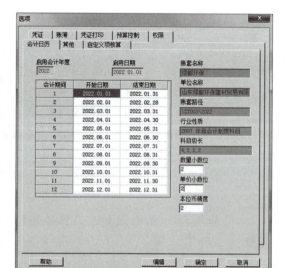

图 2.7.2 总账系统 -【会计日历】页签

项目二 财务软件初始设置

图2.7.3 总账系统-【权限】页签

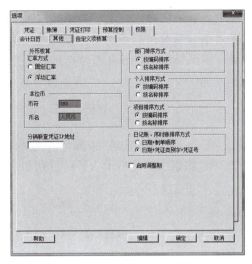

图2.7.4 总账系统-【其他】页签

◆【制单序时控制】。该复选框要求同类凭证编号必须按日期顺序排列，此项和"系统编号"选项联用，可以随时勾选或取消。

◆【支票控制】。若勾选该复选框，在制单时使用银行科目编制凭证时，系统针对票据管理的结算方式进行登记，如果录入的支票号在支票登记簿中已存在，系统提供登记支票报销的功能；否则，系统提供支票登记的功能。

◆【可以使用存货受控科目】。若科目为存货核算系统的受控科目，为了防止重复制单，只允许存货核算系统使用此科目进行制单，总账系统是不能使用此科目制单的，如果在总账系统中也需要使用此科目填制凭证，则应勾选该复选框。

◆【出纳凭证必须经由出纳签字】。该复选框要求现金、银行科目凭证必须由出纳核对签字后才能记账，否则无法进行记账。

◆【允许修改、作废他人填制的凭证】。若勾选了该复选框，在制单时可修改或作废他人填制的凭证，否则，即使账套主管也无法修改作废他人填制的凭证。

◆【汇率方式】。若企业有外币业务，应选择汇率方式。我国当前采用有管理的浮动汇率制度，"浮动汇率"是指制单时，按照业务发生当日汇率折算本位币金额，汇率不是固定不变的，可以手工修改汇率。

【拓展延伸】

如果设置总账系统参数时勾选了【制单序时控制】复选框，则业务凭证的填制或者生成应按照时间顺序进行，但是如果有遗漏业务或者需要对原始凭证进行删除，重新生成新凭证，此时可取消对【制单序时控制】复选框的勾选。

★★★古智启思★★★

《孟子·离娄上》中记载："不以规矩，不能成方圆"。它揭示了做任何事情都必须知道并遵守社会准则，要有规矩、守规矩。财务软件中每个子系统的"业务处理规矩"是通过参数设置实现的。以【制单序时控制】复选框为例，如果勾选了这个复选框，那么凭证就要严格按照时间顺序填制，否则将无法保存。作为一名财务人员也有自己的规矩：诚信高效、不做假账。守好自己的规矩，是开展财务工作的基础。

任务 2　录入总账系统期初余额

【任务描述】山东绿都环保建材贸易有限公司总账系统期初余额见表 2.7.2～表 2.7.9，根据所给资料录入各科目期初余额。

表 2.7.2　总账系统期初余额

科目编码	科目名称	币别/单位	方向	期初余额
1001	库存现金		借	934.00
1002	银行存款		借	869 500.50
100201	工行存款		借	682 600.50
100202	中行存款		借	186 900.00
		美元	借	30 000.00
1121	应收票据		借	80 000.00
1122	应收账款		借	265 550.00
1123	预付账款		借	30 000.00
122101	应收个人款		借	4 000.00
1231	坏账准备		贷	13 277.50
1402	在途物资		借	110 000.00
1405	库存商品		借	1 946 100.00
		平方	借	6 230.00
1601	固定资产		借	3 077 550.00
1602	累计折旧		贷	293 867.84
2001	短期借款		贷	1 500 000.00
2201	应付票据		贷	43 505.00
2202	应付账款		贷	487 030.00
2211	应付职工薪酬		贷	47 850.00
221101	工资		贷	43 650.00
221105	职工教育经费		贷	4 200.00
2221	应交税费		贷	137 149.60
222102	未交增值税		贷	54 050.00
222103	应交所得税		贷	76 550.00
222104	应交城市维护建设税		贷	3 783.50

续表

科目编码	科目名称	币别/单位	方向	期初余额
222105	应交教育费附加		贷	1 621.50
222106	应交地方教育费附加		贷	1 081.00
222107	应交个人所得税		贷	63.60
4001	实收资本		贷	2 000 000.00
4101	盈余公积		贷	185 000.00
410401	未分配利润		贷	1 675 954.56

表 2.7.3 应收票据期初余额 80 000.00 元

日期	客户	业务员	方向	金额/元	票号	票据日期
2021-11-26	日照兴盛	郑意	借	80 000.00	10360397	2021-10-26

表 2.7.4 应收账款期初余额 265 550.00 元

日期	客户	业务员	方向	金额/元	票号
2021-12-14	山东锦绣	郑意	借	172 890.00	18553024
2020-10-03	江苏绿城	许诺	借	92 660.00	48092352

表 2.7.5 预付账款期初余额 30 000.00 元

日期	供应商	业务员	方向	金额/元	票据号
2021-12-25	深圳精诚	赵明	借	30 000.00	66980021

表 2.7.6 其他应收款-应收个人款期初余额 4 000.00 元

日期	部门	个人	摘要	方向	金额/元
2021-12-28	销售部	许诺	预借差旅费	借	4 000.00

表 2.7.7 应付票据期初余额 43 505.00 元

日期	供应商	业务员	方向	金额/元	票号	票据日期
2021-09-14	江苏万代	赵明	贷	43 505.00	10360678	2021-09-24

表 2.7.8 应付账款期初余额 487 030.00 元

开票日期	供应商	业务员	方向	金额/元	发票号
2021-11-04	浙江鼎鑫	韩硕	贷	362 730.00	01807795
2021-12-07	北京爱家	赵明	贷	124 300.00	00431002

表 2.7.9　1405 库存商品

存货分类	存货编码及名称	单位	金额/元	数量
0101 节能门	101 爱家 TY30 净化门	平方	154 000.00	70
	102 鼎鑫 LH70 门	平方	292 500.00	650
	103 鼎鑫 PE98 门	平方	248 000.00	400
0102 节能窗	201 爱家 VE30 一体窗	平方	837 000.00	620
	202 鼎鑫 CH80 隔音窗	平方	192 500.00	350
0103 节能玻璃	301 节能中空玻璃	平方	100 800.00	1400
0104 外墙装饰	401 SP 超薄保温板	平方	108 100.00	2300
	402 SY 外墙一体板	平方	13 200.00	440
合　计			1 946 100.00	6 230

【任务解析】本任务要求录入总账系统期初余额，并试算平衡。

【知识链接】总账系统期初余额录入界面有 3 种颜色显示的会计科目——白色、灰色和黄色，分别代表 3 种不同的录入方式。白色的会计科目可直接录入；灰色的会计科目表明该会计科目有明细科目，其余额由所属的下级科目余额汇总而来；黄色的会计科目为具有辅助核算的会计科目，需要进入相应的辅助核算窗口进行余额录入。

【工作指导】

1. 白色单元格期初余额录入

（1）用户 201 登录【企业应用平台】，【操作日期】为"2022-01-01"。

（2）在【业务工作】选项卡中执行【财务会计】→【总账】→【设置】→【期初余额】命令，打开【期初余额录入】窗口。

（3）白色单元格的会计科目可以直接录入金额，如"库存现金"，在对应的期初余额栏输入"934.00"，其他白色单元格均可直接录入期初余额。

2. 灰色单元格期初余额录入

灰色单元格的会计科目无须录入，系统根据其所属明细科目余额自动汇总计算。以银行存款为例：在"银行存款－工行存款"对应的期初余额栏输入"682 600.50"，在"银行存款－中行存款"对应的期初余额栏输入"186 900.00"，在美元栏输入"30 000.00"，灰色单元格自动加总生成"银行存款"一级科目期初余额"869 500.50"。

3. 黄色单元格期初余额录入

黄色单元格的会计科目表明该会计科目具有项目、供应商、个人、客户等辅助核算属性，需要双击进入辅助核算窗口录入。

第一类：应收/应付受控科目期初余额录入。

（1）双击"应收票据"期初余额栏，打开【辅助期初余额】窗口，单击【往来明细】按钮，打开【期初往来明细】窗口，单击【引入】按钮，系统提示"确定要引入期初吗？"，单击【是】按钮，完成"应收票据"期初余额的引入，如图 2.7.5 所示。

应收票据期初余额

（2）单击工具栏中的【退出】按钮，回到【辅助期初余额】窗口，如图 2.7.6 所示。

（3）单击【退出】按钮，回到【期初余额】窗口，完成"应收票据"期初余额的录入。

图 2.7.5 应收票据【期初往来明细】窗口

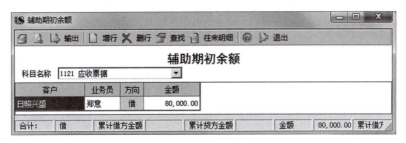

图 2.7.6 应收票据【辅助期初余额】窗口

（4）应收账款、预付账款、应付票据、应付账款的期初余额录入方法相同。

◆ 如果启用了应收款管理系统和应付款管理系统，两个系统受控科目的期初余额应分别在这两个系统中完成录入，当往来管理系统期初余额已经录入完成时，总账系统中对于往来管理系统受控科目期初余额的录入方法，既可以采用增行填写、汇总的方式，也可以采用数据引入的方式加以实现。

第二类：个人往来科目期初余额录入。

（1）双击"其他应收款 – 应收个人款"期初余额栏，打开【辅助期初余额】窗口，单击【往来明细】按钮，打开【期初往来明细】窗口，单击【增行】按钮，根据表 2.7.6 所示信息增加个人往来的期初余额，如图 2.7.7 所示。

其他应收款期初余额

图 2.7.7 其他应收款【期初往来明细】窗口

（2）单击工具栏中的【汇总】按钮，系统提示"完成了往来明细到辅助期初表的汇总！"，单击【确定】按钮，退出【期初往来明细】窗口，返回【辅助期初余额】窗口，如图 2.7.8 所示。

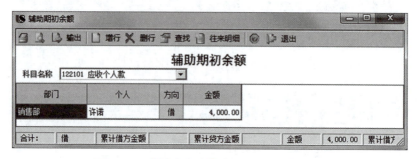

图 2.7.8　其他应收款【辅助期初余额】窗口

（3）单击【退出】按钮，完成"其他应收款–应收个人款"期初余额的录入。

※※※※※※※※※※※※※※※※※※※※※※※※※※※※※※※※※※

◆ "其他应收款–应收个人款"的科目属性为"个人往来"，不受控于应收款管理系统和应付款管理系统，因此期初余额不通过往来管理系统录入，在总账系统中录入期初余额时，不能通过数据的【引入】功能实现，只能通过【增行】方式直接手工录入。

※※※※※※※※※※※※※※※※※※※※※※※※※※※※※※※※※※

第三类：库存商品期初余额录入。

（1）双击"库存商品"期初余额栏，打开【辅助期初余额】窗口，单击【增行】按钮，根据表 2.7.10 所示信息录入库存商品期初余额，如图 2.7.9 所示。

库存商品期初余额

图 2.7.9　库存商品【辅助期初余额】窗口

（2）单击【退出】按钮，回到【期初余额】窗口，完成"库存商品"期初余额的录入。

4. **期初余额试算平衡**

根据所给信息完成所有会计科目期初余额的录入工作后，在【期初余额】窗口，单击工具栏中的【试算】按钮，打开【期初试算平衡表】窗口，窗口中显示"试算结果平衡"，表明期初数据录入正确，如图 2.7.10 所示。

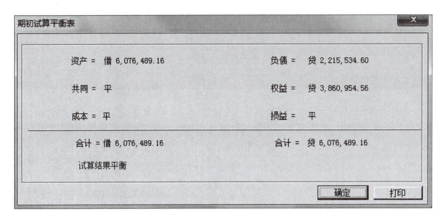

图 2.7.10 【期初试算平衡表】窗口

【拓展延伸】

当企业年初建账时，总账系统期初余额只需录入"期初余额"一个栏目，但是当企业年中建账时，总账系统期初余额录入包括"年初余额""累计借方""累计贷方"和"期初余额"4个栏目，其中"累计借方"是指从年初到本月月初该科目的累计借方发生额，"累计贷方"是指从年初到本月月初该科目的累计贷方发生额。"期初余额"即建账当月的月初余额，"年初余额"无须录入，其他项目填好后，由系统自动计算得出。

常见故障排除

序号	问题描述	原因分析	解决方案
1	登录【企业应用平台】时，系统提示"系统管理员不能进行业务处理"	登录者身份错误	【企业应用平台】只能由普通用户登录，系统管理员（admin）作为管理员用户不能登录
2	【基础档案】项目不全	未启用总账系统	通过【基本信息】→【系统启用】命令启用总账系统
3	无法增加人员类别	通过【人员类别】下拉列表直接增加	选择【人员类别】下拉列表中的"正式工"选项，再单击【增加】按钮，建立正式工下的人员类别
4	建立部门档案或进行客户、供应商分类时，无法保存，提示"科目编码长度与分配原则不符"	编码规则有误	在【基础设置】选项卡中通过【基本信息】→【编码方案】选项或者通过修改账套的方式修改编码规则

续表

序号	问题描述	原因分析	解决方案
5	无法对客户、供应商进行分类	建账时未分类	账套主管登录后【系统管理】模块执行修改账套操作，勾选【客户分类】和【供应商分类】复选框
6	无法删除或修改计量单位组	删除顺序有误	将单位删除，再修改或者删除计量单位组
7	无法进行外币设置	建账时，没有选择【有外币核算】选项	以账套主管身份修改账套信息，选择"有外币核算"选项
8	【外币设置】窗口只显示月份，不显示日期	汇率方式选择错误	将固定汇率改为浮动汇率
9	修改会计科目属性时，系统提示"科目编码不唯一"	错把【增加】使用为【修改】	选择待修改科目，单击【修改】按钮，或者双击进入修改状态
10	无法增加明细科目	科目编码错误	检查科目编码原则，通过【基本信息】→【编码方案】命令修改科目编码原则
11	设置凭证类别时，错选成了"记账凭证"类别	—	删除"记账凭证"类别，重新执行【财务】→【凭证类别】命令进行类别设置
12	设置凭证类别时，限制科目手工录入，无法保存	标点符号在中文状态下输入	编码间的标点符号应在英文状态下输入
13	建立项目档案时，发现待选科目为空或者不全	有的科目没有勾选项目核算属性	回到【财务】→【会计科目】窗口，检查主营业务收入、主营业务成本及库存商品的科目属性是否为"项目核算"
14	建立项目档案，进行项目分类时，分类无法保存	录入分类名称后单击【增加】按钮	录入分类名称后，应单击【确定】按钮，而非【增加】按钮
15	设置总账参数时，无法勾选相应的复选框	没有单击【编辑】按钮	单击【编辑】按钮，再根据任务需要勾选或者取消勾选复选框
16	将6601下的所有明细科目复制到6602科目下时，发现所有明细科目没有进行部门核算	在使用成批复制功能时，未勾选【辅助核算】复选框	修改6602下所有明细科目属性；或者删除6602下的明细科目，重新执行"成批复制"功能，勾选【辅助核算】复选框
17	录入期初余额时，"应收账款""预收账款"等科目颜色为白色	科目属性错误	通过【基础档案】→【财务】→【会计科目】命令，修改科目属性为客户往来或者供应商往来
18	在总账系统中录入客户往来、供应商往来科目期初余额时，系统提示"没有可引入的数据"	应收款管理系统、应付款管理系统期初单据上没有注明科目。	回到应收（付）款管理系统检查应收单、销售发票等单据的表头以及预收款单据的表体上是否注明了"科目"

续表

序号	问题描述	原因分析	解决方案
19	客户往来或供应商往来科目的期初金额与所给资料不符,删除所有辅助核算项目后,仍有期初余额	科目修改属性前后录入两次期初余额	首先删除所有辅助核算项目,取消科目的辅助核算属性,回到期初余额删除期初余额,再修改为正确的科目属性,最后再按照辅助核算科目录入方式录入期初余额
20	用户202无法对薪资管理系统进行操作	没有给用户202赋予数据权限	账套主管执行【权限】→【数据权限分配】命令,为用户202赋予薪资账套主管权限
21	增加工资项目时,无法增加"代扣税"工资项目	工资项目已经存在	系统已经提供了"代扣税""应发合计"等工资项目,无须再增加,直接使用即可
22	工资项目已经设置,但【公式设置】选项卡无法打开	没有增加人员档案	先执行【人力资源】→【设置】→【人员档案】命令,批量增加人员档案
23	设置薪资管理系统公式时,公式无法保存,系统提示"公式不合法"	公式录入错误	首先检查函数中间是否有空格,其次检查是否在英文状态下录入公式
24	固定资产原始卡片无法保存	固定资产原始卡片项目录入不完整	检查使用状态、使用年限等项目是否填写完整
25	原始卡片录入完毕后,发现录入错误	—	执行【卡片】→【卡片管理】命令,找到错误的卡片,通过【修改】功能进行修改
26	固定资产系统与总账系统对账结果不平衡	固定资产原始卡片中的信息录入有误或者总账未录入余额	检查固定资产原始卡片的原始价值、累计折旧信息填写是否正确,将固定资产原始卡片调整正确,检查总账是否录入期初余额
27	应收款管理系统初始设置时,增加会计科目,系统提示"本科目应为应收受控科目"	应收账款、合同负债、应收票据的会计科目没有受控于应收款管理系统	执行【基础设置】→【基础档案】→【财务】→【会计科目】命令,修改应收账款、合同负债、应收票据的会计科目属性为"客户往来",辅助核算,并受控于应收款管理系统
28	应收账款初始设置时,没有出现"坏账准备设置"	没有更改【选项】界面中坏账准备的处理方式	在【选项】界面中将坏账处理方式从"直接转销法"改为"应收款余额百分比法"等备抵法
29	在以发票形式录入应付账款期初余额时,系统提示"存货录入不正确或已停用,请检查!"	存货属性错误,如用于外购的存货属性没有选择"外购"属性	执行【基础设置】→【基础档案】→【存货】→【存货档案】命令,检查存货属性,选择存货的"外购"属性

项目考核评价

姓名：			学号：		班级：		组别：			
评价项目		评价标准			评价依据	评价方式		权重	得分	总分
						小组 0.2	教师 0.8			
财务软件初始设置	职业素质	1. 遵守实训管理规定和劳动纪律； 2. 在实训过程中保持操作台干净整洁，实训耗材摆放规范，实训结束后及时清理垃圾； 3. 及时高效地完成实训任务			实训表现			0.1		
	专业能力	1. 熟悉初始设置内容和流程，能够正确高效地完成初始设置； 2. 明晰薪资管理系统常用公式的含义，能为工资项目正确建立公式； 3. 熟悉参数对业务影响，能及时发现并解决问题； 4. 及时完成任务并上交截图			基础档案、单据设置、子系统初始设置任务操作截图			0.6		
	创新能力	1. 能合理运用所学的薪资公式，并设计更多其他合理的公式 2. 以其他方式完成受控科目期初余额的录入，并进行检查； 3. 结合单据格式方法，设计满足更多业务需要的单据格式			课堂表现，分析、解决问题的能力			0.1		
	学习态度质量	1. 登录平台，观看微课、课件等学习资源，自主开展课前预习； 2. 及时完成课前在线测试； 3. 积极针对基础档案设置内容、薪资项目设置、往来受控科目等知识点进行讨论、发帖、回帖			在线测试成绩/视频浏览时长/发帖回帖数量	线上学习数据		0.2		
	教师评语	指导教师签名： 日期：								

项目小结

财务软件初始设置		
子项目	任务列表	学习内容
基础档案设置	1. 建立机构人员档案	建立部门档案的流程及方法
		人员类别的建立方法
		人员档案的内容及注意事项
	2. 建立客商档案	客户分类、地区分类、供应商分类
		客户档案的内容及建立方法
		供应商档案的内容及建立方法
	3. 建立存货档案	计量单位分组的方法
		计量单位的建立流程
		存货分类及存货档案的建立方法
	4. 建立财务档案	外币及汇率的种类及设置方法
		明细科目的增加原则、辅助项类型及作用
		会计科目指定的内容、作用，对后续业务的影响
		凭证类别的设置方法
		项目目录的作用、设置流程、对核算的影响
	5. 建立收付结算档案	企业常用结算方式的种类
		现金折扣条件的作用及意义
		开户银行设置的作用及方法
单据设置	1. 单据编号设置	单据编号类型、不同类型编号的作用
		单据编号设置的意义及方法
	2. 单据格式设置	单据格式设置的内容、意义
		单据格式设置的流程方法
薪资管理系统初始设置	1. 建立薪资子账套	单类别工资账套的建立流程
		数据权限类型及数据权限分配方法
	2. 设置人员附加信息	人员附加信息的类型、作用及设置方法
	3. 设置人员档案	基础档案中人员档案与薪资管理系统人员档案的关系
		薪资管理系统人员档案设置方法
	4. 设置工资项目	工资项目属性的类型及作用
		工资项目设置方法及注意事项

续表

财务软件初始设置		
子项目	任务列表	学习内容
	5. 设置项目公式	iff、month 等常用函数的意义及使用方法
		工资项目公式设置流程及注意事项
	6. 设置个税扣税	新税法下个人所得税计算原理及方法
		个人所得税预扣率表设置方法
	7. 设置银行代发文件	银行代发工资文件格式设置方法及作用
固定资产系统初始设置	1. 设置固定资产系统参数	固定资产参数的含义
		固定资产初始账套的建立与修改
	2. 设置固定资产类别	固定资产分类及其修改方法
	3. 设置部门对应折旧科目	折旧计提遵循原则
		部门对应折旧的设置与修改方法
	4. 设置固定资产增减方式	固定资产增减方式对应的科目
	5. 录入固定资产原始卡片	固定资产原始卡片的要素
		固定资产原始卡片的录入与修改方法
应付款管理系统初始设置	1. 设置应付款管理系统参数	应付款管理系统主要参数的含义及作用
	2. 设置应付款管理系统科目	应付款管理系统初始设置的内容
		应付款管理系统基本科目设置条件
	3. 录入应付款管理系统期初余额	应付票据期初余额录入方法
		应付账款期初余额录入方法
		预付账款期初余额录入方法
应收款管理系统初始设置	1. 设置应收款管理系统参数	应收款管理系统主要参数的含义及作用
	2. 设置应收款管理系统科目	应收款管理系统初始设置的内容
		应收款管理系统基本科目设置条件
		坏账准备核算方法和设置的内容及注意事项
	3. 录入应收款管理系统期初余额	应收账款期初余额录入方法
		合同负债核算内容及期初余额录入方法
		应收票据期初余额录入方法
总账系统初始设置	1. 设置总账系统参数	总账系统主要参数的含义及对业务的影响
	2. 录入总账系统期初余额	期初余额录入的种类
		不同类型期初余额录入的方法

项目三
日常经济业务核算

职场寄语

日常业务处理是会计账簿、财务报表的数据基础，是进行业务、财务分析决策的主要数据来源。为了提高业务处理效率，在软件核算环境下，可将日常业务划分为总账系统业务、薪资业务、固定资产业务、销售收款业务、采购付款业务及出纳业务等。对于分工较细的企业，可以一人一岗或者多人一岗，明确岗位职责和业务审批流程，以提升单据传递和处理效率，而对于财务人员较少的小微企业，在满足内控的前提下，可以一人多岗处理业务。财务人员应根据所在的岗位，结合所负责的经济业务，做到客观公正、谨慎认真、不做假账，提升服务意识和效率意识，并参与管理、提升效能，树立数据思维，助力企业业务效率的提升。

职业目标

目标类型	目标要求	对应子项目
能力目标	能在总账系统中完成凭证的填制、审核、查询、记账等工作	子项目 3.1
	能发放工资、代扣个人所得税，进行工资的分摊，查询工资数据	子项目 3.2
	能处理固定资产的增减变化、盘点业务并按期计提折旧	子项目 3.3
	能处理存货的采购、付款、应付款的转账等业务	子项目 3.4
	能处理销售收款业务、退货业务、转账及坏账等业务	子项目 3.5
	能查询日记账、资金日报表，进行银行对账工作	子项目 3.6
知识目标	知道会计处理原理、了解凭证管理、账簿管理的内容与方法	子项目 3.1
	掌握工资变动、银行代发、个税扣缴、工资分摊等业务流程	子项目 3.2
	掌握固定资产增减变化、折旧计提、盘点等业务流程	子项目 3.3
	掌握采购、付款核销、应付账款转账业务方法	子项目 3.4
	掌握赊销、收款核销、转账及坏账业务处理的原则与方法	子项目 3.5
	熟悉银行对账的原理与流程	子项目 3.6
素质目标	客观公正、谨慎认真、提高效率、不做假账	子项目 3.1
	加强学习，提升技能，助力职业成长，依法纳税	子项目 3.2
	管控风险，合理投资，确保资产保值增值	子项目 3.3
	遵守流程，恪守职责，优化管理，降低采购成本和风险	子项目 3.4
	关注国家政策，及时回收货款，谨慎选择结算方式	子项目 3.5
	树立底线思维和正确的金钱观，遵纪守法，杜绝贪污腐败	子项目 3.6

典型工作任务

项目	子项目	典型工作任务
日常经济业务核算	总账凭证管理	填制凭证
		复核凭证
		查询凭证
		记账
		修改凭证
		作废整理凭证
		账簿管理

续表

项目	子项目	典型工作任务
日常经济业务核算	薪资日常业务	薪资计算
		银行代发
		个税扣缴
		生成工资分摊凭证
		薪资报表数据查询
	固定资产日常业务	固定资产增加
		固定资产变动
		计提折旧
		固定资产出售
		固定资产盘点
		固定资产账簿管理
	采购付款业务	分配数据权限
		赊购
		运费采购
		预付款采购
		付款核销
		现金折扣采购
		汇票签发与付款
		采购退货
		应付账簿管理
	销售收款业务	赊销
		代垫费用销售
		收款核销
		预收款销售
		汇票收取与贴现
		销售折让
		应收冲应收
		坏账业务
		应收款账簿管理
	出纳业务	查询资金日报表
		管理支票登记簿
		查询日记账
		银行对账

项目背景资料

根据企业经济核算要求，建立好基础档案，完成各子系统参数、科目、期初余额等各项初始设置后,企业的费用报销、资产管理、销售收款等业务均通过用友 U8V10.1 软件进行处理。为了提高经济业务处理效率、减少错误舞弊发生,业务部门及财务部门的相关人员根据业务职责,及时处理传递单据,为管理提供数据支撑,各模块核算内容如下。

1. 总账系统

总账系统处理固定资产、采购付款、销售收款之外的其他资产采购、费用报销、款项往来等经济业务,包括凭证的填制、本系统生成凭证及外系统传递凭证的复核和记账、账簿的查询,以及出纳负责的相关业务。

2. 薪资管理系统

薪资管理系统核算工资数据的计算、个人所得税代扣、银行代发工资、常用的工资费用分摊设置及凭证生成,以及工资数据的查询等业务。

3. 固定资产系统

固定资产系统核算固定资产增、减、调整、评估、减值等所有相关的业务,以及折旧计提,生成固定资产管理报表。

4. 往来管理系统

往来管理系统核算企业采购业务,销售业务,货款及商业汇票收付,债权债务的转移、冲减等所有和采购、销售相关的经济业务。

子项目 3.1 总账凭证管理

用友 U8V10.1 软件初始设置完成后,就可以处理日常业务了。凭证管理是日常账务处理中最频繁的工作,也是信息化账务处理系统中最基本的工作,凭证管理的内容主要包括:填制凭证、复核凭证、记账、修改凭证、作废及删除凭证、查询凭证及账簿管理等内容。

任务 1 填制凭证

【任务描述】山东绿都环保建材贸易有限公司 1 月份总账系统发生的经济业务如下所示。

(1)2 日,上月购买的爱家 TY30 净化门验收入库,数量为 50 平方米,单价为 2 200.00 元,该批货物上月购买并取得专用发票,但尚未验收入库。

摘要:在途物资验收入库

借：库存商品 – 爱家TY30净化门　　　　　　　　110 000.00
　　　　贷：在途物资　　　　　　　　　　　　　　　　110 000.00
（2）4日，以现金支付办公室购买的文件夹等办公用品，取得增值税专用发票一张，注明不含税价款300.00元、增值税39.00元。

　　摘要：报销办公费（现金流量：07 支付的与其他经营活动有关的现金）
　　借：管理费用 – 办公费　　　　　　　　　　　　　300.00
　　　　应交税费 – 应交增值税（进项税额）　　　　　　39.00
　　　　贷：库存现金　　　　　　　　　　　　　　　　339.00
（3）7日，销售部许诺报销差旅费3 250.00元，其中包括实名购买的往返火车票合计872.00元，因许诺出差前预借差旅费4 000.00元，以现金交回报销后余款750.00元。

　　摘要：报销差旅费（现金流量：03 收到的其他与经营活动有关的现金）
　　借：销售费用 – 差旅费　　　　　　　　　　　　　3 178.00
　　　　应交税费 – 应交增值税（进项税额）　　　　　　72.00
　　　　库存现金　　　　　　　　　　　　　　　　　　750.00
　　　　贷：其他应收款 – 应收个人款 – 许诺　　　　　4 000.00
（4）10日，签发转账支票（票号：15120804）向国网日照供电公司支付本月电费，不含税价款为800.00元，增值税为104.00元，取得增值税专用发票，各部门用电情况如下：办公室260.00元、财务部200.00元、采购部120.00元、销售部140.00元、仓储部80.00元。

　　摘要：支付电费（现金流量：07 支付的与其他经营活动有关的现金）
　　借：管理费用 – 其他（办公室）　　　　　　　　　260.00
　　　　管理费用 – 其他（财务部）　　　　　　　　　200.00
　　　　管理费用 – 其他（采购部）　　　　　　　　　120.00
　　　　管理费用 – 其他（仓储部）　　　　　　　　　 80.00
　　　　销售费用 – 其他（销售部）　　　　　　　　　140.00
　　　　应交税费 – 应交增值税（进项税额）　　　　　104.00
　　　　贷：银行存款 – 工行存款　　　　　　　　　　904.00
（5）11日，通过电子税务局缴纳上月税款，取得电子缴税支付凭证（票号：04003021），为了简化核算该业务合并处理。

　　摘要：缴纳税款（现金流量：05 支付给职工以及为职工支付的现金63.60元；06 支付的各项税费137 086.00元）
　　借：应交税费 – 未交增值税　　　　　　　　　　54 050.00
　　　　应交税费 – 应交所得税　　　　　　　　　　76 550.00
　　　　应交税费 – 应交城市维护建设税　　　　　　 3 783.50
　　　　应交税费 – 应交教育费附加　　　　　　　　 1 621.50
　　　　应交税费 – 应交地方教育费附加　　　　　　 1 081.00
　　　　应交税费 – 应交个人所得税　　　　　　　　　　63.60
　　　　贷：银行存款 – 工行存款　　　　　　　　　137 149.60
（6）12日，通过开户银行代发上月工资（结算方式：其他），收到银行付款通知书及代付清单。

  摘要：发放工资（现金流量：05 支付给职工以及为职工支付的现金）
  借：应付职工薪酬 – 工资　　　　　　　　　43 650.00
    贷：银行存款 – 工行存款　　　　　　　　43 650.00

（7）13 日，通过网银（票号：88002369）缴纳本月住房公积金。

  摘要：缴纳公积金（现金流量：05 支付给职工以及为职工支付的现金）
  借：应付职工薪酬 – 住房公积金　　　　　　6 948.00
    其他应付款 – 代扣住房公积金　　　　　6 948.00
    贷：银行存款 – 工行存款　　　　　　　　13 896.00

（8）13 日，通过电子税务局（电子缴税支付凭证票号：04823654）缴纳本月个人和企业负担的社会保险。

  摘要：缴纳社会保险（现金流量：05 支付给职工以及为职工支付的现金）
  借：应付职工薪酬 – 社会保险　　　　　　　6 369.00
    应付职工薪酬 – 离职后福利　　　　　　11 464.20
    其他应付款 – 代扣社会保险　　　　　　5 905.80
    贷：银行存款 – 工行存款　　　　　　　　23 739.00

（9）19 日，中国银行账户收到百思特集团公司以电汇方式（电汇票号：36000652）汇入的投资 50 000.00 美元，当日汇率为 1：6.456 0。

  摘要：收到外币投资（现金流量：17 吸收投资所收到的现金）
  借：银行存款 – 中行存款　　　322 800.00（$50 000.00）
    贷：实收资本　　　　　　　　　　　　　322 800.00

（10）27 日，出纳签发现金支票（票号：10201510），从中国工商银行提取现金 6 000.00 元作为备用金，将此业务凭证生成常用凭证（代号：0001，说明：提现备用）。

  摘要：提现备用
  借：库存现金　　　　　　　　　　　　　　　6 000.00
    贷：银行存款 – 工行存款　　　　　　　　6 000.00

【任务解析】该任务要求按照企业内控管理要求传递、审核原始凭证，按照岗位职能分工处理经济业务，并在总账系统完成记账凭证的填制工作。

【岗位说明】根据授权分工，由会计完成原始凭证的审核和记账凭证的填制。

【知识链接】总账系统凭证管理的内容主要包括填制凭证、复核凭证、记账、修改凭证、作废及删除凭证、查询凭证等内容，填制凭证是总账系统处理的起点，也是该系统查询数据最主要的来源。总账系统凭证与手工账务处理下的凭证样式类似，部分业务增加了部门、项目等辅助核算，为经济管理提供更加详细的信息。

【工作指导】

1. 项目核算凭证［业务（1）］

（1）用户 202 登录【企业应用平台】，【操作日期】为"2022-01-31"。

（2）在【业务工作】选项卡中，执行【财务会计】→【总账】→【凭证】→【填制凭证】命令，打开【填制凭证】窗口。

项目核算凭证

（3）单击【增加】按钮，将【凭证类别】更改为"转账凭证"，将【制单日期】更改为"2022.01.02"，在【摘要】框中输入"在途物资验收入库"，直接输入一级科目编码"1405"或按 F2 键参照选择，按 Enter 键，打开【辅助项】窗口，在【数量】框中输入"50"，在【单价】框中输入"2200"，在【项目名称】下拉列表中选择"爱家 TY30 净化门"选项，如图 3.1.1 所示，单击【确定】按钮。

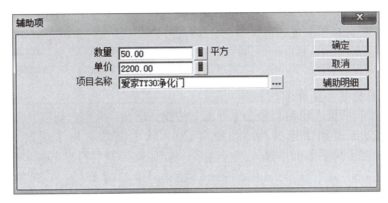

图 3.1.1 项目核算科目辅助项

（4）回到【填制凭证】窗口，借方金额自动显示"110000"，按 Enter 键，自动带入第二行摘要，直接输入一级科目编码"1402"或按 F2 键参照选择，在【贷方金额】栏中输入"110000"或者按"="键，单击【保存】按钮，系统提示"凭证保存成功"，如图 3.1.2 所示。

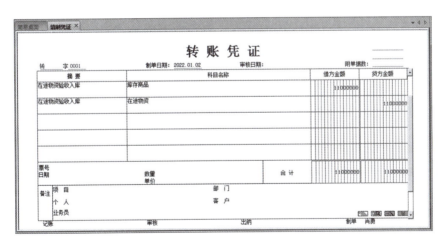

图 3.1.2 项目核算凭证

※※※※※※※※※※※※※※※※※※※※※※※※※※※※※※※※※※※※

◆ 对于有辅助核算的科目，需要输入辅助核算信息，如部门、个人、项目、客户、供应商、数量等，输入的辅助信息将在凭证下方的备注栏中显示，若将辅助核算信息输入窗口关闭，可单击该科目后，通过"Ctrl+S"快捷键或者移动鼠标，在出现圆珠笔图形时

双击鼠标，可再次打开辅助核算信息输入窗口。

◆ 科目必须是末级科目，可以直接输入科目编码或按 F2 键参照选择。在实际工作中，输入会计科目时最好不要直接输入汉字，这样出错概率大，一般的做法是，记忆一级科目编码，填制凭证时直接输入一级科目编码，再按 F2 键参照选择明细科目。

◆ 分录的借方或贷方为本币发生额，金额不能为零，但可以录入红字，以负数形式输入。

◆ 在金额处按等号（"="）键，系统将根据借、贷方差额自动计算此笔分录的金额。

◆ 项目核算的科目必须先在项目定义中设置好项目目录，才能在制单时使用。

※※

2. 部门核算凭证［业务（2）］

（1）在【填制凭证】窗口，单击【增加】按钮，增加一张空白凭证。

（2）将【凭证类别】更改为"付款凭证"，将【制单日期】更改为"2022.01.04"，在【摘要】框中输入"报销办公费"，第一行的科目名称参照选择或者输入"660201"，按 Enter 键，打开【辅助项】窗口，【部门】选择"办公室"，单击【确定】按钮，回到【填制凭证】窗口，录入借方金额"300"，按 Enter 键，摘要自动带到下一行，用同样的方法输入完整凭证。

部门核算凭证

（3）单击工具栏中的【流量】按钮，打开【现金流量录入修改】窗口，【项目编码】选择"07 支付的与其他经营活动有关的现金"，如图 3.1.3 所示，单击【确定】按钮。

图 3.1.3 【现金流量录入修改】窗口

（4）回到【填制凭证】窗口，单击【保存】按钮，如图 3.1.4 所示。

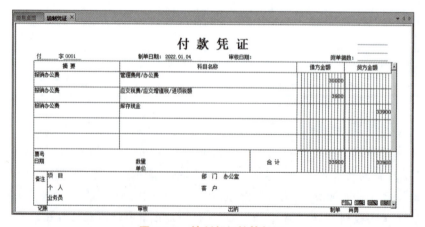

图 3.1.4 填制部门核算凭证

3. 个人往来核算凭证［业务（3）］

个人往来核算凭证

（1）在【填制凭证】窗口，单击【增加】按钮，增加一张空白凭证。

（2）更改【凭证类别】为"收款凭证"，【制单日期】为"2022.01.07"，在【摘要】框中输入"报销差旅费"，在第一行的【科目名称】处输入或者参照选择"660102"，按 Enter 键，打开【辅助项】窗口，【部门】选择"销售部"，单击【确定】按钮，回到【填制凭证】窗口，录入借方金额"3 178.00"，按 Enter 键，继续录入第二行和第三行信息。

（3）在第四行的"科目名称"处直接输入或者参照选择"122101"，按 Enter 键，打开【辅助项】窗口，选择部门和个人，如图 3.1.5 所示。

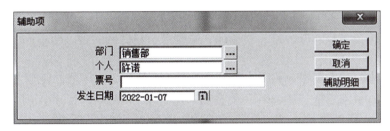

图 3.1.5　个人往来核算辅助项

（4）单击【确定】按钮，回到【填制凭证】窗口，录入贷方金额"4 000"或直接按等号（"="）键，再单击工具栏中的【流量】按钮，打开【现金流量录入修改】窗口，【项目编码】选择"03"，单击【确定】按钮，完成现金流量信息的录入。

（5）回到【填制凭证】窗口，单击工具栏中的【保存】按钮，如图 3.1.6 所示。

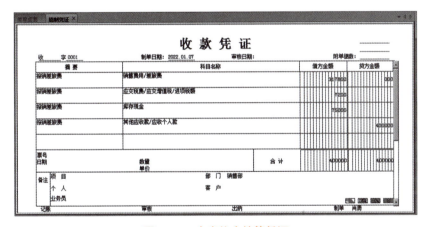

图 3.1.6　个人往来核算凭证

※※※※※※※※※※※※※※※※※※※※※※※※※※※※※※※※※※※※※※

根据《营业税改征增值税试点有关事项的规定》，自 2019 年 4 月 1 日起，纳税人购进国内旅客运输服务，其进项税额允许从销项税额中抵扣。

◆ 取得注明旅客身份的航空运输电子客票行程单，按下列公式计算进项税额：

航空旅客运输进项税额=（票价+燃油附加费）÷（1+9%）×9%
　◆ 取得注明旅客身份信息的铁路车票的，按照下列公式计算进项税额：
　　铁路旅客运输进项税额=票面金额÷（1+9%）×9%
　◆ 取得注明旅客身份信息的公路、水路等其他客票的，按照下列公式计算进项税额：
　　公路、水路等其他旅客运输进项税额=票面金额÷（1+3%）×3%
※※※※※※※※※※※※※※※※※※※※※※※※※※※※※※※※※※※※※

4. 银行辅助核算凭证［业务（4）］

（1）在【填制凭证】窗口，单击【增加】按钮，增加一张空白凭证。

（2）更改凭证类别、制单日期，输入摘要、科目名称，按 Enter 键，打开【辅助项】窗口，单击【辅助明细】按钮，打开【分录合并录入】窗口，单击【增加】按钮，录入办公室、财务部、采购部、仓储部的费用金额，如图 3.1.7 所示。

银行辅助核算凭证

（3）单击【确定】按钮，关闭【分录合并录入】窗口，在【填制凭证】窗口继续录入其他科目，最后录入完毕"100201 工行存款"后，按 Enter 键，打开【辅助项】窗口，选择"结算方式"，输入票号信息，如图 3.1.8 所示，单击【确定】按钮。

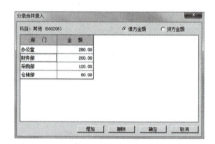

图 3.1.7 【分录合并录入】窗口

图 3.1.8 【辅助项】窗口

（4）回到【填制凭证】窗口，在【贷方金额】栏内按"="键，自动生成金额"904.00"。

（5）单击【保存】按钮，系统提示"此支票尚未登记，是否登记？"，如图 3.1.9 所示，单击【是】按钮，打开【票号登记】窗口，补充相应的内容，如图 3.1.10 所示。

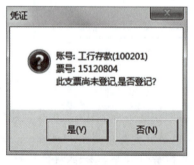

图 3.1.9 支票尚未登记提示

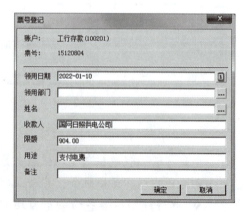

图 3.1.10 【票号登记】窗口

（6）单击【确定】按钮，打开【现金流量录入修改】窗口，选择【项目编码】为"07"，保存该凭证，如图 3.1.11 所示。

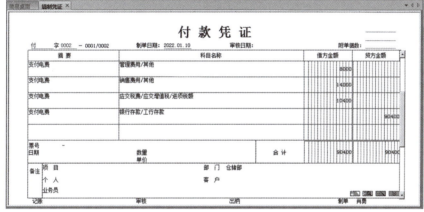

图 3.1.11　银行辅助核算凭证

◆ 如果希望在制单时进行支票登记，则应在总账系统中勾选"支票控制"选项，在制单时，支票结算方式可以使用支票登记簿功能。如果录入的支票号在支票登记簿中不存在，完成票号登记后，系统会自动登记并报销该张支票；如果录入的支票号在支票登记簿中已存在，则系统提供支票报销功能，在"报销日期"一栏填上制单日期。

5. 多类别现金流量凭证［业务（5）］

（1）在【填制凭证】窗口，单击【增加】按钮，增加一张空白凭证。
（2）更改凭证类别、制单日期，输入摘要、科目名称"222102"，使用"Ctrl+Y"组合键查看"未交增值税"余额并抄录到凭证上，同理完成其他税种余额的抄录，完成缴纳税款凭证的填制。

缴纳税款凭证

（3）单击工具栏中的【流量】按钮，打开【现金流量录入修改】窗口，更改【金额】为"63.60"，【项目编码】选择"05"，单击下方的【增行】按钮，【科目】录入"100201"，【项目编码】选择"06"，如图3.1.12所示。

图3.1.12 【现金流量录入修改】窗口

（4）单击【确定】按钮，回到【填制凭证】窗口，保存凭证，如图3.1.13所示。

图3.1.13 缴纳税款凭证

6. 基本凭证[业务（6）~（8）]

（1）在【填制凭证】窗口，单击【增加】按钮，增加空白凭证。

（2）根据业务（6）~业务（8）所给信息，填制发放工资、缴纳公积金和缴纳社会保险凭证。

7. 外币核算凭证[业务（9）]

（1）在【填制凭证】窗口，单击【增加】按钮，增加一张空白凭证。

（2）更改凭证类别和制单日期，输入摘要，在【科目名称】栏中输入"100202"，按Enter键，打开【辅助项】窗口，选择结算方式，输入票号，单击【确定】按钮，凭证显示为外币形式，输入外币金额"50 000.00"，打开【汇率参照】窗口，输入当日汇率"6.456 0"，单击【确定】按钮退出，单击借方金额，自动生成人民币金额"322 800.00"。

外币核算凭证

（3）按Enter键，录入第二行会计科目，在【贷方金额】栏内按"="键，生成相同的金额。

（4）单击工具栏中的【流量】按钮，打开【现金流量录入修改】窗口，【项目编码】选择"17"，单击【确定】按钮，保存该凭证，如图3.1.14所示。

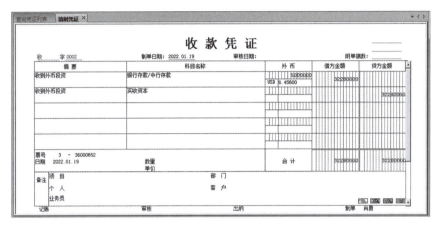

图3.1.14 外币核算凭证

❖❖❖❖❖❖❖❖❖❖❖❖❖❖❖❖❖❖❖❖❖❖❖❖❖❖❖❖❖❖❖❖❖❖❖❖

◆ 我国当前实行有管理的浮动汇率制度，发生的外币业务既可以采用期初汇率，也可以采用业务发生日汇率折合为记账本位币进行核算，但是对于接受投资业务，只能使用业务发生日汇率进行折算。

◆ 100202的科目勾选了"外币核算"属性，因此其凭证为外币凭证形式。

❖❖❖❖❖❖❖❖❖❖❖❖❖❖❖❖❖❖❖❖❖❖❖❖❖❖❖❖❖❖❖❖❖❖❖❖

8. 生成常用凭证［业务（10）］

（1）在【填制凭证】窗口，单击【增加】按钮，增加一张空白凭证。

（2）根据业务信息，填制提现凭证，补充辅助核算信息，如图3.1.15所示，并进行支票登记，如图3.1.16所示。

生成常用凭证

图3.1.15 【辅助项】窗口

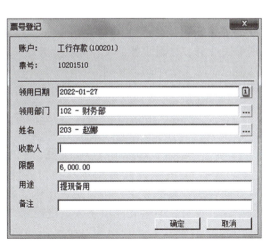

图3.1.16 【票号登记】窗口

（3）保存凭证，执行工具栏中的【常用凭证】→【生成常用凭证】命令，如图3.1.17所示。

图3.1.17 生成常用凭证

（4）打开【常用凭证生成】窗口，录入代号和说明，单击【确认】按钮。

※※※※※※※※※※※※※※※※※※※※※※※※※※※※※※※※※※※

◆ 对于常规业务或者类似凭证，可以作为常用凭证存储起来，以便在填制凭证时调用，提高业务处理的效率。常用凭证可以通过【总账】→【凭证】→【常用凭证】命令来设置，也可以通过上述方法生成常用凭证。

◆ 查看或修改已经生成的常用凭证。执行【总账】→【凭证】→【常用凭证】命令，打开【常用凭证】窗口，显示常用凭证列表，选择编码"0001"，单击【详细】按钮，即可查看或修改该常用凭证的信息。

◆ 调用常用凭证的方法。执行【总账】→【凭证】→【填制凭证】命令，再执行【常用凭证】→【调用常用凭证】命令，录入或者选择常用凭证代号，即可实现常用凭证的调用，根据业务需要进行金额或科目的修改补充即可。

※※※※※※※※※※※※※※※※※※※※※※※※※※※※※※※※※※※

【拓展延伸】

在总账系统中若未勾选【可以使用应收受控科目】【可以使用应付受控科目】选项，则赊销业务、赊购业务，收、付款业务等只能在应收款管理系统和应付款管理系统中处理，不能在总账系统中填制凭证。

任务2 复核凭证

【任务描述】2022年1月31日，对总账系统填制的凭证进行出纳签字和审核。

【任务解析】本任务要求对收付款凭证执行出纳签字，并由具有审核权限的用户对业务内容是否真实、会计科目是否正确、录入金额是否准确等进行审核，对于审核中发现的错误，及时反馈给凭证填制人员进行修改。

【岗位说明】根据授权分工，由出纳执行收付款凭证的签字，由主管完成所有凭证的审核。

【知识链接】凭证填制完成后，所有的凭证需要经过审核方可记账。如果在总账系统中勾选了【出纳凭证必须经出纳签字】选项，收付款凭证还须经过出纳签字。出纳通过【出纳签字】功能对涉及现金、银行科目的凭证进行检查核对，对于错误或有异议的凭证，交与制单人员修改后再核对。审核凭证是具有权限的审核人员按照财会制度对制单人员填制的凭证进行检查核对，审查认为错误或有异议的凭证可标错，注明出错原因并交与制单人员修改后再审核，审核无误后可对凭证进行记账处理。

【工作指导】

1. 出纳签字

（1）用户203登录【企业应用平台】，【操作日期】为"2022-01-31"。

（2）在【业务工作】选项卡中，执行【财务会计】→【总账】→【凭证】→【出纳签字】命令，打开【出纳签字】窗口，单击【确定】，打开【出纳签字列表】窗口，如图3.1.18所示。

出纳签字

图3.1.18 【出纳签字列表】窗口

（3）双击需要执行出纳签字的凭证，打开此凭证，单击工具栏中的【签字】按钮，凭证下方的"出纳"处自动显示当前用户姓名。

（4）单击工具栏中的【下一张】按钮，进入下一张凭证，逐张出纳签字，也可执行【批处理】→【成批出纳签字】命令，进行批量出纳签字，如图3.1.19所示。

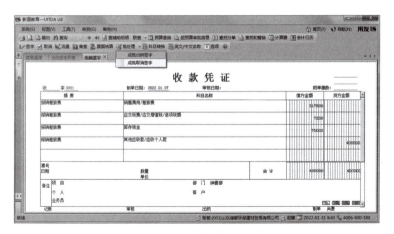

图3.1.19 成批出纳签字

（5）系统提示"本次签字成功凭证［9］张"，刷新凭证列表数据。

※※※※※※※※※※※※※※※※※※※※※※※※※※※※※※※※※※※※

◆ 已签字的凭证不能被修改或删除，只有取消签字且未经其他处理才能进行凭证的修改。

◆ 经过出纳签字的凭证只能由出纳本人取消签字。

◆ 企业可根据实际需要决定是否要对凭证进行出纳签字管理，若不需要此功能，可在总账系统中取消对【出纳凭证必须经出纳签字】选项的勾选。

◆ 执行出纳签字前应进行会计科目的指定，将库存现金指定给现金科目，将银行存款指定给银行科目，否则无法执行出纳签字。

※※※※※※※※※※※※※※※※※※※※※※※※※※※※※※※※※※※

2. 审核凭证

（1）更换用户 201 登录【企业应用平台】,【登录日期】为"2022-01-31"。

（2）在【业务工作】选项卡中，执行【总账】→【凭证】→【审核凭证】命令，打开【凭证审核】窗口，单击【确定】按钮，打开【凭证审核列表】窗口。

（3）双击需要审核的凭证，打开此凭证，单击工具栏中的【审核】按钮，逐张审核，或者执行【批处理】→【成批审核凭证】命令，如图 3.1.20 所示，审核成功后，凭证下方的"审核"处自动显示当前用户姓名。

审核凭证

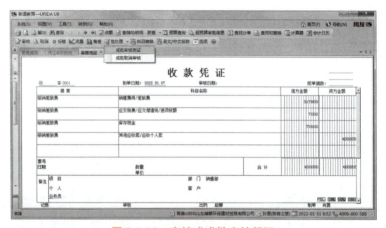

图 3.1.20　审核或成批审核凭证

（4）凭证审核完成后，刷新凭证数据列表，关闭【审核凭证】窗口，回到【凭证审核列表】窗口，如图 3.1.21 所示。

图 3.1.21　【凭证审核列表】窗口

※※※※※※※※※※※※※※※※※※※※※※※※※※※※※※※※

◆ 根据内控规定，审核人和制单人不能是同一个人。

◆ 凭证一经审核，不能被修改或删除，若需修改或删除则需取消审核，已经记账的凭证要先取消记账才能取消审核。

◆ 作废的凭证不能被审核，也不能被标错。

◆ 审核中发现凭证错误时，可以单击凭证上的【标错】按钮进行标错处理并注明错误原因，已标错的凭证可以直接修改、作废，但不能被审核。标错的凭证若想审核，需要先取消标错，已审核的凭证不能标错。

※※※※※※※※※※※※※※※※※※※※※※※※※※※※※※※※

【拓展延伸】

凭证取消审核与凭证审核流程相同，执行【总账】→【凭证】→【审核凭证】命令，在【凭证审核列表】窗口双击选择需要取消审核的凭证，需要注意的是，被取消审核的凭证不能进行记账、结账等后续处理，并且该操作只能由原审核人员执行。

任务3 查询凭证

【任务描述】查询1月份所有的付款凭证；查询本月与办公室报销相关的凭证。

【任务解析】本任务要求查询符合不同条件的记账凭证。

【岗位说明】凡是具有凭证查询权限的用户均可进行凭证的查询。

【知识链接】在日常工作中，可通过凭证的查询功能来查询已记账、未记账等凭证，利用【辅助条件】功能能够迅速查到更加详细的凭证，以满足企业经济业务管理需求。

【工作指导】

1. 付款凭证查询

（1）更换用户202登录【企业应用平台】，【操作日期】为"2022-01-31"，执行【总账】→【凭证】→【查询凭证】命令，打开【凭证查询】窗口。

（2）将【凭证类别】设置为"付款凭证"，如图3.1.22所示，单击【确定】按钮，打开【查询凭证列表】窗口，显示所有的付款凭证，双击打开首张凭证，单击工具栏中的【下张凭证】按钮或按"Alt+PageDown"组合键依次查看所有的付款凭证。

查询凭证

2. 辅助条件查询

（1）在【查询凭证】窗口，单击工具栏中的【查询】按钮，或执行【总账】→【凭证】→【查询凭证】命令，打开【凭证查询】窗口。

（2）单击右侧的【辅助条件】按钮，展开带辅助条件的凭证查询窗口，【部门】选择"办公室"，如图3.1.23所示。

（3）单击【确定】按钮，即可查询到本月与办公室有关的凭证。

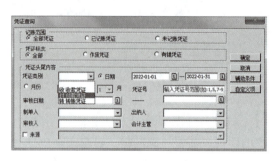
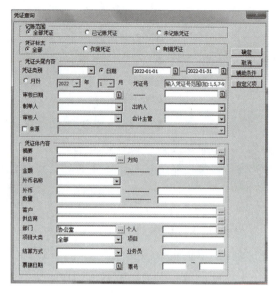

图 3.1.22　凭证查询–按类别查询　　　　　图 3.1.23　凭证查询–辅助条件查询

【拓展延伸】

在日常工作中，通过设置条件能够快速找到所需凭证。如查看所有凭证是否已经记账，可以在【凭证查询】窗口选择"未记账凭证"条件，要进行错误凭证的修改，可以选择"有错凭证"条件，此外可以通过摘要、科目、外币等条件的设置快速查到目标凭证，提高了工作效率。

【探索思考】

思考如何利用查询功能快速找到审核人员标错的凭证，然后进行错误凭证的更正。

任务4　记账

【任务描述】对1月份总账系统已经审核的凭证登记入账。

【任务解析】本任务要求根据已审核凭证登记总分类账、明细账等账簿。

【岗位说明】根据授权分工，账套主管、会计都具有记账权限，均可进行记账工作。

【知识链接】凭证经审核签字后，可用来登记总账、明细账、日记账、部门账、往来账、项目账以及备查账等账簿，本系统记账采用向导方式，使记账过程更加明确，与手工账的记账工作相比，软件处理更加高效准确。

【工作指导】

（1）执行【凭证】→【记账】命令，打开【记账】窗口，如图3.1.24所示。

（2）选择记账范围，单击【记账】按钮，打开【期初试算平衡表】窗口，系统提示"试算结果平衡"，单击【确定】按钮，系统开始登记有关的总账、明细账、辅助账，登记完成后，提示"记账完毕"，如图3.1.25所示。

（3）单击【确定】按钮，记账完毕，关闭【记账】窗口。

记账

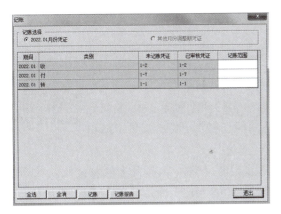

图 3.1.24 【记账】窗口

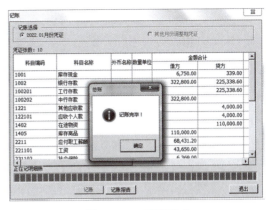

图 3.1.25 记账完成

※※

◆ 第一次记账时，若期初余额试算不平衡，则不能记账；若上月未记账，则本月不能记账；未审核凭证不能记账，记账范围应小于等于已审核范围。

◆ 作废凭证不需要审核，可直接以金额 0 参与记账。

◆ 记账过程一旦因断电或其他原因中断，系统将自动调用【恢复记账前状态】功能恢复数据，然后重新记账。

※※

【拓展延伸】

在实际工作中，记账完成后因凭证修改等原因可能需要取消记账，取消记账的流程如下：在【期末】→【对账】界面，按"Ctrl+H"组合键，激活【恢复记账前状态】功能，在【凭证】菜单中双击该操作命令，根据需要选择恢复记账方式、恢复记账范围，取消记账。

【探索思考】

思考在手工账务处理方式下，日记账、明细账、总分类账分别如何登记入账，信息化环境下记账工作较手工记账的主要差异和优势是什么。

任务5　修改凭证

【任务描述】会计主管查看原始凭证时发现本月 10 日填制支付电费的"付 -0002"号凭证有误，采购部和仓储部电费分摊金额应分别为 80.00 元和 120.00 元，本月业务处理时将两个部门的电费金额填错，需要对凭证进行修改。

【任务解析】本任务要求对已经完成复核、记账流程的错误凭证进行修改。

【知识链接】发现凭证错误时需要对凭证进行修改，需要修改的凭证有 3 种情形：第一种是未经复核的凭证；第二种是已复核但尚未记账的凭证；第三种是已记账的凭证。在 3 种不同情况下，凭证修改方式也有所差异：对于未经后续处理的凭证，可直接对其进行修改；对于已经复核的凭证，需要取消审核和出纳签字后再对其进行修改；对于已经完成记账的凭证，需要取消记账、取消审核和出纳签字，才能对其进行修改。

【业务流程】取消记账—取消审核—取消出纳签字—修改凭证。
【工作指导】

1. 取消记账

（1）更换用户 201 登录【企业应用平台】，【操作日期】为"2022-01-31"。

（2）执行【总账】→【期末】→【对账】命令，打开【对账】窗口，按"Ctrl+H"组合键，系统提示"恢复记账前状态功能已被激活"，如图 3.1.26 所示，单击【确定】按钮，退出【对账】窗口。

修改凭证

（3）执行【总账】→【凭证】→【恢复记账前状态】命令，打开【恢复记账前状态】窗口，恢复方式默认选择"最近一次记账前状态"，如图 3.1.27 所示，单击【确定】按钮，输入口令，系统提示"恢复记账完毕"。

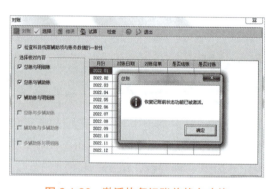

图 3.1.26 激活恢复记账前状态功能

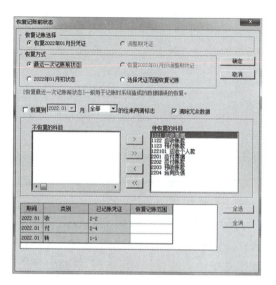

图 3.1.27 恢复记账

2. 取消凭证审核

（1）执行【财务会计】→【总账】→【凭证】→【审核凭证】命令，打开【凭证审核】窗口，单击【确定】按钮。

（2）打开【凭证审核列表】窗口，双击打开"付-0002"号凭证，单击工具栏中的【取消】按钮，审核人签名消失。

3. 取消出纳签字

（1）更换用户 203 登录【企业应用平台】，【操作日期】为"2022-01-31"。

（2）执行【总账】→【凭证】→【出纳签字】命令，打开【出纳签字】窗口，单击【确定】按钮，打开【出纳签字列表】窗口，双击打开"付-0002"号凭证，单击工具栏中的【取消】按钮，出纳签名消失。

4. 修改凭证

（1）更换用户 202 登录【企业应用平台】，【操作日期】为"2022-01-31"。

（2）执行【总账】→【凭证】→【查询凭证】命令，打开【凭证查询】窗口，单击【确定】

按钮,打开【查询凭证列表】窗口,除"付-0002"号凭证外,其他凭证均标记为已审核,双击打开"付-0002"号凭证。

(3)单击工具栏中的【修改】按钮,单击科目名称找到采购部的"管理费用/其他"科目,将借方金额改为"80.00",将仓储部的"管理费用/其他"科目借方金额改为"120.00",如图3.1.28所示。

图3.1.28 修改凭证

(4)单击工具栏中的【保存】按钮,系统提示"凭证已成功保存",凭证修改完毕。

※※※※※※※※※※※※※※※※※※※※※※※※※※※※※※※※※※※※※

◆ <u>未复核</u>的错误凭证<u>直接进行修改</u>。

◆ <u>已复核</u>的凭证,应该首先通过凭证审核功能<u>取消审核</u>,通过出纳签字功能<u>取消出纳签字</u>,再进行修改。

◆ 对于<u>已记账</u>的凭证,应先<u>取消记账</u>,再<u>取消审核</u>,最后<u>取消出纳签字</u>,然后通过填制凭证或查询凭证功能找到该凭证后进行修改。

※※※※※※※※※※※※※※※※※※※※※※※※※※※※※※※※※※※※※

【拓展延伸】

在手工账务处理方式下,若账簿发生错误,修改方法包括划线更正法、红字更正法和补充登记法。划线更正法适用于记账凭证正确,账簿记录发生数字或文字错误的情况;红字更正法适用于记账凭证中会计科目使用错误或者科目无误而金额多计的情况;补充登记法适用于记账凭证科目正确,金额少计的情况。财务人员应根据错误类型选择合适的错账更正方法。

任务6 作废整理凭证

【任务描述】检查本月凭证,发现本月4日填制的"付-0001"号报销办公费凭证上月已经入账,该业务处理重复,将该凭证予以删除。

【任务解析】本任务要求将已经完成审核、记账的凭证删除，并进行断号整理。

【知识链接】当因重复、错误等原因需要将在总账系统中填制的凭证彻底删除时，可通过两步实现，第一步是作废凭证，第二步是整理凭证，这样就可以把不需要的凭证彻底从总账系统删除。

【工作指导】

1. 批处理取消凭证审核

（1）更换用户 201 登录【企业应用平台】，【操作日期】为"2022-01-31"。

（2）执行【总账】→【凭证】→【审核查询】命令，打开【凭证审核】窗口，单击【确定】按钮，打开凭证审核列表，双击打开任意一张凭证，执行工具栏中的【批处理】→【成批取消审核凭证】命令，刷新列表数据。

删除凭证

2. 批处理取消出纳签字

（1）更换用户 203 登录【企业应用平台】，【操作日期】为"2022-01-31"。

（2）执行【总账】→【凭证】→【出纳签字】命令，打开【出纳签字】窗口，单击【确定】按钮，打开【出纳签字列表】窗口，双击打开任意一张凭证，执行工具栏中的【批处理】→【成批取消出纳签字】命令，刷新列表数据。

3. 作废并整理凭证

（1）更换用户 202 登录【企业应用平台】，【操作日期】为"2022-01-31"。

（2）执行【总账】→【凭证】→【填制凭证】命令，当前展示"转-0001"号凭证，单击工具栏中的【查询】按钮，打开【凭证查询】窗口，【凭证类别】选择"付款凭证"，将【日期】设置为"2022-01-04"，如图 3.1.29 所示，单击【确定】按钮。

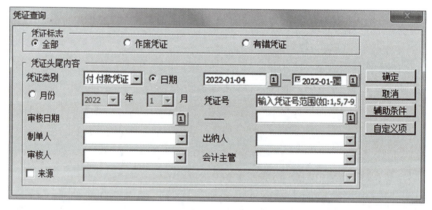

图 3.1.29 【凭证查询】窗口

（3）打开"付-0001"号凭证，单击工具栏中的【作废/恢复】按钮，凭证左上角显示"作废"字样，单击工具栏中的【整理凭证】按钮，打开【凭证期间选择】窗口，凭证期间默认为"2022.01"，如图 3.1.30 所示，单击【确定】按钮。

（4）打开【作废凭证表】窗口，单击【全选】按钮，如图 3.1.31 所示，单击【确定】按钮。

（5）打开【提示】窗口，默认选择"按凭证号重排"选项，如图 3.1.32 所示，单击【是】按钮，系统将作废凭证删除，并对后面的凭证重新排号。

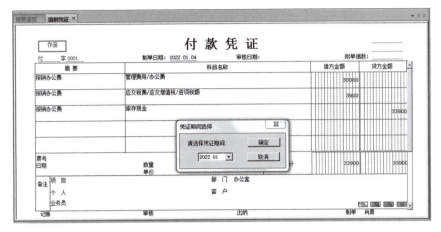

图 3.1.30　作废凭证

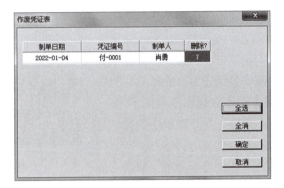

图 3.1.31　【作废凭证表】窗口

图 3.1.32　整理凭证提示

※※※※※※※※※※※※※※※※※※※※※※※※※※※※※※※※※※※※

◆ 凭证作废后，若要彻底删除，需要执行【整理凭证】命令，并对剩余凭证进行凭证号重排处理，这要求作废凭证号之后的凭证均处于未记账状态，否则不能进行凭证整理操作。

◆ 已经作废的凭证以金额零参与记账，但是不能修改和审核。

◆ 对于已记账的凭证，应先取消记账，再取消审核；对于已经执行了出纳签字的凭证还需要取消出纳签字，才能对该凭证进行作废和整理操作。

※※※※※※※※※※※※※※※※※※※※※※※※※※※※※※※※※※※※

【拓展延伸】

凭证的删除通过作废和整理两步实现，其中作废功能只限于在总账系统中填制的凭证，且该凭证没有进行审核、记账等后续处理，而对于薪资管理系统、固定资产系统等其他系统生成后传递过来的凭证不能在总账系统中作废，只能在原生成系统中删除，删除后的凭证传递到总账系统后是"作废"的状态，然后通过整理功能将作废的凭证彻底删除。

【探索思考】

研究软件功能，思考对于已经登记入账的错误凭证，除了删除凭证，还可以通过什么方式消除错误数据。

任务 7　账簿管理

【任务描述】查看本月销售部的部门多栏式明细账。

【任务解析】本任务要求查看本月生成的账簿数据。

【知识链接】账簿是生成报表的直接数据来源，是全面、系统、连续记录经济业务的簿籍，企业日常财务、业务数据可通过账簿进行查询。手工账下主要设置日记账、各类明细账和总分类账 3 种账簿，软件核算环境下账簿形式更为丰富多样，可满足企业查看财务、业务数据的需求。

【岗位说明】账套主管可直接查看企业账簿数据，因本账套进行了"科目"权限的设置，只有取消该设置，或者给用户 202 进行科目授权，用户 202 才有权查看账簿数据。

【工作指导】

1. 给用户分配"科目"权限

（1）更换用户 201 登录【企业应用平台】，【操作日期】为"2022-01-31"。

（2）在【系统服务】选项卡下，执行【权限】→【数据权限分配】命令，打开【权限浏览】窗口，单击左侧的用户"202 肖勇"，【业务对象】选择"科目"，单击工具栏中的【授权】按钮。

查看账簿数据

（3）打开【记录权限设置】窗口，勾选上方的【主管】复选框，单击【保存】按钮，系统提示"保存成功，重新登录门户，此配置才能生效"，单击【确定】按钮，关闭窗口。

2. 查看账簿数据

（1）更换用户 202 登录【企业应用平台】，【操作日期】为"2022-01-31"。

（2）执行【财务会计】→【总账】→【账表】→【部门辅助账】→【部门明细账】→【部门多栏式明细账】命令，打开【部门多栏明细账条件】窗口，【科目】选择"6601 销售费用"，【部门】选择"销售部"，勾选【包含未记账凭证】复选框，如图 3.1.33 所示。

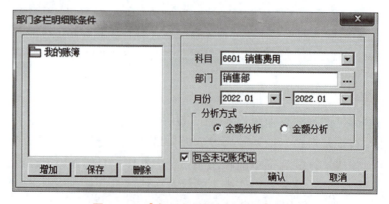

图 3.1.33 【部门多栏明细账条件】窗口

（3）单击【确认】按钮，打开【部门多栏明细账】窗口，可以查看销售部门发生的各项费用明细金额，如图 3.1.34 所示。

图 3.1.34 【部门多栏明细账】窗口

【拓展延伸】

软件核算环境下通过查询账簿功能，可以查看更加详细的账簿信息，如客户往来辅助账、供应商往来辅助账、个人往来账等，并且可以根据管理需要，选择不同的账页格式，更好地满足信息精确管理的需求。

【探索思考】

思考客户往来辅助账、个人往来账、部门辅助账等信息可以满足哪类管理需求。

★★★政策法规★★★

2021 年 12 月 31 日，财政部、税务总局发布 2021 年第 41 号公告：持有股权、股票、合伙企业财产份额等权益性投资的个人独资企业、合伙企业，一律适用查账征收方式计征个人所得税。此外，税务总局对财税体制改革支持提出要持续推进个体工商户管理方式改革，完善税制，推进核定征收向查账征收的转变，严格定期定额核定征收标准，减少核定征收企业的数量。查账征税是大势所趋，企业应规范核算和账簿体系管理，降低纳税征管风险。

子项目 3.2

薪资日常业务

薪资管理系统日常业务处理适用于企事业单位进行工资变动、工资分钱清单、扣缴所得税、银行代发工资和工资费用分摊处理等业务。该系统与总账系统集成使用,生成的凭证自动传递到总账系统中,在总账系统中进行复核、记账等操作。

任务1 薪资计算

【任务描述】山东绿都环保建材贸易有限公司每月28日汇总计算本月工资,次月12日通过银行代发工资。2022年1月的工资数据见表3.2.1,请根据表3.2.1所示信息录入本月工资数据。因去年销售部业绩良好,管理层决定,本月销售部每人的绩效工资增加800.00元。

表3.2.1 2022年1月工资数据

姓名	基本工资/元	绩效工资/元	请假天数	公积社保计提基数/元	专项附加扣除/元
王睿	7 000.00	1 200.00		8 500.00	1 000.00
安可	3 500.00	800.00		5 200.00	2 000.00
孙雯	6 000.00	1 000.00		7 800.00	1 000.00
肖勇	4 000.00	700.00		5 800.00	1 000.00
赵娜	3 800.00	700.00	1	4 400.00	2 000.00
赵明	3 500.00	800.00		5 300.00	2 000.00
韩硕	3 500.00	820.00	2	4 500.00	2 000.00
郑意	3 200.00	950.00		6 000.00	2 000.00
许诺	3 000.00	680.00		5 800.00	2 000.00
张萍	3 000.00	820.00		4 600.00	1 400.00
合计	40 500.00	8 470.00	3	57 900.00	16 400.00

补充说明:本月的"月初累计收入"和"期初累计预扣预缴税额"的金额均为0。

【任务解析】本任务要求计算2022年1月的工资数据。

【岗位说明】薪资管理系统的日常工资数据计算、个人所得税扣缴等工作由薪资主管操作完成。

【知识链接】准确计算每个月的工资数据是进行工资发放、个人所得税扣缴的基础。第一次通过软件计算工资数据有两种方法,一是设置好项目公式,根据公式计算自动获取数据;二是手工录入或导入,后期对每个月不发生变动的工资项目可以不对其数据进行清零处理,从而简化了工资录入的工作量。若通过手工录入工资数据,可借助【过滤器】等功能提高工资录入的准确率和效率。

【工作指导】

1. 借助"过滤器"录入工资数据

(1)用户202登录【企业应用平台】,【操作日期】为"2022-01-28"。

(2)在【业务工作】选项卡中,执行【人力资源】→【薪资管理】→【业务处理】→【工资变动】命令,打开【工资变动】窗口。

(3)选择【过滤器】下拉列表中的"<过滤设置>"选项,如图3.2.1所示,打开【项目过滤】窗口。

计算工资

（4）利用【>】按钮依次将"基本工资""绩效工资""请假天数""公积社保计提基数""专项附加扣除"选项选入右侧的【已选项目】框中，如图 3.2.2 所示。

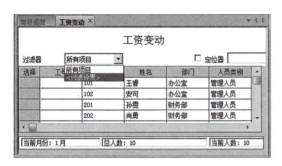
图 3.2.1 选择"<过滤设置>"选项

图 3.2.2 【项目过滤】窗口

（5）单击【确定】按钮，返回【工资变动】窗口，根据表 3.2.1 所示资料输入对应的工资项目数据，完成后如图 3.2.3 所示。

选择	工号	人员编号	姓名	部门	人员类别	基本工资	绩效工资	请假天数	公积社保计提基数	专项附加扣除
		101	王香	办公室	管理人员	7,000.00	1,200.00		8,500.00	1,000.00
		102	安可	办公室	管理人员	3,500.00	800.00		5,200.00	2,000.00
		201	孙雯	财务部	管理人员	6,000.00	1,000.00		7,800.00	1,000.00
		202	肖勇	财务部	管理人员	4,000.00	700.00		5,800.00	1,000.00
		203	赵娜	财务部	管理人员	3,800.00	700.00	1.00	4,400.00	2,000.00
		301	赵明	采购部	采购人员	3,500.00	800.00		5,300.00	2,000.00
		302	韩硕	采购部	采购人员	3,500.00	820.00	2.00	4,500.00	2,000.00
		401	郑意	销售部	销售人员	3,200.00	950.00		6,000.00	2,000.00
		402	许诺	销售部	销售人员	3,000.00	680.00		5,800.00	2,000.00
		501	张萍	仓储部	仓储人员	3,000.00	820.00		4,600.00	1,400.00
合计						40,500.00	8,470.00	3.00	57,900.00	16,400.00

图 3.2.3 借助过滤器录入工资数据

（6）单击工具栏中的【计算】按钮，系统自动执行所有预设公式的计算。

2. 借助【替换】功能替换工资数据

（1）在【工资变动】窗口，单击工具栏中的【全选】按钮，"工资变动"表的第一列出现选中标志"Y"，单击工具栏中的【替换】按钮，打开【工资项数据替换】窗口。

（2）在【将工资项目】下拉列表中，选择"绩效工资"选项，在【替换成】框中输入"绩效工资+800"，在【替换条件】区域分别选择"部门""=""（3）销售部"选项，如图 3.2.4 所示。

替换数据

（3）单击【确定】按钮，系统提示"数据替换后将不能恢复，是否继续？"，单击【是】按钮，系统提示"2 条记录被替换，是否重新计算？"，单击【是】按钮，系统自动完成工资计算，如图 3.2.5 所示，单击工具栏中的【计算】【汇总】按钮。

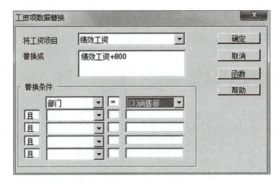

图 3.2.4 【工资项数据替换】窗口

图 3.2.5 2022 年 1 月工资数据

※※※※※※※※※※※※※※※※※※※※※※※※※※※※※※※※※※※※※※

◆【工资变动】窗口只输入没有进行公式设定的项目数据，其余工资项目数据由系统根据预先设定的公式自动计算生成。

◆ 每次录入数据完毕可以进行工资计算和汇总，也可以在本月工资数据全部处理结束后统一计算和汇总。

◆ 若检查发现工资公式设置错误或者工资数据录入错误，需要进行更正，更正后需要重新进行工资数据的计算和汇总，更新数据，并尽可能多操作几遍，以保证工资项目公式循环计算一周。

※※※※※※※※※※※※※※※※※※※※※※※※※※※※※※※※※※※※※※

【拓展延伸】
工资变动是个人所得税纳税申报、银行代发工资、工资分摊的数据基础，根据公式计算的工资数据或者手工录入的工资数据应确保准确，若发现前期公式错误，可更改公式，更改后一定要执行计算功能，系统才能重新计算更新工资数据。

【探索思考】
若本月通过公式设置的某项工资数据出现错误，经检查发现只有某个职工的工资数据有误，而公式设置无误，其他人员的工资数据正确，那么造成该错误的原因是什么？

任务 2　银行代发工资

【任务描述】查询山东绿都环保建材贸易有限公司 2022 年 1 月的银行代发一览表，将文件以 TXT 格式进行磁盘输出并传递给开户银行。

【任务解析】本任务要求查看 1 月的银行代发一栏表，并将该表以规定的格式输出和传递给开户银行，以供银行下个月代发工资之用。

【知识链接】为了提高薪资发放效率、降低提现风险，越来越多的企业采用银行代发工资的方式。根据我国银行账户使用规定，发放工资的账户只能是企业的基本户，企业通过其开户银行每月直接将工资划入职工账户。企业应将工资发放信息传递给开户银行，开户银行按照规定的日期和代发数据完成工资的发放工作。

【工作指导】
（1）用户 202 登录【企业应用平台】,【操作日期】为"2022-01-31"。
（2）执行【人力资源】→【薪资管理】→【业务处理】→【银行代发】命令，打开【请选择部门范围】窗口，选择所有部门，单击【确定】按钮。
（3）打开【银行代发】窗口，显示本月发放工资数据（银行代发一览表），如图 3.2.6 所示。

银行代发一览表

图 3.2.6　银行代发一览表

（4）单击工具栏中的【输出】按钮，保存该文件并传递给开户银行以供下月发放工资之用。

【拓展延伸】

在实际工作中，企业的工资可以在当月发放，也可以在下月发放，但是即使本月工资在下月发放，根据权责发生制原则，当月也要进行工资的计提，形成贷方"应付职工薪酬"负债，待下月工资发放后，借方冲减该科目。如果银行代发一览表中数据缺少小数点，可以进行设置：在【银行代发】窗口，执行【方式】→【高级】命令，勾选【数值型是否输出小数点】复选框。

【探索思考】

思考银行代发一览表的金额数据与"工资变动"表的金额数据有什么关系。

任务3 扣缴个人所得税

【任务描述】查看山东绿都环保建材贸易有限公司2022年1月的扣缴个人所得税报表。

【任务解析】本任务要求从系统里查看1月的扣缴个人所得税报表，为本月个人所得税的纳税申报做好准备。

【知识链接】根据2019年1月1日起施行的《中华人民共和国个人所得税法实施条例》规定，工资薪金所得的个人所得税采用按年征收、按月预缴、年终汇算清缴的方式，由发放工资的单位每月预扣预缴，采用累计预扣法计算。扣缴义务人在代扣税款的次月15日内，向主管税务机关报送其支付所得的所有个人的有关信息、支付所得数额、扣除事项和数额、扣缴税款的具体数额和总额以及其他相关涉税信息资料。

【工作指导】

（1）执行【人力资源】→【薪资管理】→【业务处理】→【扣缴所得税】命令，打开【个人所得税申报模板】窗口。

（2）选择"系统扣缴个人所得税报表"选项，单击【打开】按钮，打开【所得税申报】过滤查询窗口，【查询范围】选择"本次发放"，单击【确定】按钮。

扣缴个人所得税

（3）打开系统扣缴个人所得税报表，显示本月企业所有职工个人所得税的计算情况，如图3.2.7所示。

图3.2.7 系统扣缴个人所得税报表

【拓展延伸】

个人所得税既可通过财务软件计算，也可以在Excel表格中进行计算。在实际工作中，通过对财务软件打补丁的方式，财务软件可使用累计预扣法代扣代缴个人所得税，教学版软件因受限，只能通过设定公式来实现累计预扣法个人所得税的计算，该表格的纳税数据可通过【选项】→【扣税设置】命令进行调整并自动计算。需要注意的是，表格中的"应扣税款"是累计应扣税额，当期预缴个人所得税应等于该数值扣除前期已累计预缴税额。计算出当期预缴个人所得税后，从财务软件中以 Excel 格式导出，再通过"自然人电子税务局"完成个人所得税的纳税申报。

【探索思考】

查找资料，对比我国个人所得税变迁过程，思考近两年我国有哪些个人所得税优惠政策释放民生红利。

★★★警钟长鸣★★★

2021 年 12 月 20 日，浙江省杭州市税务局稽查局查明，网络带货主播黄薇（网名：薇娅）在 2019—2020 年期间，通过隐匿个人收入、虚构业务转换收入性质进行虚假申报等方式偷逃税款 6.43 亿元，其他少缴税款 0.6 亿元。国家税务总局杭州市税务局稽查局依据《中华人民共和国个人所得税法》《中华人民共和国税收征收管理法》等相关法律法规的规定，对黄薇追缴税款，加收滞纳金并处罚款，共计 13.41 亿元。依法诚信纳税是每个公民应尽的义务，我们应该增强法治意识，遵纪守法，自觉履行纳税义务，守住"底线"，远离"红线"。

任务 4　生成工资分摊凭证

【任务描述】月末，根据表 3.2.2～表 3.2.6 对山东绿都环保建材贸易有限公司进行工资计提、个人所得税代扣、公积社保计提、职工教育经费计提的工资分摊设置，并据以生成凭证。

表 3.2.2　工资计提（分摊计提比例 100%）

部门名称	人员类别	工资项目	借方科目	贷方科目
办公室、财务部	管理人员	应付工资	管理费用 – 工资薪酬（660204）	应付职工薪酬 – 工资（221101）
采购部	采购人员			
仓储部	仓储人员			
销售部	销售人员		销售费用 – 工资薪酬（660104）	

表 3.2.3　个人所得税代扣（分摊计提比例 100%）

部门名称	人员类别	工资项目	借方科目	贷方科目
办公室、财务部	管理人员	代扣税	应付职工薪酬 – 工资（221101）	应交税费 – 应交个人所得税（222107）
采购部	采购人员			
销售部	销售人员			
仓储部	仓储人员			

表 3.2.4　个人负担公积社保（分摊计提比例 100%）

部门名称	人员类别	工资项目	借方科目	贷方科目
办公室、财务部	管理人员	个人社会保险	应付职工薪酬－工资（221101）	其他应付款－代扣社会保险（224101）
采购部	采购人员			
销售部	销售人员			
仓储部	仓储人员			
办公室、财务部	管理人员	个人住房公积金		其他应付款－代扣住房公积金（224102）
采购部	采购人员			
销售部	销售人员			
仓储部	仓储人员			

表 3.2.5　企业负担公积社保（分摊计提比例 100%）

部门名称	人员类别	工资项目	借方科目	贷方科目
办公室、财务部	管理人员	企业住房公积金	管理费用－工资薪酬（660204）	应付职工薪酬－住房公积金（221103）
采购部	采购人员			
仓储部	仓储人员			
销售部	销售人员		销售费用－工资薪酬（660104）	
办公室、财务部	管理人员	企业医疗工伤保险	管理费用－工资薪酬（660204）	应付职工薪酬－社会保险（221102）
采购部	采购人员			
仓储部	仓储人员			
销售部	销售人员		销售费用－工资薪酬（660104）	
办公室、财务部	管理人员	企业养老失业保险	管理费用－工资薪酬（660204）	应付职工薪酬－离职后福利（221104）
采购部	采购人员			
仓储部	仓储人员			
销售部	销售人员		销售费用－工资薪酬（660104）	

表 3.2.6　职工教育经费计提（分摊计提比例 8%）

部门名称	人员类别	工资项目	借方科目	贷方科目
办公室、财务部	管理人员	应付工资	管理费用－工资薪酬（660204）	应付职工薪酬－职工教育经费（221105）
采购部	采购人员			
仓储部	仓储人员			
销售部	销售人员		销售费用－工资薪酬（660104）	

【任务解析】本任务要求进行工资计提、个人所得税扣缴等薪酬相关业务的工资分

摊设置并于期末生成凭证。

【知识链接】工资分摊是指根据受益性原则进行工资费用分配或计提并制作凭证模板。首次使用工资分摊功能时，应先设置工资分摊公式，后续月份无须设置公式，直接利用期初设置好的公式生成凭证即可。

【工作指导】

1. 工资分摊公式设置

（1）执行【人力资源】→【薪资管理】→【业务处理】→【工资分摊】命令，打开【工资分摊】窗口，单击【工资分摊设置】按钮，打开【分摊类型设置】窗口，如图 3.2.8 所示。

（2）单击【增加】按钮，打开【分摊计提比例设置】窗口，在【计提类型名称】框中输入"工资计提"，【分摊计提比例】默认为"100%"，如图 3.2.9 所示，单击【下一步】按钮。

工资分摊公式设置

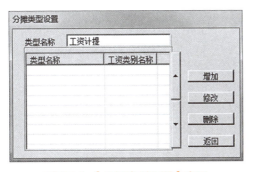

图 3.2.8 【分摊类型设置】窗口

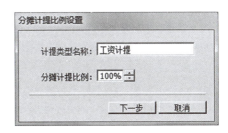

图 3.2.9 【分摊计提比例设置】窗口

（3）打开【分摊构成设置】窗口，第一行的【部门名称】参照选择"办公室"和"财务部"，【人员类别】选择"管理人员"，【工资项目】选择"应付工资"，在【借方科目】栏中输入"660204"，在【贷方科目】栏中输入"221101"，同理根据表 3.2.2 所示信息继续进行其他部门工资计提的公式设置，完成后如图 3.2.10 所示。

部门名称	人员类别	工资项目	借方科目	借方项目大类	贷方科目	贷方项目大类
办公室,财务部	管理人员	应付工资	660204		221101	
采购部	采购人员	应付工资	660204		221101	
仓储部	仓储人员	应付工资	660204		221101	
销售部	销售人员	应付工资	660104		221101	

图 3.2.10 工资计提分摊设置

（4）单击【完成】按钮，回到【分摊类型设置】窗口，列表中增加了"工资计提"项，单击【增加】按钮，根据表 3.2.3～表 3.2.6 所示信息，继续完成个人所得税代扣、个人负担公积社保代扣等工资分摊设置，相关公式设置如图 3.2.11～图 3.2.14 所示。

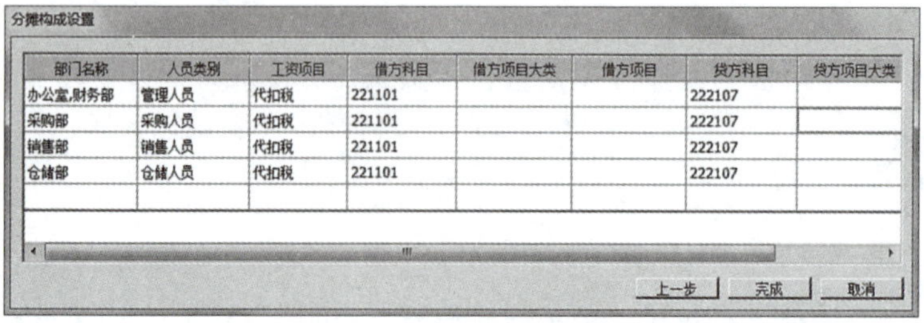

图 3.2.11　个人所得税代扣分摊设置

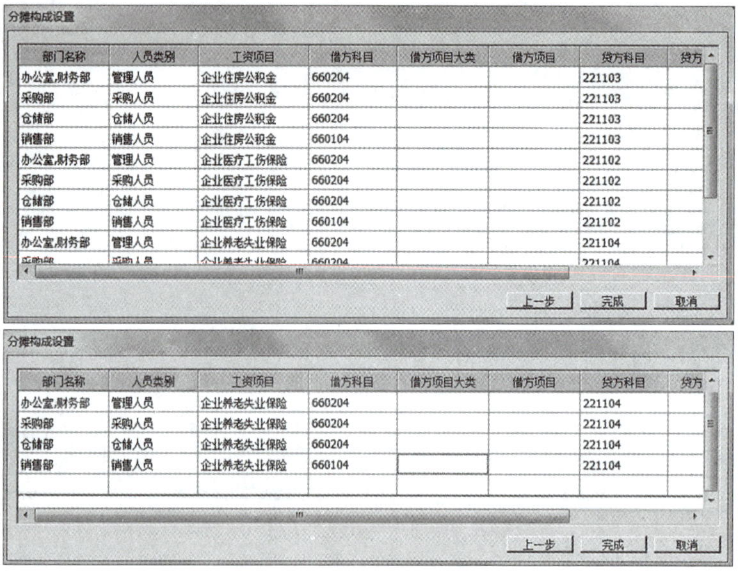

图 3.2.12　企业负担公积社保计提设置

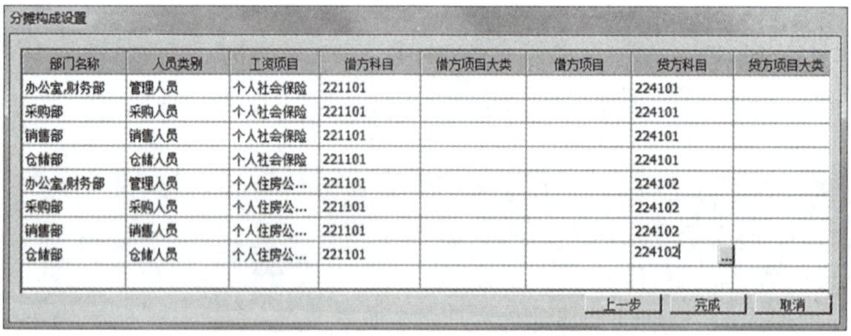

个人负担公积
社保代扣设置

图 3.2.13　个人负担公积社保代扣设置

职工教育经费
计提设置

图 3.2.14　职工教育经费计提设置

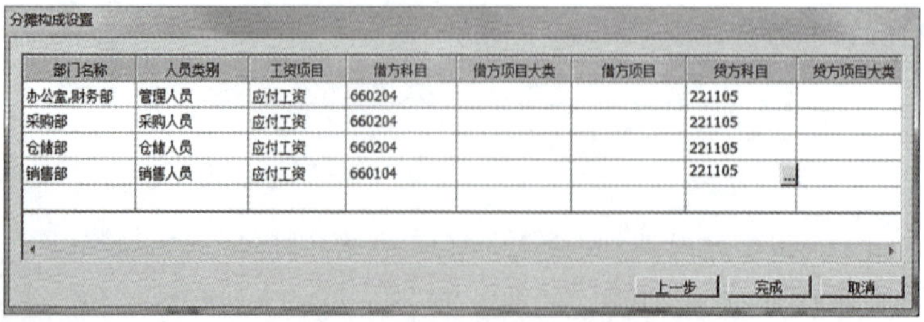

（5）工资分摊公式全部设置完成后如图 3.2.15 所示，注意职工教育经费的分摊计提比例应为 8%，如图 3.2.16 所示。

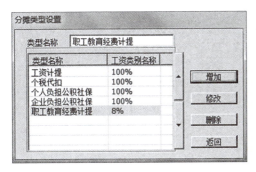

图 3.2.15　工资分摊类型

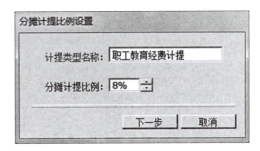

图 3.2.16　职工教育经费的分摊计提比例

※※

◆ 工资分摊设置就是对薪资管理系统常规公式加以设置，公式中的工资项目数据来源于工资变动中的各项工资项目数据，因此若工资变动数据有误，则工资分摊设置完毕后生成的凭证数据将是错误的，需要检查工资变动数据，对错误数据或者公式进行更正，并重新计算汇总。

◆ 设置工资计提和职工教育经费计提公式时，工资项目均为"应付工资"，而非"应发合计"，"应发合计"是所有属性为增项的工资项目的加和，"应付工资"是在此基础上扣除请假扣款后的数据。

※※

2. 生成工资分摊凭证

（1）执行【薪资管理】→【业务处理】→【工资分摊】命令，打开【工资分摊】窗口，勾选所有的计提费用类型，选择所有的核算部门，计提分配方式选择"分配到部门"选项，勾选【明细到工资项目】复选框，如图 3.2.17 所示。

（2）单击【确定】按钮，打开【工资分摊明细】窗口，【类型】选择"工资计提"，勾选【合并科目相同，辅助项相同的分录】复选框，如图 3.2.18 所示。

生成工资分摊凭证

图 3.2.17　工资分摊选择　　　　　图 3.2.18　工资计提一览表

（3）单击【制单】按钮，系统自动生成工资计提凭证，【凭证类型】选择"转账凭证"，单击【保存】按钮，如图 3.2.19 所示。

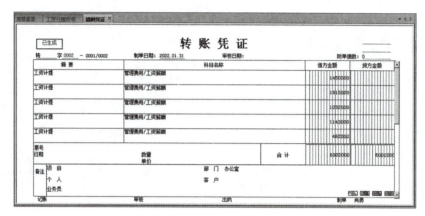

图 3.2.19　工资计提凭证

（4）关闭【填制凭证】窗口，回到【工资分摊明细】窗口，【类型】依次选择"个税代扣""个人负担公积社保"等，并勾选【合并科目相同，辅助项相同的分录】复选框，单击【制单】按钮，系统生成其他工资分摊凭证，如图 3.2.20～图 3.2.23 所示。

图 3.2.20　个人所得税扣缴凭证

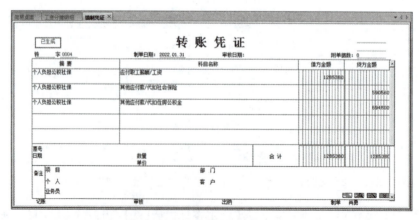

图 3.2.21　个人负担公积社保凭证

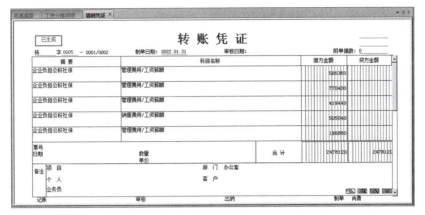

图 3.2.22　企业负担公积社保凭证

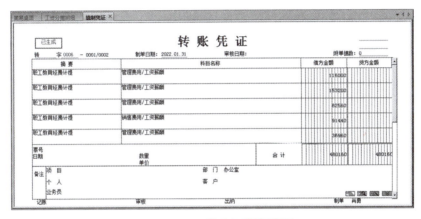

图 3.2.23　职工教育经费计提凭证

※※

◆ 当有多项计提费用时，可采用批量制单的方式生成凭证。具体操作为：（1）打开【工资分摊】窗口，勾选所有的计提费用类型、所有部门，选择【分配到部门】选项，勾选【明细到工资项目】复选框；（2）单击【确定】按钮，打开【工资分摊明细】窗口，依次选择"类型"，分别勾选【合并科目相同，辅助项相同的分录】复选框；（3）执行窗口上方的【批制】命令，批量生成凭证；（4）依次选择凭证类别，执行窗口上方的【成批保存凭证】命令，完成批量制单操作。

※※

【拓展延伸】

利用"工资分摊"功能不能重复生成凭证，如发现已经生成的凭证有误，可执行【薪资管理】→【统计分析】→【凭证查询】命令，找到错误的凭证，选中后删除，然后利用【工资分摊】功能重新生成新凭证。

【探索思考】

薪资管理系统删除的凭证传递到总账系统后，该凭证是什么状态？若该凭证依然存在，想彻底从软件系统中将它删除应该使用什么方法？

任务 5　薪资报表数据查询

【任务描述】查看山东绿都环保建材贸易有限公司 2022 年 1 月分部门"应发合计"的工资构成分析表。

【任务解析】本任务要求查看 1 月的部门结构工资数据。

【知识链接】工资构成分析表是以工资数据为基础，对部门、人员类别的工资数据进行分析和比较，生成各种分析表，供决策人员使用。利用工资构成分析表可实现工资增长分析、部门工资分类统计分析、工资项目数据分析、工资按月分类统计分析等功能。

【工作指导】

（1）执行【薪资管理】→【统计分析】→【账表】→【工资分析表】命令，打开【工资分析表】窗口，选择"分部门各月工资构成分析表"选项，如图 3.2.24 所示，单击【确定】按钮。

（2）打开【请选择分析部门】窗口，选择所有的部门，单击【确定】按钮，打开【分析表选项】窗口，【分析项目】选择"应发合计"，如图 3.2.25 所示。

工资构成分析表

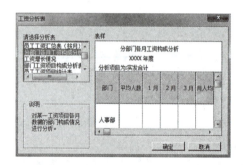

图 3.2.24　【工资分析表】窗口

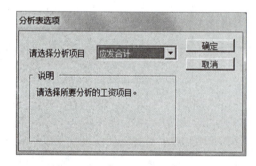

图 3.2.25　【分析表选项】窗口

（3）单击【确定】按钮，打开【分部门各月工资构成分析】窗口，可以看到公司 1 月分部门的应发合计分析数据，如图 3.2.26 所示。

分部门各月工资构成分析表
2022年度1月
分析项目为：应发合计

部门	平均人数	1月	月人均	年度合计	年度人均
管理中心	5	33,700.00	6,740.00	33,700.00	6,740.00
办公室	2	14,500.00	7,250.00	14,500.00	7,250.00
财务部	3	19,200.00	6,400.00	19,200.00	6,400.00
采购部	2	10,420.00	5,210.00	10,420.00	5,210.00
销售部	2	11,430.00	5,715.00	11,430.00	5,715.00
仓储部	1	4,620.00	4,620.00	4,620.00	4,620.00
合计	10	60,170.00		60,170.00	

图 3.2.26　分部门各月工资构成分析表

【拓展延伸】

人力资源发展战略对企业的总体发展起到了重要的支撑作用，为了激励员工发挥最佳潜能，实现个人与企业的同成长、共进步，近几年很多企业重视薪酬体系的研究设计，总体而言薪酬体系设计应遵循按劳分配、效率优先、兼顾公平及可持续发展原则，并密切结合企业的战略和文化，从战略层、制度层、技术操作层加以考虑和设计。

子项目 3.3 固定资产日常业务

固定资产日常业务主要是针对固定资产的核算和管理工作展开的，包括固定资产的购建、报废、毁损、出售，资产盘点，折旧计提，资产减值等相关业务。

任务1 固定资产增加

【任务描述】3日，办公室购入华为笔记本电脑一台，取得增值税专用发票，不含税价款为5 400.00元，增值税为702.00元，预计使用年限为5年，通过网银（票号88070021）支付该笔款项（现金流量：13购建固定资产、无形资产和其他长期资产所支付的现金）。

【任务解析】本任务要求通过软件系统处理固定资产增加业务。

【岗位说明】会计处理固定资产的日常管理、折旧计提等工作。

【知识链接】固定资产是企业的一类重要资产，其增加渠道包括外购、自建、接受投资等，其中外购是最常见的方式。企业增加固定资产，需设置固定资产卡片账，软件核算时则借助【资产增加】功能完成卡片账的录入。若勾选了【业务发生后立即制单】选项，则保存固定资产卡片后系统会立即生成会计凭证，否则需通过【批量制单】命令处理。

【工作指导】

（1）用户202登录【企业应用平台】，【操作日期】为"2022-01-03"。

（2）在【业务工作】选项卡中，执行【财务会计】→【固定资产】→【卡片】→【资产增加】命令，打开【固定资产类别档案】窗口。

（3）【资产类别】选择"办公设备"，单击【确定】按钮，打开【固定资产卡片】窗口，录入华为笔记本电脑的卡片账，如图3.3.1所示，单击【保存】按钮，系统提示"数据成功保存！"。

新增固定资产

图 3.3.1 增加固定资产卡片

（4）关闭【固定资产卡片】窗口，执行【固定资产】→【处理】→【批量制单】命令，打开【查询条件选择－批量制单】窗口，单击【确定】按钮，打开【批量制单】窗口，该窗口包括【制单选择】【制单设置】两个页签，在【制单选择】页签下，双击选择要制单的业务记录，如图 3.3.2 所示。

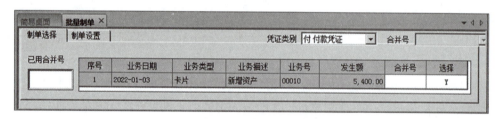

图 3.3.2 【批量制单】窗口的【制单选择】页签

（5）单击【制单设置】页签，更改【凭证类别】为"付款凭证"，如图 3.3.3 所示。

图 3.3.3 【批量制单】窗口的【制单设置】页签

（6）单击【凭证】按钮，生成固定资产增加凭证，单击"银行存款/工行存款"会计科目，按"Ctrl+S"组合键打开【辅助项】窗口，选择结算方式，录入票号和日期，单击【确定】按钮。

（7）回到【填制凭证】窗口，单击【流量】按钮，打开【现金流量录入修改】窗口，【项目编码】选择"13"，保存凭证，如图3.3.4所示。

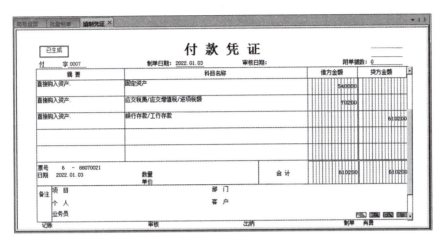

图3.3.4 固定资产增加凭证

◆ 在固定资产系统中，若选择了【业务发生后立即制单】选项，则当固定资产卡片保存时，系统直接进入【填制凭证】窗口，自动生成该业务对应的凭证。若未选择该选项，则需要通过【批量制单】命令生成凭证。

◆ 若固定资产凭证有误，则在固定资产系统中通过【处理】→【凭证查询】→【编辑】命令进行修改。

◆ 使用批量制单功能时，分两步处理，第一步进行制单选择，第二步进行制单设置，其中在【制单设置】页签下，需要将所有科目设置完整，否则无法生成凭证。

【拓展延伸】

所有新增的固定资产都需要增加对应的卡片账，固定资产卡片可以逐张手工增加，也可以批量增加。若企业启用了供应链，对于采购固定资产的发票可以在采购系统中录入，对应的固定资产卡片账则通过【卡片】→【采购资产】命令增加。

【探索思考】

若企业同一批次购入几十件或上百件型号、原值等信息相同的固定资产，应如何高效准确地录入固定资产卡片账？

★★★政策法规★★★

根据《财政部国家税务总局关于设备器具扣除有关企业所得税政策的通知》（财税〔2018〕54号）、《国家税务总局关于设备器具扣除有关企业所得税政策执行问题的公告》（国家税务总局公告2018年第46号）、《财政部税务总局关于延长部分税收优惠政策执行期限的公告》（财政部 税务总局公告2021年第6号）等政策的相关规定，纳税人在2018

年 1 月 1 日—2023 年 12 月 31 日期间新购进的设备、器具，单位价值不超过 500 万元的，允许一次性计入当期成本费用，在计算应纳税所得额时扣除，不再分年度计算折旧，固定资产在投入使用月份的次月所属年度一次性税前扣除。

任务 2　固定资产变动

【任务描述】7 日，因办公室新购入了笔记本电脑，将原有三星电脑调拨给仓储部使用。

【任务解析】本任务要求处理固定资产使用部门间的转移业务。

【知识链接】资产变动包括原值变动、部门转移、使用状况变动、使用年限调整、折旧方法调整、净残值率调整、资产类别调整、变动单管理等。资产变动要求录入变动单来记录资产调整的结果，其他项目如名称、编号等内容的修改可以直接在卡片上进行。

【工作指导】

（1）用户 202 登录【企业应用平台】，【操作日期】为"2022-01-07"。

（2）执行【财务会计】→【固定资产】→【卡片】→【变动单】→【部门转移】命令，打开【固定资产变动单】窗口。

（3）【卡片编号】选择"00006"，显示【变动前部门】为"办公室"，将【变动后部门】选择为"仓储部"，在【变动原因】处输入"统一调拨"，如图 3.3.5 所示。

图 3.3.5　固定资产变动单 – 部门转移

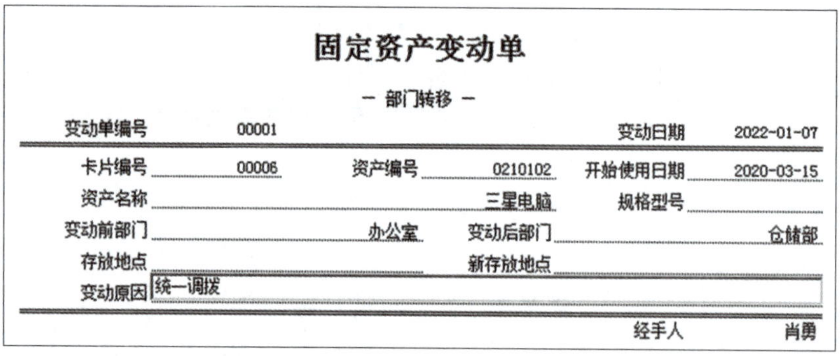

（4）单击【保存】按钮，系统提示"数据成功保存！部门已改变，请检查资产对应折旧科目是否正确"，关闭【固定资产变动单】窗口。

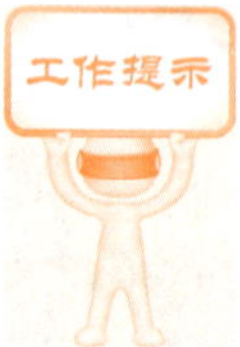

【工作提示】

◆ 已保存的变动单，可通过【变动单管理】命令查询到。变动单不能修改，只能在当月删除后重新填制，如果在生成凭证之后才发现变动单有误，必须先删除凭证，才能删除变动单。当变动单删除后，资产回到变动前状态。

◆ 本月新增的固定资产不允许进行变动处理。

◆ 资产使用部门转移业务不生成凭证，只影响折旧计提分配部门。可通过【卡片】→【卡片管理】命令查看卡片，可以发现卡片目前的使用部门变更为仓储部。

【拓展延伸】

通过变动单还可以处理固定资产原值变动业务,此外需要区分费用化支出与资本化支出,费用化支出是指维持资产现状的支出,如修理费用支出,不符合固定资产确认条件,发生时在总账系统填制凭证计入当期损益。而资本化支出能够延长固定资产使用寿命、提升资产使用效能等,应计入固定资产成本,如更新改造支出,在固定资产系统中进行业务处理。

【探索思考】

通过【卡片管理】命令查看三星电脑的卡片账,检查该卡片账发生了哪些变化。

任务3 计提折旧

【任务描述】月末计提山东绿都环保建材贸易有限公司本月的折旧费用。

【任务解析】本任务要求计提固定资产折旧,查看折旧分配数据并生成凭证。

【知识链接】自动计提折旧是固定资产系统的主要功能之一。固定资产计提折旧的主要来源是固定资产卡片,系统根据固定资产卡片资料,利用"计提本月折旧"功能,对符合要求的固定资产计提折旧并自动生成折旧分配表,然后生成折旧凭证。

【工作指导】

(1)用户 202 登录【企业应用平台】,【操作日期】为"2022-01-31"。

(2)执行【财务会计】→【固定资产】→【处理】→【计提本月折旧】命令,系统提示"是否要查看折旧清单?",单击【是】按钮。

(3)系统提示"本操作将计提本月折旧,并花费一定时间,是否要继续?",单击【是】按钮,打开【折旧清单】窗口,如图 3.3.6 所示。

计提折旧

卡片编号	资产编号	资产名称	原值	计提原值	本月计提折旧额	累计折旧	本年计提折旧	减值准备	净值	净残值	折旧率
00001	0110101	办公楼	800.00	124,800.00	5,736.96	177,845.76	5,736.96	0.00	954.24	4,992.00	0.0027
00002	01401	仓库	400.00	568,400.00	1,534.68	44,505.72	1,534.68	0.00	894.28	2,736.00	0.0027
00003	0310101	奥迪	600.00	245,600.00	1,964.80	37,331.20	1,964.80	0.00	268.80	9,824.00	0.0080
00004	03201	通用五菱	650.00	89,650.00	717.20	22,233.20	717.20	0.00	416.80	3,586.00	0.0080
00005	0210101	办公家具	600.00	30,600.00	489.60	14,688.00	489.60	0.00	912.00	1,224.00	0.0160
00006	0210102	三星电脑	300.00	6,300.00	100.80	2,217.60	100.80	0.00	082.40	252.00	0.0160
00007	0210201	联想电脑	200.00	5,200.00	83.20	2,579.20	83.20	0.00	620.80	208.00	0.0160
00008	02301	联想电脑	800.00	4,800.00	76.80	2,150.40	76.80	0.00	649.60	192.00	0.0160
00009	0210103	打印机	200.00	2,200.00	35.20	1,056.00	35.20	0.00	144.00	88.00	0.0160
合计			550.00	077,550.00	10,739.24	304,607.08	10,739.24	0.00	942.92	3,102.00	

图 3.3.6 【折旧清单】窗口

(4)单击【退出】按钮,系统提示"计提折旧完成!",单击【确定】按钮,显示【折旧分配表】窗口,如图 3.3.7 所示。

(5)单击工具栏中的【凭证】按钮,打开【凭证填制】窗口,【凭证类型】选择"转账凭证",单击【保存】按钮,生成折旧计提凭证,如图 3.3.8 所示。

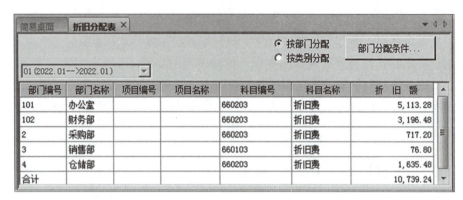

图 3.3.7 【折旧分配表】窗口

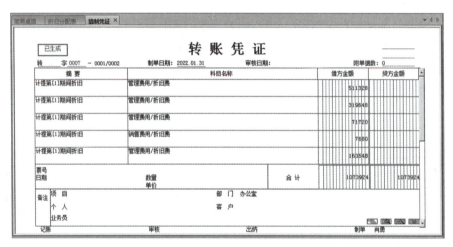

图 3.3.8 折旧计提凭证

※※※※※※※※※※※※※※※※※※※※※※※※※※※※※※※※※※※※※

◆ 一个月可以多次计提折旧，但是只能生成一张折旧计提凭证，如果计提折旧且生成凭证后又对账套进行了影响折旧计算或分配的操作，则必须删除凭证重新计提折旧，否则系统不允许结账。

◆ 在【折旧分配表】窗口，可以单击【制单】按钮制单，也可以利用【批量制单】功能进行制单。

※※※※※※※※※※※※※※※※※※※※※※※※※※※※※※※※※※※※※

【拓展延伸】

我国会计准则规定：当月增加的固定资产当月不计提折旧，从下月起计提折旧，当月减少的固定资产当月仍计提折旧，从下月起不计提折旧。因此当企业本月固定资产因毁损、作废、出售等原因减少时，需要先计提折旧，然后才能减少固定资产。当完成计提折旧并生成凭证后，若发生了资产部门转移等影响折旧分配的事项，需要将折旧计提凭证删除，重新计提折旧并生成新的折旧凭证。

【探索思考】

在本业务背景下,若计提本月折旧并生成凭证后,固定资产发生了部门调整,从办公室调整到仓储部,是否会对折旧分配产生影响,应该如何处理?

任务 4　固定资产出售

【任务描述】31 日,采购部计划更换新的运输工具,将隶属于本部门的五菱汽车对外销售,价税合计 58 760.00 元,其中不含税售价为 52 000.00 元,增值税为 6 760.00 元,款项通过网银结算(票号 81041224),处置完毕后将处置损益转入资产处置损益科目(现金流量:10 处置固定资产、无形资产和其他长期资产所收到的现金)。

【任务解析】本任务要求将固定资产五菱汽车进行转清理处置,并计算资产处置损益,同时在系统中减少固定资产卡片账。

【知识链接】固定资产在使用过程中,由于毁损、出售、投资等原因而退出企业时,需要在账面上减少该固定资产,将其账面价值转入"固定资产清理"科目,并根据管理层审批意见进行审批处置。

【工作指导】

(1)执行【固定资产】→【卡片】→【资产减少】命令,打开【资产减少】窗口。

(2)【卡片编号】选择"00004 通用五菱",单击【增加】按钮,【减少方式】选择"出售",录入清理收入、增值税信息,如图 3.3.9 所示。

减少资产

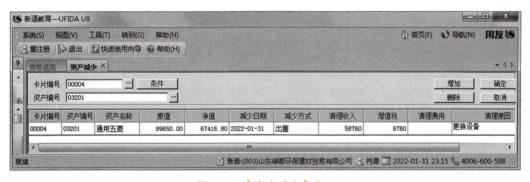

图 3.3.9 【资产减少】窗口

(3)单击【确定】按钮,系统提示"所选卡片已经减少成功!"。

(4)执行【固定资产】→【处理】→【批量制单】命令,在【制单选择】页签中单击【全选】按钮,在【制单设置】页签补充会计科目"100201"和"22210102",如图 3.3.10 所示。

(5)单击工具栏中的【凭证】按钮,打开【填制凭证】窗口,单击"银行存款/工行存款"科目,按"Ctrl+S"组合键,打开【辅助项】窗口,补充银行结算方式、票号和日期。

(6)在【填制凭证】窗口,单击【流量】按钮,打开【现金流量录入修改】窗口,【现金流量项目】选择"10",保存凭证,生成固定资产出售凭证,如图 3.3.11 所示。

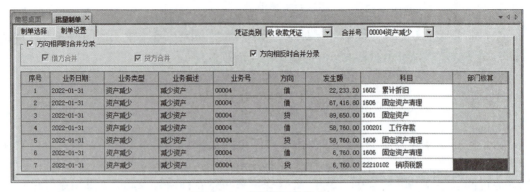

图 3.3.10 【批量制单】窗口

图 3.3.11 资产出售凭证

（7）关闭【填制凭证】和【批量制单】窗口，执行【总账】→【凭证】→【填制凭证】命令，单击【增加】按钮，填制固定资产出售损益结转凭证，如图 3.3.12 所示。

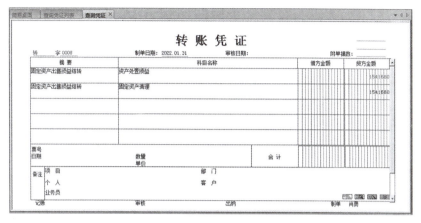

图 3.3.12 结转固定资产处置损益

※※※※※※※※※※※※※※※※※※※※※※※※※※※※※※※※※※※※※※※

◆ 只有计提折旧后，才能执行固定资产减少的操作。

◆ "资产处置损益"是收入类科目，会计报表从贷方发生取数，因此结转固定资产处置损益凭证，该科目必须在贷方以红字填制。

◆ 手工处理方式下固定资产出售业务一般可以分成四步。第一步，账面价值转清理；第二步，确认转让收入；第三步，确认清理费用；第四步，确认转让损益。本业务未发生转让费用，软件生成的凭证是第一步、第二步的混合凭证，该业务在手工处理方式下可以拆分为表 3.3.1 所示的前两个凭证。当固定资产清理完毕后，应在总账系统中将资产出售损益转入"资产处置损益"科目。

表 3.3.1 固定资产出售业务

第一步：转清理	第二步：确认转让收入	第三步：确认损益
借：固定资产清理　67 416.80 　　累计折旧　　　　22 233.20 贷：固定资产　　　　89 650.00	借：银行存款　　　　　　58 760.00 贷：固定资产清理　　　　52 000.00 　　应交税费－应交增值税（销） 　　　　　　　　　　　　 6 760.00	借：资产处置损益　　15 416.80 贷：固定资产清理　　15 416.80

※※※※※※※※※※※※※※※※※※※※※※※※※※※※※※※※※※※※※※※

【拓展延伸】

如果因操作错误误删资产，可以使用系统提供的纠错功能予以恢复。首先要删除资产减少和折旧计提凭证，其次执行【卡片】→【卡片管理】命令，取消"开始使用日期"限制，将【在役资产】换为【已减少的资产】，即可查看到已减少的资产，最后选中该资产，单击【撤销减少】功能按钮，即可将已经减少的固定资产卡片予以恢复，注意只能恢复当月减少的固定资产。

【探索思考】

"资产处置损益"作为收入类科目，填制凭证时其金额必须填写在贷方。思考还有哪些科目具有同样的特性，金额只能发生在借方或者贷方，举例说明。

任务5 固定资产盘点

【任务描述】31日，对所有固定资产进行盘点，盘点结果发现办公室名下的打印机找不到实物，经管理部门审批后，作为当月损失处理。

【任务解析】本任务要求按部门进行固定资产盘点，对盘点结果在财务软件中进行处理，生成盘点单，并进行盘点盈亏的处置。

【知识链接】为了保证固定资产的安全，企业应定期或不定期地对固定资产进行盘点，盘点时可以选择按部门或类别进行，通过盘点金额与账面记录金额的核对，确认固定资产的盘盈或者盘亏。

【工作指导】

1. 资产盘点

（1）执行【卡片】→【资产盘点】命令，进入【资产盘点】界面。

（2）单击【增加】按钮，打开【资产盘点】窗口，单击工具栏中的【范围】按钮，打开【盘点范围设置】窗口，取消勾选【按资产类别盘点】复选框，勾选【按使用部门盘点】复选框，【使用部门】选择"办公室"，如图 3.3.13 所示，单击【确定】按钮。

盘点固定资产

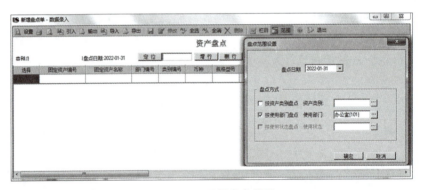

图 3.3.13 设置盘点范围

（3）系统显示办公室名下所有资产，根据盘点结果，双击选中"打印机"，如图 3.3.14 所示，单击【删行】按钮后保存。

图 3.3.14 盘点单数据录入窗口

（4）系统提示"盘点单（单据号：00001）保存成功！"，单击工具栏中的【退出】按钮，系统显示生成的盘点单，如图3.3.15所示，关闭【资产盘点】窗口。

图3.3.15　固定资产盘点单

2. 盘亏确认

（1）执行【卡片】→【盘点盈亏确认】命令，打开【盘盈盘亏确认】窗口，单击【全选】按钮或者双击选中盘亏资产，在【审核】栏选择"同意"选项，在【处理意见】栏填写"计入当期损益"，单击【保存】按钮，系统提示"保存成功"，如图3.3.16所示。

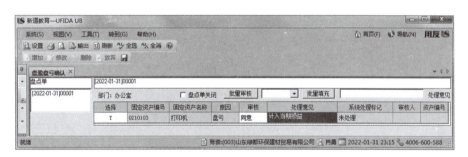

图3.3.16　【盘盈盘亏确认】窗口

（2）关闭【盘盈盘亏确认】窗口，执行【卡片】→【资产盘亏】命令，打开【资产盘亏】窗口，单击【全选】按钮，如图3.3.17所示。

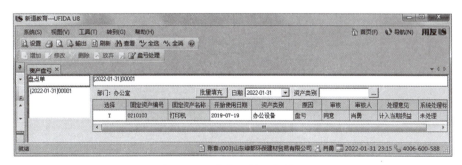

图3.3.17　【盘亏处理】窗口

（3）单击工具栏中的【盘亏处理】按钮，打开【资产减少】窗口，录入清理原因，如图3.3.18

所示,单击【确定】按钮,系统提示"所选卡片已经减少成功",关闭【资产盘亏】窗口。

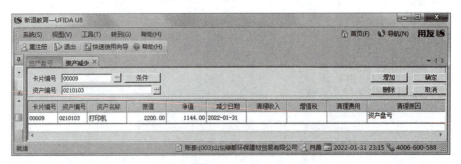

图 3.3.18 【资产减少】窗口

3. 审批前账务处理

(1)执行【固定资产】→【处理】→【批量制单】命令,在【制单选择】页签中单击【全选】按钮,在【制单设置】页签中将"1606"改为"1901",如图 3.3.19 所示。

图 3.3.19 【批量制单】窗口

(2)单击【凭证】按钮,生成固定资产盘亏凭证,更改凭证类别,单击【保存】按钮,如图 3.3.20 所示。

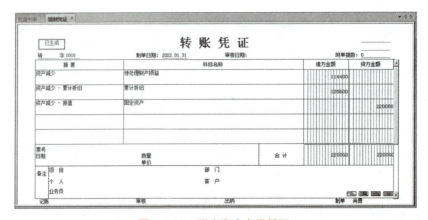

图 3.3.20 固定资产盘亏凭证

4. 审批后账务处理

执行【总账】→【凭证】→【填制凭证】命令，单击【增加】按钮，填制固定资产盘亏处置凭证，如图 3.3.21 所示。

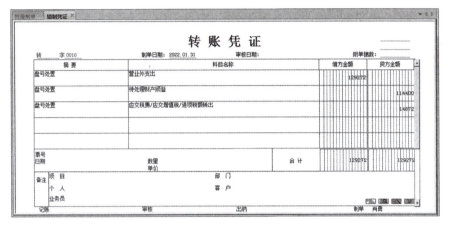

图 3.3.21　固定资产盘亏处置凭证

◆ 为了确保固定资产安全，企业可根据自身资产情况，开展定期或不定期的固定资产盘点工作。

◆ 固定资产盘点包括盘盈、盘亏两种账实不符情形，在管理部门审批前，均需将账面余额调整为实物，需要注意的是盘亏的固定资产将其账面价值计入"待处理财产损溢"科目，而盘盈的固定资产按重置成本确定其入账价值，作为前期差错处理，通过"以前年度损益调整"账户核算，并需要进行纳税调整。

【拓展延伸】

根据《中华人民共和国增值税暂行条例实施细则》的规定，管理不善等原因造成固定资产被盗、丢失、毁损的，应转出已经抵扣的进项税额，转出的进项税额等于固定资产账面净值与抵扣时适用的税率之积。本业务盘亏的打印机购入时抵扣的增值税按 13% 计算，盘亏转出的进项税额为固定资产账面净值乘以税率，即 1 144×13%=148.72（元）。

任务6　固定资产账簿管理

【任务描述】查看本企业 1 月固定资产价值结构分析表。

【任务解析】本任务要求查询固定资产系统账表，了解固定资产的价值结构分布。

【知识链接】在固定资产管理过程中需要及时掌握资产的统计、汇总和其他各方面信息，系统可以将这些信息以报表的形式提供给财务人员和资产管理人员。

【工作指导】

（1）执行【固定资产】→【账表】→【我的账表】命令，打开【报表】窗口。

（2）展开【分析表】，双击【价值结构分析表】按钮，打开【条件】窗口，期间默认为当月，单击【确定】按钮，打开【价值结构分析表】窗口，如图 3.3.22 所示。

查看价值结构分析表

图 3.3.22 【价值结构分析表】窗口

【拓展延伸】

财政部于 2020 年 8 月印发《关于加强行政事业单位固定资产管理的通知》，要求行政事业单位落实管理责任，健全管理制度，加强基础管理，确保家底清晰，规范管理行为，提升管理效能，完善追责机制，加强监督检查。这对企业的固定资产也具有示范借鉴意义，企业应有效使用固定资产，加强固定资产管理，以促进企业资产保值增值、优化资源配置、降低企业运行成本。

子项目 3.4 采购付款业务

企业在正常运营中，需要进行材料物资的采购，为产品的生产和销售做好准备。应付款管理系统主要用于核算和管理企业与供应商往来款项，该系统以采购发票、其他应付单、付款单为主要单据，记录采购业务中形成的往来款项，处理应付款项的偿还、转账，同时提供票据处理功能。

任务1　分配数据权限

【**任务描述**】给用户 202 和 203 授予用户数据权限。
【**任务解析**】本任务要求在进行数据权限控制的基础上，进行数据权限的分配。
【**岗位说明**】数据权限的分配应由账套主管操作完成。
【**知识链接**】数据权限管理是在功能权限管理的基础上更为精细的权限管理，通过数据权限管理，更精准地赋权，以满足内控需求。
【**工作指导**】

（1）用户 201 登录【企业应用平台】，【操作日期】为"2022-01-01"。

（2）在【系统服务】选项卡下，执行【权限】→【数据权限分配】命令，打开【权限浏览】窗口，单击左侧的用户"202 肖勇"，【业务对象】选择"用户"，单击工具栏中的【授权】按钮。

分配数据权限

（3）打开【记录权限设置】窗口，勾选【主管】复选框，单击【保存】按钮，系统提示信息"保存成功，重新登录门户，此配置才能生效"，单击【确定】按钮，关闭【记录权限设置】窗口。

（4）返回【权限浏览】窗口，如图 3.4.1 所示。同理完成用户 203 数据权限的分配。

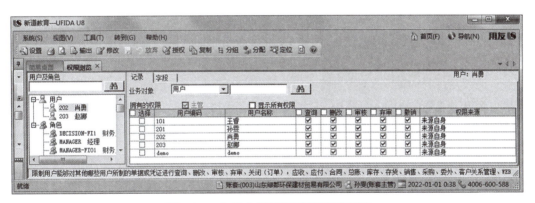

图 3.4.1　为用户分配数据权限后的界面

◆ 为用户 202 分配"用户"数据权限的操作与"子项目 2.3 薪资管理系统初始设置"下的"任务 1 建立薪资子账套"赋权薪资主管的操作原理及流程相同。

◆ 因为系统设置了"用户"数据权限控制，除了对用户授予"用户"数据权限外，还可以通过执行【权限】→【数据权限控制设置】命令，取消"用户"的勾选，否则用户 202 将无权查询、删改、审核、弃审、撤销其他用户的单据。

任务2　赊购

【任务描述】山东绿都环保建材贸易有限公司采购部预测春季建筑装修业务增加，节能门窗市场需求大增，报管理部门审批后，1月2日采购部赵明与北京爱家门窗有限公司签订了物资采购合同，购入爱家TY30净化门300平方，不含税单价为2 000.00元；购入爱家VE30一体窗200平方，不含税单价为1 200.00元。企业取得增值税专用发票（票号00431124），增值税税率为13%，货物已验收入库，合同约定款项于2022年3月2日支付。

【任务解析】本任务要求在应付款管理系统中完成物资采购的业务处理。

【岗位说明】税务机关对发票的开具、审核等工作未做出明确要求，这些工作可以由同一人完成，也可以由不同的人员完成，但是从内控角度看，发票开具和审核由不同人员完成有助于降低错误发生率。本企业财务部门人员较少，故发票的填制、审核、制单均由会计完成，付款单、商业汇票的填制由出纳负责，而对应单据的审核、制单由会计负责。

【知识链接】当企业仅启用了总账系统和应付款管理系统，未启用供应链时，采购发票的填制、审核、制单均在应付款管理系统中完成。该系统可以根据业务需要进行票据的选择，票据类型包括红蓝采购专用发票、采购普通发票、应付单等。

【业务流程】采购发票录入—发票审核—发票制单

【工作指导】

（1）用户202登录【企业应用平台】，【操作日期】为"2022-01-02"。

（2）在【业务工作】选项卡中，执行【财务会计】→【应付款管理】→【应付单据处理】→【应付单据录入】命令，打开【单据类别】窗口，【单据名称】选择"采购发票"，【单据类型】选择"采购专用发票"，【方向】选择"正向"，单击【确定】按钮。

赊购

（3）打开【采购发票】窗口，单击工具栏中的【增加】按钮，根据任务资料填写发票表头和表体信息，注意将表头项目【税率】更改为"13"，单击【保存】按钮，如图3.4.2所示。

图3.4.2　采购专用发票

（4）单击工具栏中的【审核】按钮，系统提示"是否立即制单？"，单击【是】按钮，生成物资采购凭证。

（5）在【填制凭证】窗口，单击"1405库存商品"，按"Ctrl+S"组合键打开【辅助项】窗口，将【数量】改为"300"，将【单价】改为"2000.00"，【项目名称】选择"爱家TY30净化门"，如图3.4.3所示，单击【确定】按钮。

（6）回到【填制凭证】窗口，单击工具栏中的【插分】按钮，输入会计科目编码"1405"，按Enter键，打开【辅助项】窗口，将【数量】改为"200"，将【单价】改为"1200.00"，【项目名称】选择"爱家VE30一体窗"，如图3.4.4所示，单击【确定】按钮。

图3.4.3 净化门辅助项

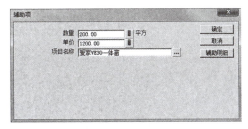
图3.4.4 一体窗辅助项

（7）回到【填制凭证】窗口，更改凭证类别，单击【保存】按钮，如图3.4.5所示。

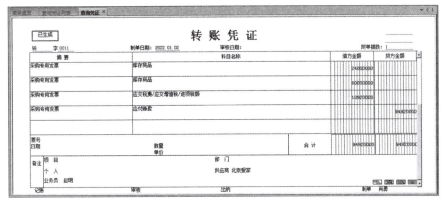
图3.4.5 采购凭证

※※※

◆ 用户审核发票时，操作日期应等于或者晚于发票的填制日期。
◆ 如果想对已经审核完毕的发票取消审核，可执行【应付单据处理】→【应付单据审核】命令，在【应付查询条件】窗口中勾选【已审核】复选框进行查询。
◆ 生成会计凭证，如果会计科目具有"项目核算"属性，该科目必须录入辅助核算项，选择项目名称，否则无法保存凭证。
◆ 可利用凭证的【插分】【删分】功能对会计凭证进行调整。

※※※

【拓展延伸】

若企业启用了供应链，企业的采购订单、采购发票、到货单在采购管理系统录入并审核,采购入库单在库存管理系统中录入并审核。入库单与采购发票在采购管理系统中进行采购结算操作。结算后的采购发票自动传递到应付款管理系统,在该系统中审核、生成物资采购凭证,入库单在存货核算系统中记账、生成物资入库凭证。

【探索思考】
除了在录入发票时直接审核发票、制单,还可以通过什么途径实现发票的审核与制单?

任务3 运费采购

【任务描述】12日,山东绿都环保建材贸易有限公司与浙江鼎鑫门窗有限公司签订合同,购入鼎鑫PE98门500平方米,不含税单价为620.00元,企业取得增值税专用发票(票号01807814),增值税税率为13%,价税合计350 300.00元,货物已验收入库,该批货物由众泰物流运输有限公司承运,合同约定运费由买方负担,浙江鼎鑫门窗有限公司代垫了运费,企业取得运费专用发票(票号18003404),不含税运费为860.00元,税率为9%,根据约定本公司将于2022年2月10日通过网银支付货款和代垫运费。

【任务解析】本任务要求处理采购物资负担运费的业务,将运费计入采购成本。

【知识链接】根据《企业会计准则第1号——存货》的规定,存货的采购成本指在采购过程中发生的与采购物资直接相关的费用,包括购买价款、相关税费、运输费、装卸费、保险费以及其他可归属于存货采购成本的费用。在用友U8V10.1软件中这些费用可通过专用发票、应付单的形式来处理,其业务处理流程与采购发票相同,制单时相关金额并入采购成本。

【业务流程】发票录入—发票审核—发票合并制单

【工作指导】

1. 发票录入

(1)用户202登录【企业应用平台】,【操作日期】为"2022-01-12"。

(2)执行【财务会计】→【应付款管理】→【应付单据处理】→【应付单据录入】命令,打开【单据类别】窗口,单击【确定】按钮。

(3)打开【采购发票】窗口,单击【增加】按钮,根据任务信息填写采购发票,单击【保存】按钮,如图3.4.6所示。

运费采购业务

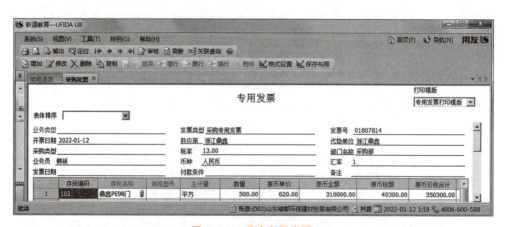

图3.4.6 采购专用发票

（4）单击【增加】按钮，继续填写运费发票，将表头项目【税率】更改为"9"，【代垫单位】选择"浙江鼎鑫"，单击【保存】按钮，如图3.4.7所示。

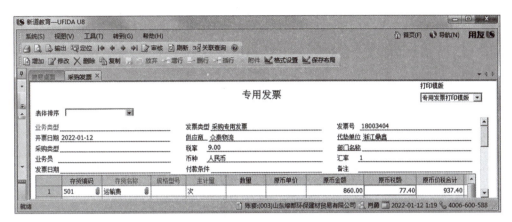

图3.4.7 采购运费发票

2. 发票审核

（1）关闭【采购发票】窗口，执行【应付款管理】→【应付单据处理】→【应付单据审核】命令，打开【应付单查询条件】窗口，单击【确定】按钮。

（2）打开【单据处理】窗口，依次单击工具栏中的【全选】【审核】按钮，系统提示"本次审核成功单据［2］张"，如图3.4.8所示，单击【确定】按钮，关闭【单据处理】窗口。

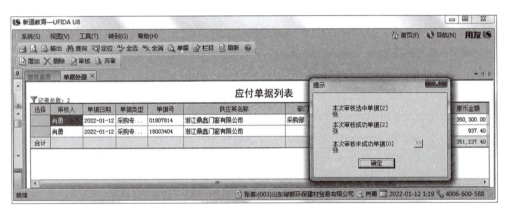

图3.4.8 发票审核

※※

◆ 审核人登录系统日期应<u>晚于或等于票据日期</u>。

◆ "审核人"一栏自动<u>出现审核人名字</u>表明该单据审核成功。

◆ 若想取消单据的审核，在【应付单查询条件】窗口中<u>勾选【已审核】复选框</u>，即可以查看到已经完成审核的单据，选中目标单据后，<u>单击【弃审】按钮</u>，即可取消审核。

※※

3. 发票合并制单

（1）执行【应付款管理】→【制单处理】命令，打开【制单查询】窗口，勾选【发票制单】复选框，单击【确定】按钮。

（2）打开【制单】窗口，【凭证类别】更改为"转账凭证"，单击【合并】按钮，【选择标志】处出现"1"（相同数字合并制单，不同数字则分别制单），如图3.4.9所示。

图 3.4.9　发票合并制单

（3）单击工具栏中的【制单】按钮，生成商品采购凭证，单击"1405 库存商品"，按"Ctrl+S"组合键打开【辅助项】窗口，【项目名称】选择"鼎鑫PE98门"，单击【确定】按钮，保存凭证，如图3.4.10所示。

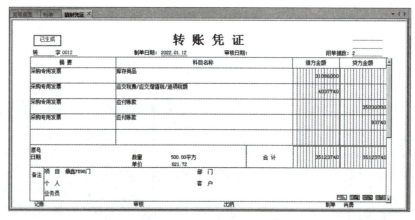

图 3.4.10　运费采购凭证

※※※※※※※※※※※※※※※※※※※※※※※※※※※※※※※※※※※

工作提示

◆ 增值税一般纳税人提供交通运输服务增值税税率为 9%。

◆ 当销售方代垫运费时，运费发票的表头项目【供应商】和【代垫单位】为不同的企业，填制运费发票时需注意。

◆ 企业同时采购多种商品所负担的运费，可按照重量或其他标准进行分摊，分别计入相应商品的采购成本。可以计算出单价后直接填列在【辅助项】窗口，也可以直接更改凭证上库存商品的借方金额，则系统将自动计算商品单价。

◆ 进行制单处理时，制单依据包括发票、应付单、收付款单、票据处理等多种类型，只有正确勾选制单依据，才能生成相应记账凭证。

※※※※※※※※※※※※※※※※※※※※※※※※※※※※※※※※※※※※※

【拓展延伸】
商品流通企业在采购商品过程中发生的运输费、装卸费、保险费以及其他可归属于存货采购成本的费用，应计入所购商品成本。也可以先进行归集，期末再根据所购商品的存销情况进行分摊，若进货费用金额较小，可以在发生时直接计入当期损益。

【探索思考】
合并制单与非合并制单哪个更好，为什么？合并制单时需要注意什么事项？

任务 4　预付款采购

【任务描述】1 月 15 日，山东绿都环保建材贸易有限公司采购部赵明从深圳精诚节能玻璃有限公司购入节能中空玻璃 1 000 平方米，不含税单价为 70.00 元，取得增值税专用发票（票号 06080521），增值税税率为 13%，价税合计 79 100.00 元，货物已验收入库，款项已于 2021 年 12 月 25 日预先支付 30 000.00 元，余款约定于 2022 年 2 月 15 日电汇支付。

【任务解析】本任务要求处理前期预付款项的采购业务。

【知识链接】预付账款是指企业按照购货合同的约定，预先以货币资金或货币等价物方式支付供应单位的款项。在软件环境下这笔款项先计入"预付账款"科目，后期收到采购发票后确认"应付账款"债务，通过软件的"预付冲应付"功能实现同一供应商债权债务的冲抵。

【业务流程】发票录入、审核、制单—预付冲应付

【工作指导】

1. 发票录入、审核、制单

（1）用户 202 登录【企业应用平台】，【操作日期】为"2022-01-15"。

（2）执行【应付款管理】→【应付单据处理】→【应付单据录入】命令，根据任务资料，填写采购专用发票，单击【保存】按钮，如图 3.4.11 所示。

预付款采购

图 3.4.11　采购专用发票

（3）单击工具栏中的【审核】按钮，系统提示"是否立即制单？"，单击【是】按钮，生成物资采购凭证。在【填制凭证】窗口，单击"1405 库存商品"，按"Ctrl+S"组合键打开【辅助项】窗口，【项目名称】选择"节能中空玻璃"，单击【确定】按钮，如图 3.4.12 所示。

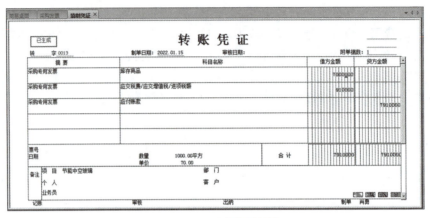

图 3.4.12　采购发票制单

2. 预付冲应付

（1）执行【应付款管理】→【转账】→【预付冲应付】命令，打开【预付冲应付】窗口。

（2）在【预付款】页签中，【供应商】选择"003 深圳精诚"，单击右侧的【过滤】按钮，显示期初本公司预付给深圳精诚节能玻璃有限公司的款项，在【转账金额】栏输入"30 000.00"，如图 3.4.13 所示。

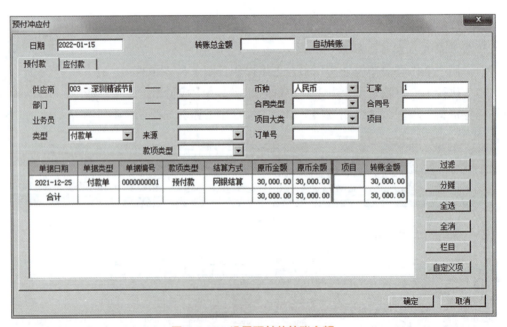

图 3.4.13　设置预付款转账金额

（3）单击【应付款】页签，单击【过滤】按钮，显示本公司对深圳精诚节能玻璃有限公司的所有应付账款，在【转账金额】栏输入"30 000.00"，如图，3.4.14 所示。

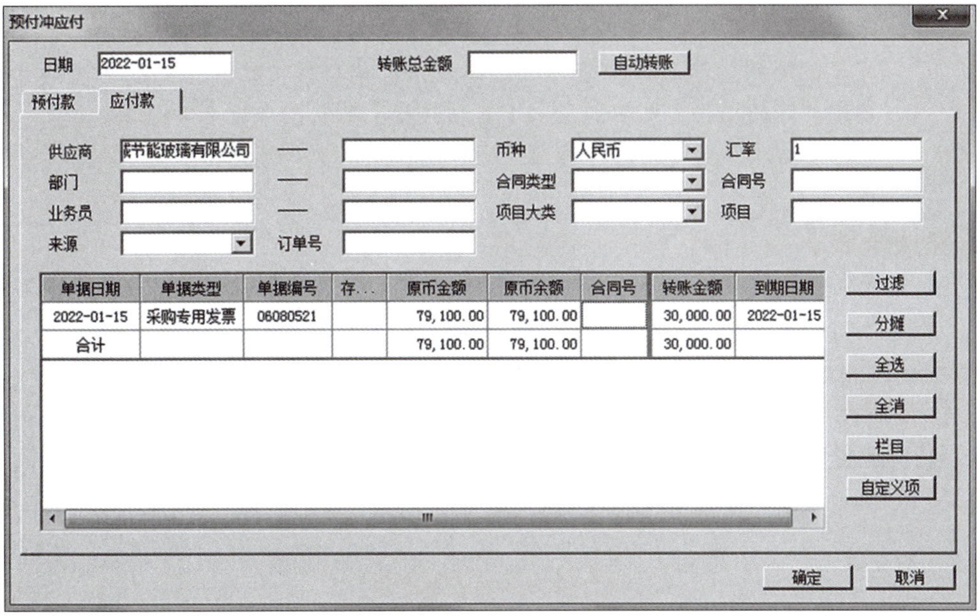

图 3.4.14　设置应付款转账金额

（4）单击【确定】按钮，系统提示"是否制单"，单击【是】按钮，打开【填制凭证】窗口，更改凭证类别，单击【保存】按钮，生成预付冲应付凭证，如图 3.4.15 所示。

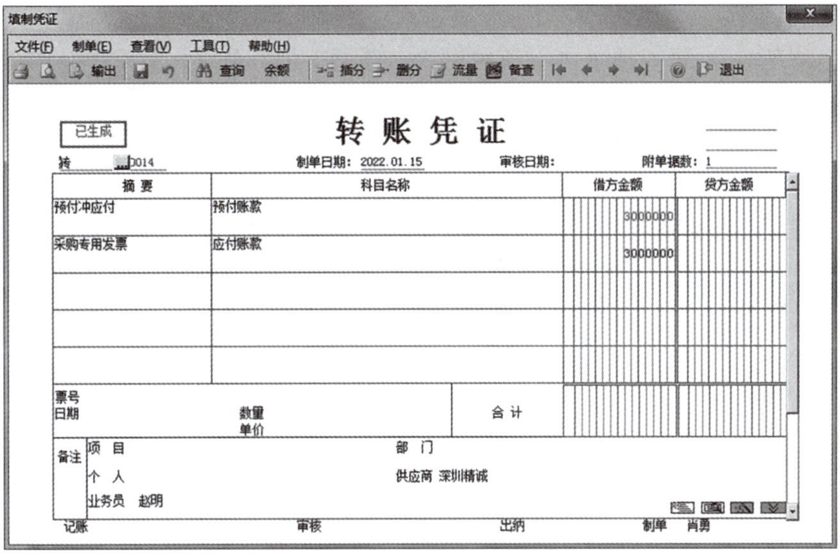

图 3.4.15　预付冲应付凭证

※※※※※※※※※※※※※※※※※※※※※※※※※※※※※※※※※※※

◆ 若某企业只有一笔预付款和一笔应付款，能够实现款项的一一对应关系，此时可以使用自动转账功能，在【预付款】页签中，【供应商】选择"003 深圳精诚"选项，在【转账总金额】框中输入"30 000"，然后单击【自动转账】按钮，则预付冲应付业务完成，但若预付款或应付款有多笔，系统无法自动确定冲账的单据，则不能使用【自动转账】功能，只能手工转账。

※※※※※※※※※※※※※※※※※※※※※※※※※※※※※※※※※※※

【拓展延伸】

在日常核算中，预付账款按实际付出的金额入账，会计准则规定预付业务不多的企业可以不设"预付账款"，直接使用"应付账款"核算，以方便对账。期末"应付账款"的贷方余额表明应付而未付的货款，而借方余额则表明预先支付的货款。

【探索思考】

预付冲应付凭证本身没有实质数据金额，那么预付冲应付是否有必要操作？该操作有何意义？

任务 5　付款核销

【任务描述】15 日根据合同约定，企业于 2021 年 12 月 7 日赊购北京爱家门窗有限公司的货款到期，采购人员根据企业的付款审批制度完成了审批流程，2022 年 1 月 15 日，出纳核对付款审批单内容无误后，通过网银支付北京爱家门窗有限公司货款 124 300.00 元，当日打印网银电子回单（票号 88040012）并交付会计处理（现金流量：04 购买商品、接受劳务支付的现金）。

【任务解析】本任务要求出纳核对付款申请书审批签章、付款金额、付款方式、付款日期等信息，核对无误后完成货款支付，并将相关原始凭证交付会计处理。

【知识链接】为了加强往来款项的管理，企业应建立付款与应付款的核销记录。付款单需要与采购发票、应付单进行核销勾对。用友 U8V10.1 软件提供手工核销和自动核销两种方式，手工核销由用户手工确定付款单及其对应的应付单据，可根据查询条件选择需要核销的单据，然后进行手工核销，灵活方便，是较为常用的核销方式。

【业务流程】付款单录入—付款单审核—付款单核销—制单

【工作指导】

1. 付款单录入

（1）用户 203 登录【企业应用平台】，【操作日期】为"2022-01-15"。

（2）执行【财务会计】→【应付款管理】→【付款单据处理】→【付款单据录入】命令，打开【收付款单录入】窗口，单击【增加】按钮，根据任务信息填写付款单，表头信息填写完毕后，单击表体第一行，表头信息自动填入表体，如图 3.4.16 所示，单击【保存】按钮，关闭【收付款单录入】窗口。

付款核销

图 3.4.16 付款单

2. 付款单审核

（1）更换用户 202 登录【企业应用平台】,【操作日期】为"2022-01-15"。

（2）执行【应付款管理】→【付款单据处理】→【付款单据审核】命令，打开【付款单查询条件】窗口，单击【确定】按钮，打开【收付款单列表】窗口，依次单击【全选】【审核】按钮，系统提示"本次审核成功单据［1］张"，单击【确定】按钮。

3. 单据核销

（1）执行【应付款管理】→【核销处理】→【手工核销】命令，打开【核销条件】窗口,【供应商】选择"北京爱家"，单击【确定】按钮，进入【单据核销】窗口。

（2）在"2021-12-07"的采购专用发票的【本次结算】栏中输入"124300"，如图 3.4.17 所示，单击【保存】按钮，核销完成后，核销的单据消失，关闭【单据核销】窗口。

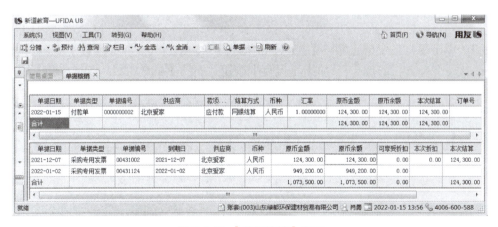

图 3.4.17 【单据核销】窗口

※※※※※※※※※※※※※※※※※※※※※※※※※※※※※※※※※※※※※※※

◆ 单据核销既可以使用手工核销，也可使用自动核销，当有多笔付款单或者应付单据时，系统不支持自动核销，只能进行手工核销。

工作提示
◆ 只有经过审核的应付单、发票、付款单才能显示于【单据核销】窗口。
◆【单据核销】窗口的上方栏目是付款单列表，下方栏目是应付款、发票列表，完成核销后，完全核销的单据消失，部分核销的单据显示剩余金额。
◆ 在不存在现金折扣的条件下，核销本身没有数据，核销能否单独生成凭证取决于选项的设置。【受控科目制单方式】只有选择"明细到单据"时，核销才能单独生成凭证，一般情况下核销与收付款单据合并制单。

※※※※※※※※※※※※※※※※※※※※※※※※※※※※※※※※※※※※※

4. 付款核销制单

（1）执行【应付款管理】→【制单处理】命令，打开【制单查询】窗口，勾选【收付款单制单】和【核销制单】复选框，单击【确定】按钮。

（2）打开【应付制单】窗口，更改凭证类别，单击【合并】按钮，【选择标志】栏中显示"1"，如图 3.4.18 所示。

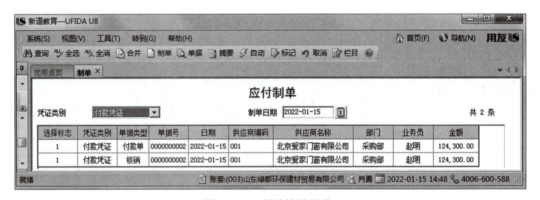

图 3.4.18　付款核销制单

（3）单击工具栏中的【制单】按钮，生成付款核销凭证，【现金流量】选择"04 购买商品、接受劳务支付的现金"，单击【保存】按钮，如图 3.4.19 所示。

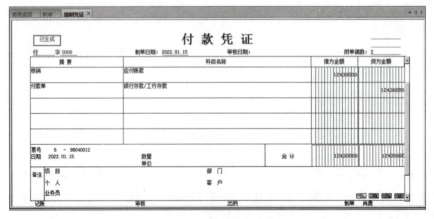

图 3.4.19　付款核销凭证

【拓展延伸】

近几年网银结算代替了传统支付方式成为企业最主要的结算方式之一，它打破了传统银行业务地域、时间的限制，更加灵活、高效。工作中网银密匙需由三人保管，录入员、审核员、主管三人负责保管对应U盾口令牌证书、账户和密码等内容，做到各司其职、相互牵制、岗位不兼容，确保网银支付的安全性和合法合规性。

【探索思考】

是否所有的收、付款业务都必须进行核销操作？如果根据合同约定预先付款或预先收款是否需要进行核销？在财务软件中进行单据核销有什么现实意义？

★★★古智启思★★★

孟子曰："居下位而不获于上，民不可得而治也。获于上有道，不信于友，弗获于上矣。信于友有道，事亲弗悦，弗信于友矣。悦亲有道，反身不诚，不悦于亲矣。诚身有道，不明乎善，不诚其身矣。是故诚者，天之道也；思诚者，人之道也。至诚而不动者，未之有也；不诚，未有能动者也。"诚是天赋予人的本性，追求诚，是做人的根本准则。企业也不例外，诚信经营是企业发展的根本。

任务6 现金折扣采购

【任务描述】

任务6.1：1月16日，山东绿都环保建材贸易有限公司采购部赵明与江苏万代建材有限公司签订商品购销合同，购入SP超薄保温板和SY外墙一体板各1 000平方米，不含税单价分别为50.00元和30.00元，企业取得增值税专用发票（票号09409247），增值税税率为13%，货物已验收入库，合同约定的现金折扣条件为"2/10，1/20，n/30"，折扣不考虑增值税。

任务6.2：1月24日，经管理部门审批，出纳通过网银支付了货款88 800.00元，出纳打印网银电子回单（票号88040163）并交付会计处理（现金流量：04购买商品、接受劳务支付的现金）。

【任务解析】

本任务要求在应付款管理系统中完成附带现金折扣条件的物资采购业务，以及享受现金折扣的款项支付业务。

【知识链接】

现金折扣销售又称为销售折扣，是销售方为鼓励购货方提前付款而给予的价格扣除。"2/10，1/20，n/30"的意思是：信用期为30天，如果在10天内付款，购买者可享受2%的折扣；如果在20天内付款，购买者可享受1%的折扣；否则，在30天内支付全部金额。若不享受现金折扣，用友U8V10.1软件核算下的付款流程是付款单录入、审核、核销、制单，核销无数据产生，但若存在现金折扣，付款流程与普通付款流程相同，但是核销将产生数据。

【业务流程】

发票录入、审核、制单—付款单录入—付款单审核—付款单核销—付款核销制单

【工作指导】

1. 现金折扣采购

（1）用户202登录【企业应用平台】，【操作日期】为"2022-01-16"。

现金折扣采购

（2）执行【应付款管理】→【应付单据处理】→【应付单据录入】命令，填写采购专用发票，选择付款条件，单击【保存】按钮，如图3.4.20所示。

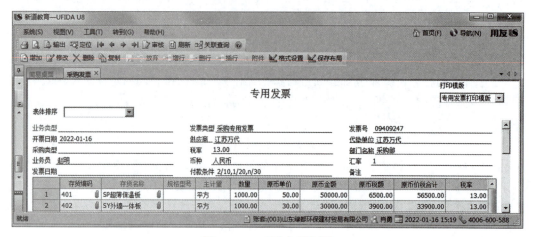

图3.4.20　采购专用发票

（3）单击工具栏中的【审核】按钮，系统提示"是否立即制单？"，单击【是】按钮，生成物资采购凭证，按"Ctrl+S"组合键，打开【辅助项】窗口进行辅助核算设置，保存后凭证如图3.4.21所示。

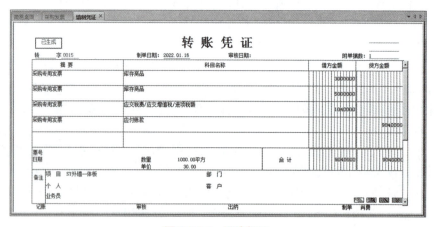

图3.4.21　采购凭证

2.现金折扣付款

第一步：录入付款单。

（1）更换用户203登录【企业应用平台】，【操作日期】为"2022-01-24"。

（2）执行【财务会计】→【应付款管理】→【付款单据处理】→【付款单据录入】命令，根据任务信息填写付款单并保存，如图3.4.22所示。

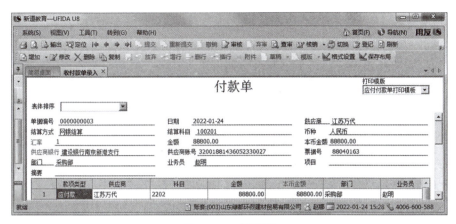

图 3.4.22 付款单

第二步：审核付款单。

（1）更换用户 202 登录【企业应用平台】，【操作日期】为"2022-01-24"。

（2）执行【财务会计】→【应付款管理】→【付款单据处理】→【付款单据审核】命令，完成对江苏万代建材有限公司付款单的审核。

第三步：核销单据。

（1）执行【应付款管理】→【核销处理】→【手工核销】命令，打开【核销条件】窗口，【供应商】选择"江苏万代"，单击【确定】按钮，进入【单据核销】窗口。

（2）在采购专用发票【本次结算】栏中输入"88800"，【本次折扣】栏中自动生成"1600"，如图 3.4.23 所示，单击【保存】按钮，关闭【单据核销】窗口。

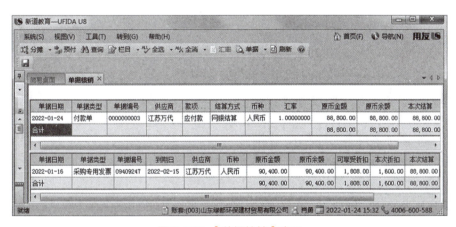

图 3.4.23 【单据核销】窗口

第四步：付款核销制单。

（1）执行【应付款管理】→【制单处理】命令，打开【制单查询】窗口，勾选【收付款单制单】和【核销制单】复选框，单击【确定】按钮。

（2）打开【应付制单】窗口，更改凭证类别，依次单击【合并】【制单】按钮，生成付款核销凭证，【现金流量】选择"04"，通过 Space 键将"财务费用"调整到借方，通过减号（"-"）或者等号（"="）键将金额调整为红字，单击【保存】按钮，如图 3.4.24 所示。

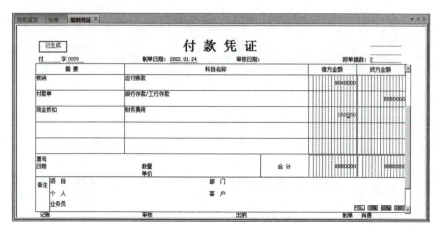

图 3.4.24 付款核销凭证

※※※※※※※※※※※※※※※※※※※※※※※※※※※※※※※※※※※※※

◆ 应付款管理系统中若勾选了"自动计算现金折扣"选项，对于存在现金折扣的业务，在进行单据核销的时候，系统会根据信用条件和付款时间自动计算可享受的折扣额，因软件在计算折扣额时将增值税考虑在内，而实际工作中一般只考虑价款的折扣，因此需要手工录入本次结算金额，倒挤出本次享受的折扣额。

◆ 购货企业因提前支付货款而享受了现金折扣，将折扣额计入"财务费用"科目，因该科目属于费用类科目，报表系统从借方取数，因此应将该科目调整为红字的借方。

◆ 利用键盘的 Space 键可以调整科目金额方向，红字的录入可以通过减号（"-"）键实现。

※※※※※※※※※※※※※※※※※※※※※※※※※※※※※※※※※※※※※

【拓展延伸】

区分商业折扣与现金折扣：商业折扣是指企业为促进商品销售而在价格上给予的扣除，一般以百分数表示，如10%、20%，会计处理上按扣除商业折扣后的金额入账，增值税也按扣除商业折扣后的实际售价乘以适用税率计算；对于现金折扣，我国采用总价法核算，因此在赊销环节可不加以考虑，当购货方提前付款而享受现金折扣时，销售方可将现金折扣理解成为提前融入资金而付出的代价，计入财务费用。

任务 7　汇票签发与付款

【任务描述】

任务 7.1：1 月 24 日，山东绿都环保建材贸易有限公司前期签发的票号为 10360678、金额为 43 505.00 的商业承兑汇票到期，持票人已发起线上清算提示付款，企业账户资金充足，经管理部门审批后通过网银（票号 82300124）办理票款解付（现金流量：04 购买商品、接受劳务支付的现金）。

任务 7.2：1 月 26 日，经采购员韩硕申请、主管部门审批，出纳签发一张票号为 11102141、到期日为 2022 年 4 月 26 日、金额为 362 730.00 元的无息电子银行承兑汇票，用以偿还月初欠浙江鼎鑫门窗有限公司的货款。

【任务解析】本任务要求在应付款管理系统完成票据的到期结算和签发业务。

【知识链接】企业在购买商品物资时，商业汇票是较为普遍的一种结算方式，商业汇票金额一般较大，出纳在签发商业汇票时务必谨慎。在软件环境下，商业汇票的录入、转出、结算、计息等均在应付款管理系统中完成。

【业务流程】票据签发：录入票据—付款单审核—票据核销—制单

【工作指导】

1. 票据结算

（1）用户202登录【企业应用平台】，【操作日期】为"2022-01-24"。

（2）在【业务工作】选项卡中，执行【财务会计】→【应付款管理】→【票据管理】命令，打开【查询条件选择】窗口，单击【确定】按钮。

（3）打开【票据管理】窗口，选择票号为10360678的商业承兑汇票，再单击工具栏中的【结算】按钮，打开【票据结算】窗口，在【结算金额】框中输入"43 505.00"，在【结算科目】框中输入"100201"，如图3.4.25所示。

票据结算

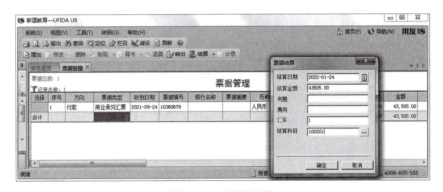

图 3.4.25 票据结算

（4）单击【确定】按钮，系统提示"是否立即制单"，单击【是】按钮，生成票据结算凭证，单击"银行存款/工行存款"，按"Ctrl+S"组合键打开【辅助项】窗口，补充结算方式，更改票号，【现金流量】选择"04"，保存凭证，如图3.4.26所示。

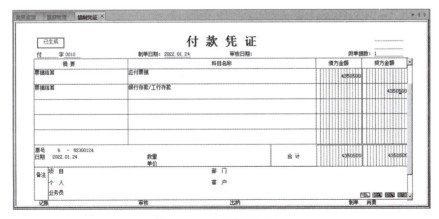

图 3.4.26 票据结算凭证

※※※※※※※※※※※※※※※※※※※※※※※※※※※※※※※

◆ 若汇票结算且生成凭证后发现有误，需退回重新结算，首先执行【单据查询】→【凭证查询】命令，删除凭证，其次执行【其他处理】→【取消操作】命令，【操作类型】选择"票据处理"，将操作取消。

◆ 若企业执行严格的内控制度，商业汇票的签发、付款结算、收票、收款结算等操作需要进行复核操作。出于操作便利考虑，可在票据结算时生成凭证。

※※※※※※※※※※※※※※※※※※※※※※※※※※※※※※※

2. 票据签发

第一步：商业汇票录入。

（1）用户 203 登录【企业应用平台】，【操作日期】为"2022-01-26"。

（2）在【业务工作】选项卡中，执行【财务会计】→【应付款管理】→【票据管理】命令，打开【查询条件选择】窗口，单击【确定】按钮。

（3）打开【票据管理】窗口，单击【增加】按钮，打开【应付票据】窗口，根据任务信息填写银行承兑汇票，单击【保存】按钮，如图 3.4.27 所示。

票据签发

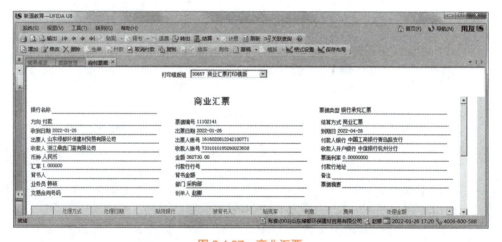

图 3.4.27　商业汇票

第二步：商业汇票审核。

（1）更换用户 202 登录【企业应用平台】，【操作日期】为"2022-01-26"。

（2）执行【应付款管理】→【付款单据处理】→【付款单据审核】命令，打开【付款单据查询条件】窗口，单击【确定】按钮，打开【收付款单列表】窗口，依次单击【全选】【审核】按钮，系统提示"本次审核成功单据 1 张"，审核完成后关闭【收付款单列表】窗口。

第三步：单据核销。

（1）执行【核销处理】→【手工核销】命令，打开【核销条件】窗口，【供应商】选择"浙江鼎鑫"，单击【确定】按钮，打开【单据核销】窗口。

（2）在"2021-11-04"的采购专用发票的【本次结算】栏中输入"362 730.00"，如图 3.4.28 所示，单击【保存】按钮，关闭【单据核销】窗口。

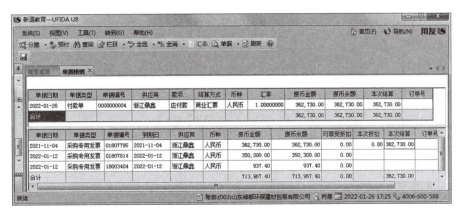

图 3.4.28 【单据核销】窗口

第四步：票据核销制单。

执行【应付款管理】→【制单处理】命令，勾选【收付款单制单】和【核销制单】复选框，合并生成付款核销凭证，如图 3.4.29 所示。

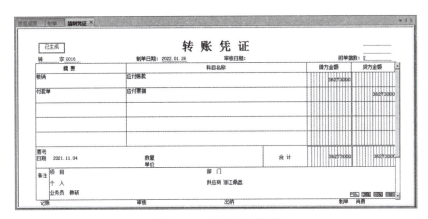

图 3.4.29 付款核销凭证

※※※※※※※※※※※※※※※※※※※※※※※※※※※※※※※※※※

◆ 应付款管理系统中一般会默认勾选【应付票据直接生成付款单】选项，当出纳签发商业汇票时，系统会自动生成一张付款单，如果没有勾选该选项，则只有在商业汇票表头的工具栏中单击【付款】按钮才能生成付款单，后续对商业汇票的审核就转为对付款单的审核。

◆ 因商业汇票生成付款单，后续的审核是通过对付款单的审核实现的，因此在制单处理时也是依据"收付款单制单"和"核销制单"进行处理。

※※※※※※※※※※※※※※※※※※※※※※※※※※※※※※※※※※

【拓展延伸】

商业汇票根据承兑人的不同可分为商业承兑汇票和银行承兑汇票，目前市面上使用的商业汇票纸质和电子版共存，纸质商业汇票的最长付款期限是 6 个月，电子版商业汇票的最长付款期限是1年，随着电子支付的普及，电子商业汇票将广泛应用。

【探索思考】

查找资料，了解电子商业汇票的签发、结算流程。

任务8 采购退货

【任务描述】1月28日，山东绿都环保建材贸易有限公司仓储部在查验货物时，发现本月2日从北京爱家门窗有限公司购入的VE30一体窗存在严重质量问题，经双方协商，将50平方米货物退回，该批货物采购时的不含税单价为1 200.00元，财务部收到北京爱家门窗有限公司开具的红字专用发票（票号00431146），该笔货款尚未结算。

【任务解析】本任务要求处理采购退货业务。

【知识链接】企业在实际工作中，购入的商品验收入库后，可能因为质量、规格等原因发生退货，在应付款管理系统中，退货业务是通过录入红字采购发票实现的，对于尚未结算的款项，同时存在红、蓝应付单据，可以执行红票对冲进行债权债务的冲抵。

【业务流程】红字采购发票录入—红票审核—红票制单—红票对冲

【工作指导】

1. 红字采购发票录入、审核、制单

（1）用户202登录【企业应用平台】，【操作日期】为"2022-01-28"。

（2）执行【应付款管理】→【应付单据处理】→【应付单据录入】命令，打开【单据类别】窗口，【单据名称】选择"采购发票"，【单据类型】选择"采购专用发票"，【方向】选择"负向"，单击【确定】按钮。

采购退货

（3）打开【采购发票】窗口，呈现一张红字专用发票，单击【增加】按钮，根据任务信息填写发票，单击【保存】按钮，如图3.4.30所示。

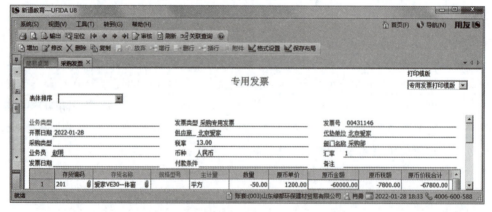

图3.4.30 红字专用发票

（4）单击工具栏中的【审核】按钮，系统提示"是否立即制单？"，单击【是】按钮，生成红字物资采购凭证，按"Ctrl+S"组合键打开【辅助项】窗口，【项目名称】补充为"爱家VE30一体窗"，保存凭证，如图3.4.31所示。

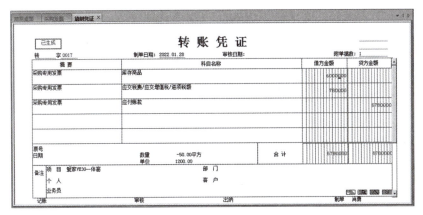

图 3.4.31 采购退货凭证

2. 红票对冲

（1）执行【应付款管理】→【转账】→【红票对冲】→【手工对冲】命令，打开【红票对冲条件】窗口，【供应商】选择"001 北京爱家"，单击【确定】按钮。

（2）打开【红票对冲】窗口，在蓝字采购发票的【对冲金额】栏中输入"67 800.00"，如图 3.4.32 所示。

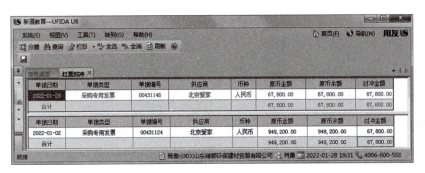

图 3.4.32 红票对冲

（3）单击【保存】按钮，系统提示"是否立即制单？"，单击【是】按钮，生成红票对冲凭证，如图 3.4.33 所示。

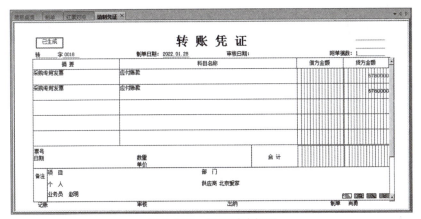

图 3.4.33 红票对冲凭证

※※※※※※※※※※※※※※※※※※※※※※※※※※※※※※※※

◆ 填制红字发票，单据的【方向】应选择为"负向"。
◆ 填写红字发票表体信息时，退货数量为负数，单价为正数。
◆ 应付款管理系统中的红票对冲可实现同一供应商的红、蓝发票，应付单，付款单之间的冲抵，若红、蓝发票之间存在一对一的关系，可使用自动对冲功能。

◆ 进行红票对冲生成凭证时，选项中受控科目制单方式的依据应为"明细到单据"，如果选择"明细到供应商"选项，则无法生成凭证。

※※※※※※※※※※※※※※※※※※※※※※※※※※※※※※※※

【拓展延伸】

在日常核算中，若完成了红票对冲后需要将操作退回，可按照以下流程操作。

（1）执行【单据查询】→【凭证查询】命令，找到需要删除的红票对冲凭证，单击功能键【删除】图标，将已经生成的红票对冲凭证删除。

（2）执行【其他处理】→【取消操作】命令，在【取消操作条件】窗口选择供应商和操作类型，如图3.4.34所示。

（3）在【取消操作】窗口，选中目标业务，单击【OK确认】按钮，取消红票对冲操作，如图3.4.35所示。核销业务、票据业务、转账业务等均可使用类似的取消操作流程。

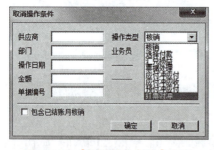

图3.4.34 【取消操作条件】窗口

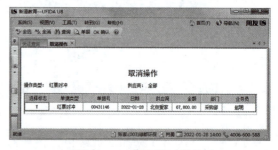

图3.4.35 执行取消操作

【探索思考】

若前期采购的货款已结算，此时发生退货，是否还需要进行红票对冲操作，为什么？销售方退回的退货款将如何处理？

任务9 应付账簿管理

【任务描述】月末查看所有供应商往来货款的余额信息，了解应付账款周转率。

【任务解析】本任务要求查看每个供应商应付款项的期初、本期增减、期末余额情况及资金周转率和周转天数。

【知识链接】应付账款周转率反映企业应付账款的流动程度以及本企业免费使用供货企业资金的能力。应付账款周转率=（主营业务成本净额/平均应付账款余额）×100%。

项目三 日常经济业务核算 183

【工作指导】

（1）用户 202 登录【企业应用平台】,【操作日期】为"2022-01-31"。

（2）执行【财务会计】→【应付款管理】→【账表管理】→【业务账表】→【业务余额表】命令，打开【应付余额表】窗口。

（3）单击工具栏中的【小计】按钮，可以显示或隐藏小计金额信息，如图 3.4.36 所示。

应付余额表

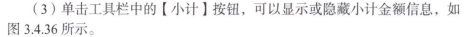

图 3.4.36 【应付余额表】窗口

【拓展延伸】

通过应付款管理系统还可以查询业务明细账、对账单等，此外若基础档案中设置了账龄区间、逾期账龄区间信息，还可以进行应付账龄分析、付款账龄分析。

★★★古智启思★★★

白圭是战国时期魏国大臣，有"商祖"之誉。司马迁在《史记·货殖列传》中记载："李克务尽地力，而白圭乐观时变，故人弃我取，人取我与。"白圭通过观察市场行情和年成丰歉的变化，寻找最合适的采购机会。加强采购管理，拥有可靠的供应渠道，对企业稳定货源、降低采购成本意义重大。思考财会人员可从哪些方面提供财务、业务数据，助力企业在激烈市场竞争中赢得优势。

子项目 3.5

销售收款业务

实际工作中的销售大多采用赊销方式，因此应收款管理系统是企业日常业务处理的重要组成部分。应收款管理系统的日常业务包括：应收单的处理、收款单的处理、票据管理、转账管理、坏账处理、制单处理等，及时处理企业发生的赊销及收款业务，有助于企业查询和分析应收款的账龄、可回收性等，有利于加强企业对往来款的管理和监督，提高工作效率。

任务1 赊销

【任务描述】1月4日，山东绿都环保建材贸易有限公司销售部郑意与日照兴盛房地产开发有限公司签订销售合同，销售鼎鑫PE98门300平方米、SP超薄保温板1 400平方米，无税单价分别为810.00元、85.00元，企业开具增值税专用发票（票号18553035），增值税税率为13%，货物已出库，合同约定款项于2022年3月4日结算。

【任务解析】本任务要求在应收款管理系统完成商品销售的业务处理。

【岗位说明】销售发票的开具、审核、制单工作可以由同一人完成，也可以由不同的人完成，因本企业财务部门人员较少，故销售发票的填制、审核、制单均由会计完成。收款单、商业汇票的填制由出纳完成，对应的票据审核、核销、制单工作由会计处理完成。

【知识链接】销售发票是应收款管理系统日常核算的重要单据，销售发票包括销售专用发票和销售普通发票。当应收款管理系统与销售管理系统集成使用时，销售发票在销售管理系统中录入，在应收款管理系统中进行审核和制单；若企业只启用了应收款管理系统，则销售发票的录入、审核、查询和制单均在该系统中完成。

【业务流程】销售发票录入—发票审核—发票制单

【工作指导】

（1）用户202登录【企业应用平台】，【操作日期】为"2022-01-04"。

（2）在【业务工作】选项卡中，执行【财务会计】→【应收款管理】→【应收单据处理】→【应收单据录入】命令，打开【单据类别】窗口。

（3）【单据名称】选择"销售发票"，【单据类型】选择"销售专用发票"，【方向】选择"正向"，单击【确定】按钮。

赊销

（4）打开【销售发票】窗口，单击工具栏中的【增加】按钮，根据任务资料填写发票表头和表体，单击【保存】按钮，如图3.5.1所示。

图3.5.1 销售专用发票

（5）单击工具栏中的【审核】按钮，系统提示"是否立即制单？"，单击【是】按钮，生成赊销凭证。

（6）单击"主营业务收入"，按"Ctrl+S"组合键打开【辅助项】窗口，将【数量】改为"300"，将【单价】改为"810"，【项目名称】选择"鼎鑫PE98门"，如图3.5.2所示。

（7）单击【确定】按钮，回到【填制凭证】窗口，单击工具栏中的【插分】按钮，输入会计科目编码"6001"，按Enter键，打开【辅助项】窗口，在【数量】框中输入"1400"，在【单价】框中输入"85"，【项目名称】选择"SP超薄保温板"，如图3.5.3所示，单击【确定】按钮。

图3.5.2　鼎鑫PE98门辅助项

图3.5.3　SP超薄保温板辅助项

（8）在【填制凭证】窗口，更改凭证类别，单击【保存】按钮，如图3.5.4所示。

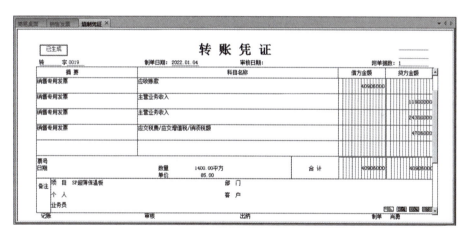

图3.5.4　赊销凭证

※※※※※※※※※※※※※※※※※※※※※※※※※※※※※※※※※※※※※※※

◆ 选择发票时应注意发票的类型，填写金额时应注意是含税单价还是无税单价，如果填写错误，在尚未经过审核、制单处理前，可直接修改，若已经进行了审核或制单等后续处理，需要先删除凭证，取消审核，方可进行发票的修改。

◆ 若发票的录入与审核分岗，填好应收单或发票后，通过【应收单据审核】功能进行审核。

◆ 审核发票时，双击打开发票，单击【审核】按钮，系统会提示"是否立即制单"，此时可以立即制单生成凭证，也可以单击【否】按钮，然后通过【制单处理】命令进行制单。

※※※※※※※※※※※※※※※※※※※※※※※※※※※※※※※※※※※※※※※

【拓展延伸】

若企业启用了供应链，企业的销售订单、销售发票、发货单在销售管理系统中录入或生成，销售发票自动传递到应收款管理系统，在该系统中完成审核和制单处理，生成收入确认凭证。

【探索思考】

研究总账系统参数，探索在处理赊销业务时能否直接在总账系统中填制凭证。思考在应收款管理系统中完成发票的录入、审核、制单有何意义。

任务 2　代垫费用销售

【任务描述】1月9日，山东绿都环保建材贸易有限公司销售部许诺与河北蓝海房地产开发有限公司签订销售合同，销售爱家VE30一体窗500平方米，无税单价为1 720.00元，企业开具增值税专用发票（票号18553036），增值税税率为13%，货物已出库，该批货物由山东众泰物流有限公司承运，企业通过网银（票号88463257）为购货方代垫运费3 706.00元，货款和代垫款均暂欠（现金流量：07 支付与其他经营活动有关的现金）。

【任务解析】本任务要求在应收款管理系统中完成赊销和代垫运费业务。

【知识链接】企业在商品销售过程中给购货方代垫的运费、装卸费、包装费等款项计入应收账款的入账价值，用友U8V10.1软件中的代垫费用通过应收单来处理，应收单的处理流程与发票相同，填制好单据后，进行审核、制单即可。

【业务流程】销售发票录入—应收单录入—票据审核—票据制单

【工作指导】

1. 销售发票录入

（1）用户202登录【企业应用平台】，【操作日期】为"2022-01-09"。

（2）在【业务工作】选项卡中，执行【财务会计】→【应收款管理】→【应收单据处理】→【应收单据录入】命令，根据任务信息录入一张销售专用发票并保存，如图3.5.5所示，关闭【销售发票】窗口。

代垫费用销售

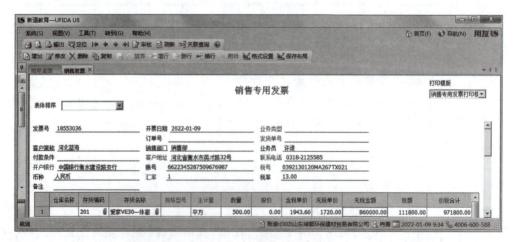

图3.5.5　销售专用发票

2. 应收单录入

（1）执行【应收款管理】→【应收单据处理】→【应收单据录入】命令，打开【单据类别】窗口，【单据名称】选择"应收单"，【方向】选择"正向"，单击【确定】按钮。

（2）打开【应收单】窗口，单击【增加】按钮，根据任务资料填写应收单的表头，单击表体第一行，表头信息自动填入表体，单击【保存】按钮，如图3.5.6所示，关闭【应收单】窗口。

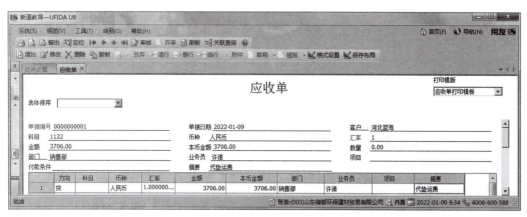

图3.5.6 【应收单】窗口

3. 票据审核

（1）执行【应收款管理】→【应收单据处理】→【应收单据审核】命令，打开【应收单查询条件】窗口，单击【确定】按钮。

（2）打开【单据处理】窗口，依次单击工具栏中的【全选】【审核】按钮，系统提示"本次审核成功单据[2]张"，单击【确定】按钮。

4. 票据制单

（1）执行【应收款管理】→【制单处理】命令，打开【制单查询】窗口，勾选【发票制单】和【应收单制单】复选框，单击【确定】按钮，打开【制单】窗口，更改凭证类别，单击工具栏中的【合并】按钮，如图3.5.7所示。

图3.5.7 应收制单

（2）单击工具栏中的【制单】按钮，打开【填制凭证】窗口，单击"主营业务收入"，按"Ctrl+S"组合键打开【辅助项】窗口,【项目名称】选择"爱家 VE30 一体窗",如图 3.5.8 所示,单击【确定】按钮。

(3)回到【填制凭证】窗口,补充代垫运费的会计科目"100201",按 Enter 键打开【辅助项】窗口,选择结算方式和票号,如图 3.5.9 所示,单击【确定】按钮。

图 3.5.8　主营业务收入辅助项　　　　　图 3.5.9　银行存款辅助项

(4)在【填制凭证】窗口,单击【流量】按钮,【现金流量】选择"07 支付与其他经营活动有关的现金",单击【确定】按钮,保存凭证,如图 3.5.10 所示。

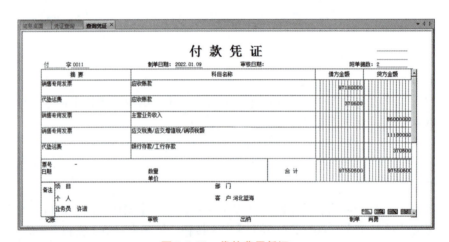

图 3.5.10　代垫费用凭证

※※※※※※※※※※※※※※※※※※※※※※※※※※※※※※※※※※※※※※※

◆ 对于销售代垫业务既可以合并制单,也可以分别根据两张审核无误的单据进行制单。分别制单时,打开【应收制单】窗口后,单击【全选】按钮,【选择标志】栏中分别为"1""2",再单击【制单】按钮,系统则分别根据销售发票和其他应收单生成两张凭证。

※※※※※※※※※※※※※※※※※※※※※※※※※※※※※※※※※※※※※※※

【拓展延伸】

应收单用于记录销售业务之外所发生的各种其他应收款项,其实质可理解为一张凭证,应收单表头中的信息相当于凭证中的一条分录的信息,表头科目必须是应收系统的受控科目,科目的方向即单据的方向。应收单表体中的一条记录也相当于凭证中的一条分录,信息可以不输入，在不输入信息的情况下单击【保存】按钮系统会自动形成一条方向相反、金额相等的记录，用户可以修改。

任务3　收款核销

【任务描述】10日企业收到山东锦绣建设集团有限公司上年末购货的部分货款，合计101 734.00元，当日出纳打印网银电子回单（票号88040985）并交付会计处理（现金流量：01 销售商品、提供劳务收到的现金）。

【任务解析】本任务要求处理收款业务，并进行核销处理。

【知识链接】为了建立收款与应收款的核销记录，监督应收款及时核销，加强往来款项的管理，应收款性质的收款单需要与发票、应收单进行核销勾对。本系统收款核销原理及流程同应付款管理系统付款核销相同。

【业务流程】收款单录入—收款单审核—收款单核销—制单

【工作指导】

1. 收款单录入

（1）用户203登录【企业应用平台】，【操作日期】为"2022-01-10"。

（2）在【业务工作】选项卡中，执行【财务会计】→【应收款管理】→【收款单据处理】→【收款单据录入】命令，打开【收付款单录入】窗口，单击【增加】按钮，根据任务资料填写收款单表头信息，单击【保存】按钮，表头信息自动填入表体，如图3.5.11所示，关闭【收付款单录入】窗口。

收款核销

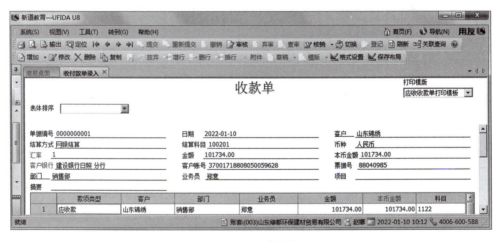

图3.5.11　收款单

2. 收款单审核

（1）更换用户202登录【企业应用平台】，【操作日期】为"2022-01-10"。

（2）执行【应收款管理】→【收款单据处理】→【收款单据审核】命令，打开【收款单查询条件】窗口，单击【确定】按钮，打开【收付款单列表】窗口，依次单击【全选】【审核】按钮，系统提示"本次审核成功单据［1］张"，单击【确定】按钮。

3. 单据核销

（1）执行【应收款管理】→【核销处理】→【手工核销】命令，打开【核销条件】窗口，【客户】选择"山东锦绣"，单击【确定】按钮，打开【单据核销】窗口。

（2）在下方销售专用发票的【本次结算金额】栏中输入"101734"，如图 3.5.12 所示。

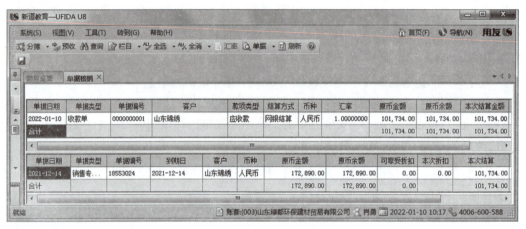

图 3.5.12　单据核销

（3）单击【保存】按钮，核销完成后，销售发票的【原币余额】栏中显示"71 156.00"，为尚未收回的货款，如图 3.5.13 所示，关闭【单据核销】窗口。

图 3.5.13　单据核销完毕

4. 收款核销制单

（1）执行【应收款管理】→【制单处理】命令，打开【制单查询】窗口，勾选【收付款单制单】和【核销制单】复选框，单击【确定】按钮。

（2）打开【应收制单】窗口，依次单击【合并】【制单】按钮，打开【填制凭证】窗口。

（3）单击【流量】按钮，【现金流量】选择"01 销售商品、提供劳务收到的现金"，保存凭证，如图 3.5.14 所示。

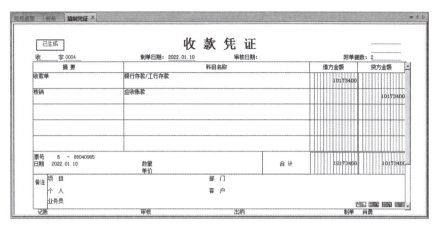

图 3.5.14 收款核销凭证

【拓展延伸】

收付款业务都需要进行核销处理，收款核销是指收到客户归还的货款后，将收款单与赊销形成的应收单进行金额的冲销，表明该笔往来款项已经全部或者部分结清，有助于财务人员更加精准有效地管理赊销款，及时回笼资金。

任务 4　预收款销售

【任务描述】1 月 11 日，山东绿都环保建材贸易有限公司向青岛华盛建筑装饰有限公司销售爱家 TY30 净化门 100 平方米，无税单价为 2 250.00 元，因市场净化门供货紧缺，根据合同约定，当日青岛华盛建筑装饰有限公司以网银（票号 82541002）预先支付货款 40 000.00 元，17 日山东绿都环保建材贸易有限公司发货并开具增值税专用发票（票号18553037），合同约定余款于 2 月 11 日结清（现金流量：01 销售商品、提供劳务收到的现金）。

【任务解析】本任务要求处理预收货款方式的销售业务。

【知识链接】根据《企业会计准则第 14 号——收入》第四十一条的规定，企业根据合同约定预先收到的购货款通过"合同负债"核算。在用友 U8V10.1 软件中通过转账功能下的预收冲应收实现同一客户合同负债与应收账款的冲抵，进而加强对客户货款的有效管理。

【业务流程】预收款单录入—预收款单审核制单—销售发票填制、审核、制单—预收冲应收。

【工作指导】

1. 预收款单录入

（1）用户 203 登录【企业应用平台】，【操作日期】为"2022-01-11"。

（2）执行【财务会计】→【应收款管理】→【收款单据处理】→【收款单据录入】命令，根据任务信息录入收款单的表头，单击表体第一行，信息自动填入，将【款项类型】改为"预收款"，单击【保存】按钮，如图 3.5.15 所示。

预收款销售

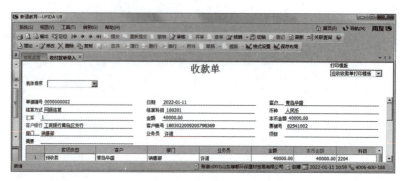

图 3.5.15　预收款单

2. 预收款单审核制单

（1）更换用户 202 登录【企业应用平台】,【操作日期】为"2022-01-11"。

（2）执行【财务会计】→【应收款管理】→【收款单据处理】→【收款单据审核】命令，在【收付款单列表】窗口双击打开青岛华盛建筑装饰有限公司的预收款单，单击工具栏中的【审核】按钮，系统提示"是否立即制单？"，如图 3.5.16 所示。

图 3.5.16　审核预收款单

（3）单击【是】按钮，生成预收款凭证，单击【流量】按钮,【现金流量】选择"01 销售商品、提供劳务收到的现金"，保存凭证，如图 3.5.17 所示。

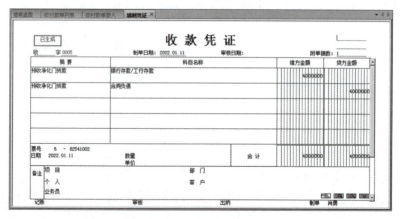

图 3.5.17　预收款凭证

3. 销售发票填制、审核、制单

（1）更换用户 202 登录【企业应用平台】，【操作日期】为"2022-01-17"。

（2）执行【财务会计】→【应收款管理】→【应收单据处理】→【应收单据录入】命令，根据任务要求录入一张增值税专用发票并保存，如图 3.5.18 所示。

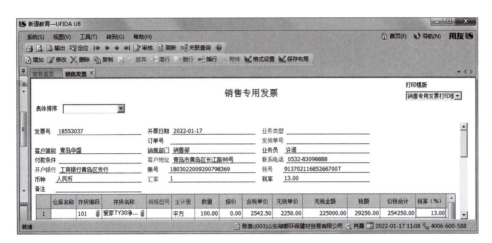

图 3.5.18　销售专用发票

（3）单击工具栏中的【审核】按钮，系统提示"是否立即制单？"，单击【是】按钮，生成赊销凭证。

（4）单击"主营业务收入"，按"Ctrl+S"组合键打开【辅助项】窗口，【项目名称】选择"爱家TY30净化门"，保存凭证，如图 3.5.19 所示。

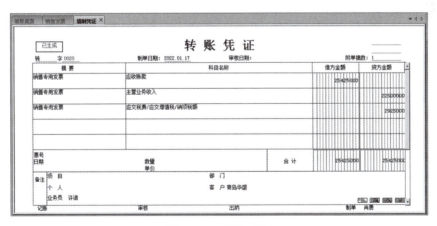

图 3.5.19　销售凭证

4. 预收冲应收

（1）执行【应收款管理】→【转账】→【预收冲应收】命令，打开【预收冲应收】窗口。

（2）在【预收款】页签中，【客户】选择"004 青岛华盛"，单击【过滤】按钮，显示本企业预收青岛华盛建筑装饰有限公司的款项，在【转账金额】栏中输入"40 000.00"，如图 3.5.20 所示。

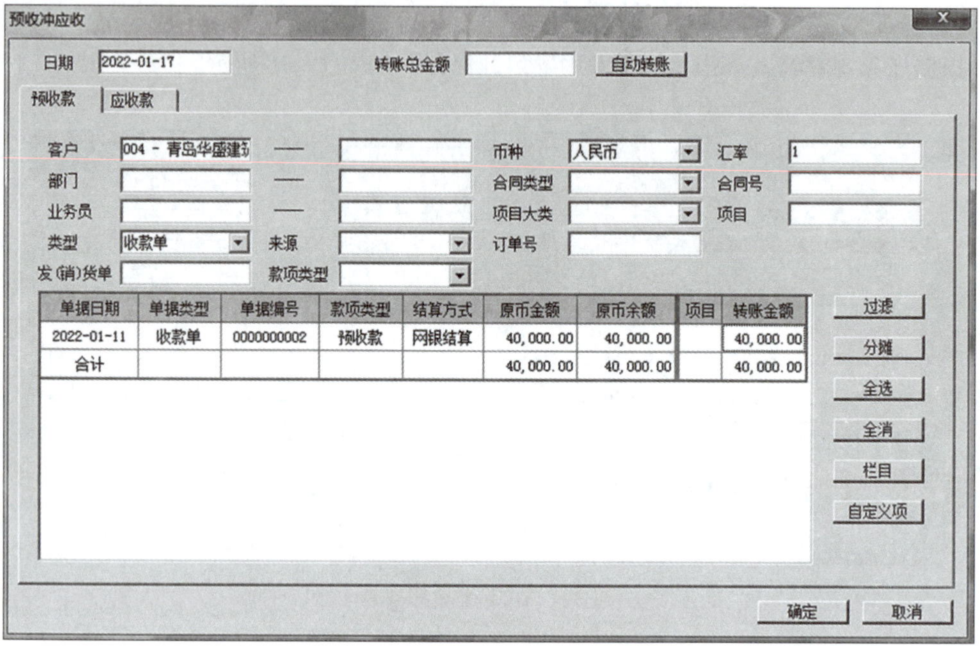

图 3.5.20　设置预收款转账金额

（3）单击【应收款】页签，单击【过滤】按钮，显示本企业对青岛华盛建筑装饰有限公司的所有应收账款，在【转账金额】栏中输入"40 000.00"，如图 3.5.21 所示。

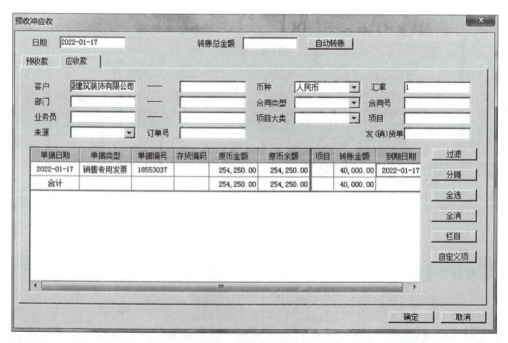

图 3.5.21　设置应收款转账金额

（4）单击【确定】按钮，系统提示"是否立即制单？"，单击【是】按钮，生成预收冲应收凭证，更改凭证类别，单击【保存】按钮，如图 3.5.22 所示。

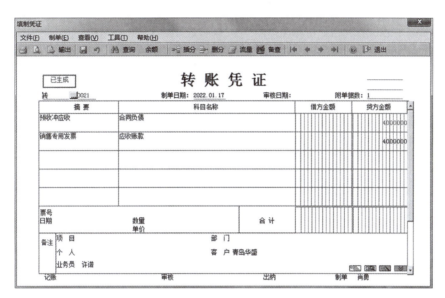

图 3.5.22　预收冲应收凭证

【拓展延伸】

预收冲应收是转账功能的一种，应收款管理系统中的转账还包括应收冲应收、应收冲应付、红票对冲，这些功能可实现往来款项间的冲抵。

【探索思考】

对比收款核销和预收冲应收业务，思考转账功能与核销功能间的关系。

任务 5　汇票收取与贴现

【任务描述】

任务 5.1：1 月 20 日，经双方协商，河北蓝海房地产开发有限公司签发金额为 975 506.00 元的银行承兑汇票（票号 10361328），偿还本月所欠货款和代垫款，票据到期日为 2022 年 4 月 20 日。

任务 5.2：1 月 23 日，经管理部门审批，将票号为 10360397 的银行承兑汇票交付开户行办理贴现业务，开户银行将扣除贴现利息后的余款打入企业账户（结算方式：其他，票号：81233082），贴现率为 5.5%（现金流量：01 销售商品、提供劳务收到的现金）。

【任务解析】本任务要求在应收款管理系统中处理商业汇票的取得和贴现业务。

【知识链接】应收款管理系统与应付款管理系统的票据管理功能接近，分别从收到票据方立场和签发票据方立场进行业务处理，区别于应付票据，应收票据到期前可以向银行贴现，以获取货币资金。

【业务流程】收取票据：商业汇票录入—票据审核—票据核销—票据制单

【工作指导】

1. 收到票据

第一步：商业汇票录入。

（1）用户203登录【企业应用平台】，【操作日期】为"2022-01-20"。

（2）在【业务工作】选项卡中，执行【财务会计】→【应收款管理】→【票据管理】命令，打开【查询条件选择】窗口，单击【确定】按钮。

收到票据

（3）打开【票据管理】窗口，单击工具栏中的【增加】按钮，打开【应收票据】窗口，根据任务信息填写银行承兑汇票，单击【保存】按钮，如图3.5.23所示。

图3.5.23 银行承兑汇票

第二步：商业汇票审核。

（1）更换用户202登录【企业应用平台】，【操作日期】为"2022-01-20"。

（2）执行【应收款管理】→【收款单据处理】→【收款单据审核】命令，打开【收款单查询条件】窗口，单击【确定】按钮，打开【收付款单列表】窗口，依次单击【全选】【审核】按钮，系统提示"本次审核成功单据［1］张"，关闭【收付款单列表】窗口。

第三步：单据核销。

（1）执行【核销处理】→【手工核销】命令，打开【核销条件】窗口，【客户】选择"003 河北蓝海"，单击【确定】按钮，打开【单据核销】窗口。

（2）在其他应收单和销售专用发票的【本次结算】栏中分别输入"3 706.00"和"971 800.00"，如图3.5.24所示，单击【保存】按钮，核销完成，关闭【单据核销】窗口。

第四步：票据核销制单。

执行【应收款管理】→【制单处理】命令，打开【制单查询】窗口，勾选【收付款单制单】和【核销制单】复选框，合并生成收到票据凭证，如图3.5.25所示。

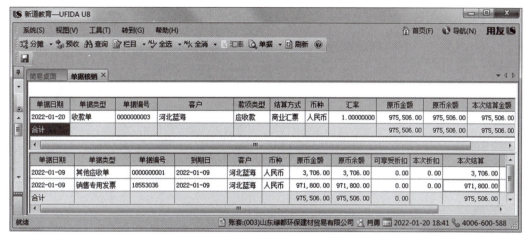

图 3.5.24　单据核销

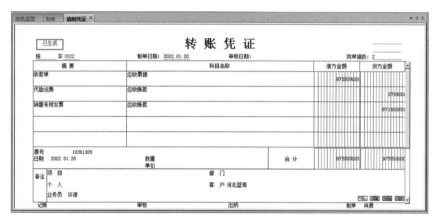

图 3.5.25　收到票据凭证

2. 票据贴现

（1）用户 202 登录【企业应用平台】,【操作日期】为"2022-01-23"。

（2）在【业务工作】选项卡中，执行【财务会计】→【应收款管理】→【票据管理】命令，打开【查询条件选择】窗口，单击【确定】按钮。

票据贴现

（3）打开【票据管理】窗口，选择票号"10360397"的银行承兑汇票，再单击工具栏中的【贴现】按钮，打开【票据贴现】窗口，录入贴现率和结算科目，如图 3.5.26 所示。

（4）单击【确定】按钮，系统提示"是否立即制单？"，单击【是】按钮，生成票据结算凭证，打开【填制凭证】窗口。

（5）补充会计科目"6603"，更改"银行存款/工行存款"的辅助项结算信息,【结算方式】为"其他",【票号】为"81233082",【现金流量】选择"01 销售商品、提供劳务收到的现金"，保存凭证，如图 3.5.27 所示。

图 3.5.26 票据贴现

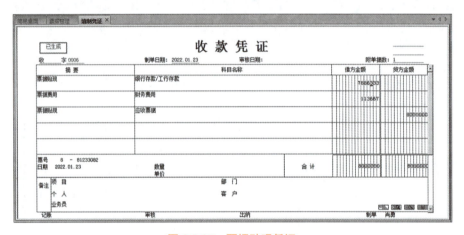

图 3.5.27 票据贴现凭证

【拓展延伸】

商业汇票是企业重要的有价证券,在日常工作中,出纳应妥善保管商业汇票。当商业汇票未到期而企业急需资金时,可以将商业汇票背书转让或者进行贴现。

【探索思考】

研究应收款管理系统的选项设置,思考为什么审核商业汇票时,审核的是收款单。

任务 6　销售折让

【任务描述】

任务 6.1:企业上月销售给日照兴盛房地产开发有限公司的鼎鑫 PE98 门中有 20 平方米存在质量瑕疵,经协商企业同意给对方 10% 的价格折让,1 月 23 日,企业开具了红字专用发票(票号 18553038),价税合计金额为 1 808.00 元。

任务 6.2:当日出纳通过网银(票号 88002967)将款项打给日照兴盛房地产开发有限公司(现金流量:01 销售商品、提供劳务收到的现金)。

【任务解析】本任务要求处理销售折让并退回货款。

【知识链接】销售折让是指企业因售出商品质量不符合要求等原因而在售价上给予的减让。销售折让仅是对价格打折，不涉及退货，因此根据红字发票需要冲减收入，但无须冲减成本，涉及销售退款的，需要在应收款管理系统中填制红字收款单。

【业务流程】
单据格式设置—红字发票录入—红字发票审核—红票制单
红字收款单录入—红字收款单审核—核销—制单

【工作指导】
1. 销售折让
第一步：单据格式设置。

（1）用户201登录【企业应用平台】，【操作日期】为"2022-01-23"。

（2）在【基础设置】选项卡中，执行【单据设置】→【单据格式设置】命令，展开"销售管理"下的"销售专用发票显示模板"。

（3）单击工具栏中的【表体项目】按钮，打开【表体】窗口，通过定位功能找到"40退补标志"选项进行勾选，如图3.5.28所示，保存模板后退出。

销售折让

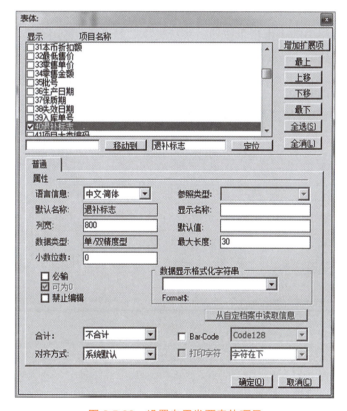

图3.5.28 设置专用发票表体项目

第二步：红字发票录入、审核、制单。

（1）用户202登录【企业应用平台】，【操作日期】为"2022-01-23"。

（2）执行【应收款管理】→【应收单据处理】→【应收单据录入】命令，打开【单据类别】窗口,【单据类型】选择"销售专用发票",【方向】选择"负向",单击【确定】按钮。

(3)打开【销售发票】窗口,单击【增加】按钮,根据任务信息填写发票,金额录入负数,表体选择"退补标志",单击【保存】按钮,如图3.5.29所示。

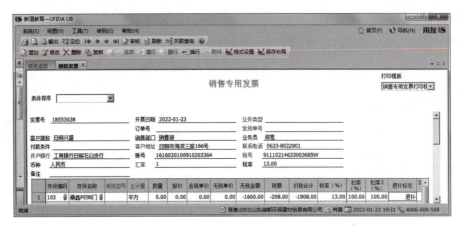

图 3.5.29　红字销售发票

(4)单击工具栏中的【审核】按钮,系统提示"是否立即制单?",单击【是】按钮,生成红字冲减收入凭证,单击"主营业务收入",按"Ctrl+S"组合键打开【辅助项】窗口,【项目名称】选择"鼎鑫 PE98 门",保存凭证,如图3.5.30所示。

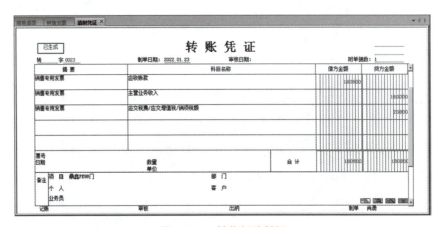

图 3.5.30　销售折让凭证

2. 销售退款

第一步:红字收款单录入。

(1)更换用户 203 登录【企业应用平台】,【操作日期】为"2022-01-23"。

(2)在【业务工作】选项卡中,执行【应收款管理】→【收款单据处理】→【收款单据录入】命令,打开【收付款单录入】窗口,单击工具栏中的【切换】按钮,单据变成红字收款单,即付款单。

销售退回

（3）单击【增加】按钮，根据任务信息填写红字收款单并保存，如图3.5.31所示。

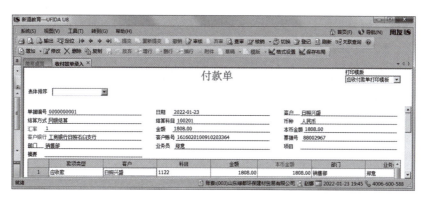

图3.5.31　红字收款单（付款单）

第二步：红字收款单审核。

（1）更换用户202登录【企业应用平台】，【操作日期】为"2022-01-23"。

（2）执行【应收款管理】→【收款单据处理】→【收款单据审核】命令，对红字收款单进行审核，审核完毕后关闭窗口。

第三步：单据核销。

（1）执行【应收款管理】→【核销处理】→【手工核销】命令，打开【核销条件】窗口，在【通用】页签下，【客户】选择"002日照兴盛"，如图3.5.32所示。单击【收付款单】页签，【单据类型】选择"付款单"，如图3.5.33所示，单击【确定】按钮。

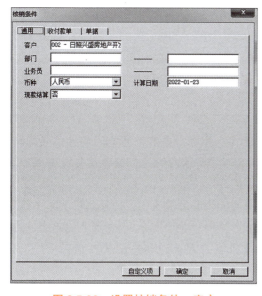

图3.5.32　设置核销条件－客户

图3.5.33　设置核销条件－单据类型

（2）打开【单据核销】窗口，录入销售专用发票的"本次结算"金额，如图3.5.34所示，单击【保存】按钮，核销完成后关闭【单据核销】窗口。

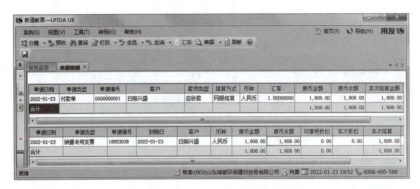

图 3.5.34 【单据核销】窗口

第四步：核销制单。

执行【应收款管理】→【制单处理】命令，打开【制单查询】窗口，勾选【收付款单制单】和【核销制单】复选框，合并制单生成销售退款凭证，【现金流量】选择"01 销售商品、提供劳务收到的现金"，保存凭证，如图 3.5.35 所示。

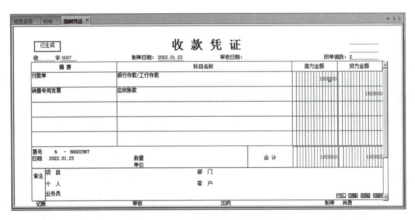

图 3.5.35 红字收款核销凭证

◆ 当企业发生销售折让或销售退货业务时，若前期开具的发票已经认证，无法作废，只能开具红字发票冲抵收入。需要注意的是，销售退货既需要冲减收入，又需要冲减成本，而销售折让仅是对价款打折，只冲减收入，不冲减成本。

◆ 一般发票必须填写数量，但销售折让因无须退货，因此红字发票不能填写数量，此时需调整发票模板，增加表体项目"退补标志"，发票才能正常保存。

◆ 销售退货和销售折让业务本质上还是销售业务，因此，销售退款应该在应收款管理系统中填制红字收款单，而不能在应付款管理系统中直接填制付款单。

【拓展延伸】

一般纳税人销售货物或者应税劳务，开具增值税专用发票后，发生销售货物退回或者折让、开票有误等情形时，应按国家税务总局的规定作废发票或开具红字发票。当同时满足以下情形时可以作废发票并重新开具：一是收到退回的发票联、抵扣联时间未超过销售方开票当月；二是销售方未抄税并且未记账；三是购买方未认证或者认证结果为"纳税人识别号认证不符""专用发票代码、号码认证不符"。

任务 7　应收冲应收

【任务描述】1 月 24 日，经三方协议，将本企业对日照兴盛房地产开发有限公司的 100 000.00 元应收账款转给山东锦绣建设集团有限公司，企业将于 2022 年 3 月 1 日就这笔货款对山东锦绣建设集团有限公司行使收款权。

【任务解析】该任务要求处理三方债权债务的结转，本企业对日照兴盛房地产开发有限公司的债权转为对山东锦绣建设集团有限公司的债权。

【知识链接】企业债权的结转使用【应收冲应收】功能实现，应收冲应收是指将一个客户、一个部门或者业务员的应收款项转给另一个客户、部门或者业务员，实现应收账款在客户、部门、业务员之间的调整。

【工作指导】

（1）用户 202 登录【企业应用平台】，【操作日期】为"2022-01-24"。

（2）执行【应收款管理】→【转账】→【应收冲应收】命令，打开【应收冲应收】窗口，【客户】选择"002 日照兴盛"，【转入客户】选择"001 山东锦绣"。

（3）单击【查询】按钮，系统显示对日照兴盛房地产开发有限公司的所有应收款，在【并账金额】栏中输入"100 000.00"，如图 3.5.36 所示。

应收冲应收

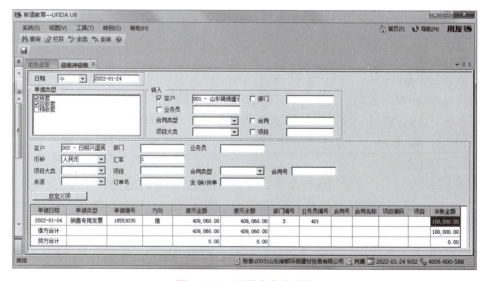

图 3.5.36　设置应收冲应收

（4）单击【保存】按钮，系统提示"是否立即制单？"，单击【是】按钮，生成应收冲应收凭证，如图 3.5.37 所示。

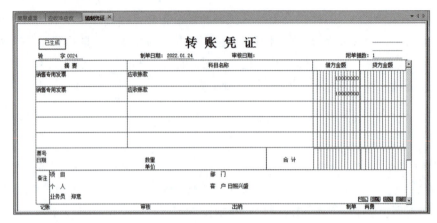

图 3.5.37　应收冲应收凭证

※※※※※※※※※※※※※※※※※※※※※※※※※※※※※※※※※※※

◆ 应收冲应收可实现债权在客户间、部门间、业务员间的转换。企业的债权总额没有发生变化，但是债务人发生了变更。

◆ 如果在执行完应收冲应收业务后，没有立即制单，后期可以在【制单处理】页签中勾选【应收冲应收制单】复选框，完成该业务凭证的生成。

※※※※※※※※※※※※※※※※※※※※※※※※※※※※※※※※※※※

【探索思考】

在系统中完成应收冲应收业务后，发现操作有误，应如何处理？

任务 8　坏账业务

【任务描述】

任务 8.1：1 月 24 日，因客户江苏绿城房地产开发有限公司发生财务危机，前欠本企业的购货款 92 660.00 元预计无法收回，经管理部门审批后将其作为坏账处理。

任务 8.2：1 月 30 日，江苏绿城房地产开发有限公司财务危机解除，财务部收到了其通过网银（票号 80214658）支付的前欠货款 92 660.00 元（现金流量：01 销售商品、提供劳务收到的现金）。

任务 8.3：1 月 31 日，使用应收余额百分比法计提本月的坏账准备。

【任务解析】企业采用备抵法核算坏账，本任务是有关坏账的处理，包括坏账的发生、已经确认坏账的收回以及期末计提坏账 3 项子任务。

【知识链接】坏账是指企业无法收回或者收回的可能性很低的应收账款，发生坏账给企业带来的损失，称为坏账损失。在实际工作中客户经营不善、恶意拖欠，或产品质量问题而拒付货款等原因，可能导致应收款无法收回。企业财务人员在期末应分析应收账款回收的可能性，并预计可能发生的坏账损失，对其计提坏账准备。

【工作指导】

1. 坏账发生

（1）用户 202 登录【企业应用平台】,【操作日期】为"2022-01-24"。

（2）执行【应收款管理】→【坏账处理】→【坏账发生】命令,打开【坏账发生】窗口,【客户】选择"005 江苏绿城",单击【确定】按钮。

（3）打开【坏账发生单据明细】列表,在【本次发生坏账金额】栏中输入"92 660.00",如图 3.5.38 所示。

坏账发生

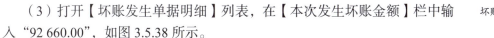

图 3.5.38　发生坏账损失

（4）单击【OK 确认】按钮,系统提示"是否立即制单?",单击【是】按钮,生成坏账发生凭证,如图 3.5.39 所示。

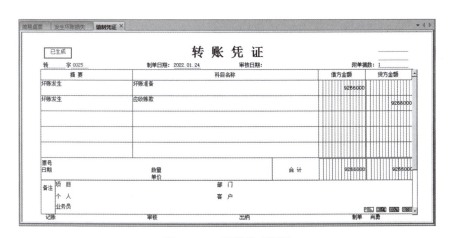

图 3.5.39　坏账发生凭证

2. 坏账收回

第一步：收款单录入。

（1）更换用户 203 登录【企业应用平台】,【操作日期】为"2022-01-30"。

（2）执行【应收款管理】→【收款单据处理】→【收款单据录入】命令,根据任务要求录入收款单,如图 3.5.40 所示。

第二步：确认坏账收回。

（1）更换用户 202 登录【企业应用平台】,【操作日期】为"2022-01-30"。

坏账收回

（2）执行【应收款管理】→【坏账处理】→【坏账收回】命令，打开【坏账收回】窗口，【客户】选择"005 江苏绿城"，选择结算单号，如图 3.5.41 所示。

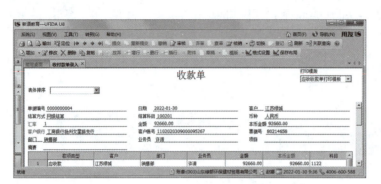

图 3.5.40　收款单

图 3.5.41　"坏账收回"窗口

（3）单击【确定】按钮，系统提示"是否立即制单？"，单击【是】按钮，生成坏账收回凭证，【现金流量】选择"01 销售商品、提供劳务收到的现金"，如图 3.5.42 所示。

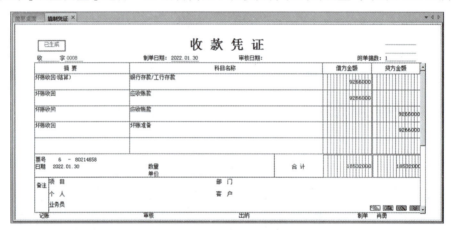

图 3.5.42　坏账收回凭证

3. 坏账计提

（1）用户 202 登录【企业应用平台】，【操作日期】为"2022-01-31"。

（2）执行【应收款管理】→【坏账处理】→【计提坏账准备】命令，打开【应收账款百分比法】窗口，系统自动计算本期坏账准备计提或者冲销金额，如图 3.5.43 所示。

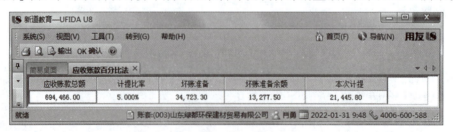

图 3.5.43　本期坏账准备计提金额

（3）单击【OK确认】按钮，系统提示"是否立即制单？"，单击【是】按钮，生成本期坏账准备计提凭证，如图3.5.44所示。

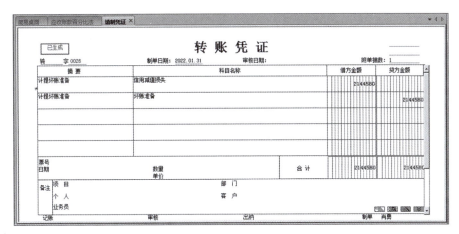

图 3.5.44 本期坏账准备计提凭证

※※※※※※※※※※※※※※※※※※※※※※※※※※※※※※※※※※

◆ 收款单录入后，不能审核，否则会造成【坏账收回】中没有可以使用的"结算单号"。

◆ 系统会根据期初坏账的设置，自动进行坏账准备计提金额的计算，如果计算的金额为正数，说明本期应继续计提坏账，如果计算的金额为负数，说明本期应冲销前期多计提的坏账。

◆ 若坏账业务发生错误，需要将相关坏账凭证删除，再取消坏账处理操作，检查并修改前期应收款业务数据，然后重新操作坏账业务。

※※※※※※※※※※※※※※※※※※※※※※※※※※※※※※※※※※

【拓展延伸】

根据《企业会计准则第22号——金融工具确认和计量》应用指南，金融资产减值准备所形成的预期信用损失应通过"信用减值损失"科目核算。信用减值损失包括贷款损失准备、债权投资减值准备、坏账准备、合同资产减值准备、租赁应收款减值准备等。

【探索思考】

《企业会计制度》规定企业应采用备抵法核销发生的坏账。思考备抵法核算坏账对企业坏账风险管控和风险规避有何作用。

★★★管理增效★★★

西藏运高新能源股份有限公司（简称"运高股份"）是西藏本地领先的清洁能源供应商，在2021年2月IPO被否，分析其原因，其中之一就是坏账风险过高。企业应收账款超过当期营收，2016—2018年，运高股份应收账款账面余额分别为3 120.26万元、11 367.86万元和17 401.08万元，分别占当期营收的96.85%、133.16%和173.81%。同时，企业2017

年和 2018 年的应收账款增幅分别为 264.32% 和 53.07%，超过了同期营收增速 164.96% 和 17.28%，应收账款占营收比值高，应收账款增速超过营收增速说明企业的回款变慢。应收账款的回款速度、风险管理对企业资金回笼影响重大，低效的管理增加了企业运营风险。

任务 9　应收账簿管理

【任务描述】月底日照兴盛房地产开发有限公司需要与本企业进行往来款项对账，核对双方债权债务是否正确，会计人员提供本企业对日照兴盛房地产开发有限公司的应收对账单。

【任务解析】本任务要求提供应收账款对账单，以供对方对账使用。

【知识链接】账实核对是保证账实相符的重要方法，实物资产如存货、固定资产、库存现金一般采用实地盘点法，银行存款及企业间债权债务核对的方法主要是对账，通过与对方对账单的核对，保证账实相符，及时发现问题，查明原因。

查询对账单

【工作指导】

（1）用户 202 登录【企业应用平台】，【操作日期】为"2022-01-31"。

（2）执行【应收款管理】→【账表管理】→【业务账表】→【对账单】命令，打开【查询条件选择–应收对账单】窗口，【客户】选择"002 日照兴盛"，如图 3.5.45 所示。

图 3.5.45　【查询条件选择–应收对账单】窗口

（3）单击【确定】按钮，打开【应收对账单】窗口，查看企业对日照兴盛房地产开发有限公司的应收款，如图 3.5.46 所示。

图 3.5.46 【应收对账单】窗口

（4）单击【输出】按钮，输出文件保存后传递给日照兴盛房地产开发有限公司，以供其对账使用。

子项目 3.6 出纳业务

【出纳管理】功能是出纳人员进行管理的一套工具，它包括现金和银行存款日记账的输出、支票登记簿的管理以及银行对账等功能。

任务 1　查询资金日报表

【任务描述】27 日出纳查询当日的资金日报表。

【任务解析】本任务要求以出纳身份查看库存现金、银行存款在 27 日当天的增加、减少笔数，金额及余额情况，掌握企业当日货币资金的金额变化及剩余情况。

【知识链接】货币资金是企业的血液，为了便于管理者及时了解企业货币资金的收、支、存状况，出纳人员应于每天下班前编制资金日报表，提供当日资金的增减变化及余额情况，以供管理者及时了解货币资金的增减变化及余额，做出管理决策。

查询资金日报表

【工作指导】

（1）用户 203 登录【企业应用平台】，【操作日期】为"2022-01-27"。

（2）执行【总账】→【出纳】→【资金日报】命令，打开【资金日报表查询条件】窗口，【日期】选择"2022-01-27"，勾选【包含未记账凭证】复选框，单击【确定】按钮，打开【资金日报表】窗口。

（3）单击工具栏中的【昨日】按钮，报表增加一列显示昨日余额信息，如图 3.6.1 所示。

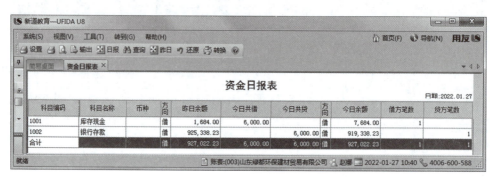

图 3.6.1　27 日的资金日报表

【拓展延伸】

资金日报表是出纳呈报给管理者的内部管理用报表，其编制方法简单、内容通俗易懂，对于货币资金业务发生频繁的企业，通过查看资金日报表能够更加全面地了解企业当日库存现金、银行存款的收、发、期初、期末结存情况，有助于管理者动态掌握货币资金的运作方向，及时确定下一步工作计划。

任务 2　管理支票登记簿

【任务描述】1 月 28 日，采购部韩硕计划去浙江鼎鑫门窗有限公司进行材料物资采购，按照管理流程申请转账支票，财务部签发一张金额为 50 000.00 元的转账支票（票号 15120805），交付给韩硕用于货款结算。

【任务解析】本任务要求出纳按规定签发支票，交付采购员后及时登记支票登记簿。

【知识链接】手工记账条件下，出纳通常建立支票领用登记簿用来登记支票领用情况。本系统也为出纳员提供了【支票登记簿】功能，以供其详细登记支票领用人、领用日期、支票用途、是否报销等情况。当应收款管理系统、应付款管理系统或资金系统有支票领用时，系统自动填写，注意只有将科目属性设置为"银行账"的科目才能使用支票登记簿。

【工作指导】

（1）用户 203 登录【企业应用平台】，【操作日期】为"2022-01-28"。

（2）执行【总账】→【出纳】→【支票登记簿】命令，打开【银行科目选择】窗口，【科目】选择"工行存款"，单击【确定】按钮，打开【支票登记簿】窗口。

（3）单击【增加】按钮，输入领用日期、领用人、支票号、预计金额

登记支票登记簿

等信息,单击【保存】按钮,如图 3.6.2 所示。

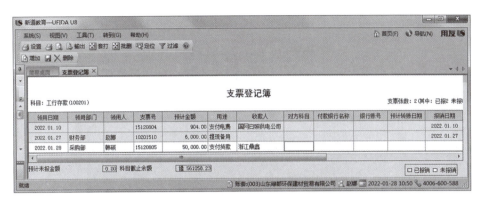

图 3.6.2 【支票登记簿】窗口

◆ 如需使用【支票登记簿】功能,需要在【结算方式】设置中对支票结算方式勾选【是否票据管理】复选框,并在总账系统中勾选"支票控制"参数。

◆ 只有科目属性设置为"银行账"的科目才能使用支票登记簿。

◆ 支票登记簿中黄色记录为已报销票据,可以直接删除。白色记录为未报销票据,等业务完成报销后,"报销日期"一栏自动填充业务日期,记录变为黄色。

任务 3 查询日记账

【任务描述】月底出纳查询 1 月的现金日记账、工行存款日记账和中行存款日记账。

【任务解析】出纳负责库存现金、银行存款日记账的管理,本任务要求出纳查询日记账,查看本月库存现金、银行存款的发生额和余额。

【知识链接】现金日记账和银行存款日记账用于记录库存现金、银行存款的发生额及余额,手工账务处理方式下,出纳根据审核无误的收付款凭证登记日记账。在信息化环境下,会计人员在总账系统中执行记账后,日记账与明细账、总账一起完成登记工作,需要注意的是,现金科目、银行存款科目需先进行会计科目指定,出纳方可查询相关账簿。

【工作指导】

1. 分配数据权限

(1)用户 201 登录【企业应用平台】,【操作日期】为"2022-01-31"。

(2)在【系统服务】选项卡下,执行【权限】→【数据权限分配】命令,打开【权限浏览】窗口,单击左侧的【用户】"203 赵娜",【业务对象】选择"科目",单击工具栏中的【授权】按钮。

(3)打开【记录权限设置】窗口,将"1001 库存现金""1002 银行存款""100201 工行存款""100202 中行存款"从【禁用】栏指定到【可用】栏,

查询日记账

单击【保存】按钮，如图3.6.3所示，关闭【记录权限设置】窗口。

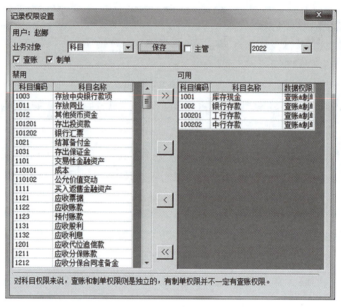

图3.6.3 数据权限分配

2. 查看现金日记账

（1）更换用户203登录【企业应用平台】，【操作日期】为"2022-01-31"。

（2）执行【总账】→【出纳】→【现金日记账】命令，打开【现金日记账查询条件】窗口，【科目】选择"1001库存现金"，勾选【包含未记账凭证】复选框，单击【确定】按钮，打开【现金日记账】窗口，如图3.6.4所示。

图3.6.4 "现金日记账"窗口

3. 查看银行存款日记账

（1）关闭【现金日记账】窗口，执行【出纳】→【银行存款日记账】命令，打开【银行日记账查询条件】窗口，【科目】选择"100201工行存款"，勾选【包含未记账凭证】复选框，单击【确定】按钮，打开【银行日记账】窗口，如图3.6.5所示。

金额式

银行日记账

科目 100201 工行存款　　月份：2022.01-2022.01

2022年 月	日	凭证号数	摘要	结算号	对方科目	借方	贷方	方向	余额
			上年结转					借	682,600.50
01	03	付-0007	*直接购入资产._6_88070021_2022.01.03	网银结算-88070021	1601,22210101		6,102.00	借	676,498.50
01	03		本日合计				6,102.00	借	676,498.50
01	09	付-0011	*代垫运费_6_88463257_2022.01.09	网银结算-88463257	1122		3,706.00	借	672,792.50
01	09		本日合计				3,706.00	借	672,792.50
01	10	收-0004	*收款单_6_88040985_2022.01.10	网银结算-88040985	1122	101,734.00		借	774,526.50
01	10	付-0001	*支付电费_202_15120804_2022.01.10	转账支票-15120804	660206,660106,22210101		904.00	借	773,622.50
01	10		本日合计			101,734.00	904.00	借	773,622.50
01	11	收-0005	*收款单_6_82541002_2022.01.11	网银结算-82541002	2204	40,000.00		借	813,622.50
01	11	付-0002	*缴纳税款_7_04003021_2022.01.11	电子税务局-04003021	222102,222103,222104,222105,222106,2		137,149.60	借	676,472.90
01	11		本日合计			40,000.00	137,149.60	借	676,472.90
01	12	付-0003	*发放工资_8_2022.01.12	其他	221101		43,650.00	借	632,822.90
01	12		本日合计				43,650.00	借	632,822.90
01	13	付-0004	*缴纳公积金_6_88002369_2022.01.13	网银结算-88002369	221103,224102		13,896.00	借	618,926.90
01	13	付-0005	*缴纳社会保险_7_04823654_2022.01.13	电子税务局-04823654	221102,221104,224101		23,739.00	借	595,187.90
01	13		本日合计				37,635.00	借	595,187.90
01	15	付-0008	*付款单_6_88040012_2022.01.15	网银结算-88040012	2202		124,300.00	借	470,887.90
01	15		本日合计				124,300.00	借	470,887.90
01	23	收-0006	*票据贴现_8_81233082_2022.01.23	其他-81233082	1121	78,863.33		借	549,751.23
01	23	收-0007	*付款单_6_88002967_2022.01.23	网银结算-88002967	1122	-1,808.00		借	547,943.23
01	23		本日合计			77,055.33		借	547,943.23
01	24	付-0009	*付款单_6_88040163_2022.01.24	网银结算-88040163	2202,6603		88,800.00	借	459,143.23
01	24	付-0010	*票据结算_6_82300124_2022.01.24	网银结算-82300124	2201		43,505.00	借	415,638.23
01	24		本日合计				132,305.00	借	415,638.23
01	27	付-0006	*提现备用_201_10201510_2022.01.27	现金支票-10201510	1001		6,000.00	借	409,638.23
01	27		本日合计				6,000.00	借	409,638.23
01	30	收-0008	*坏账收回(结算)_6_80214658_2022.01.30	网银结算-80214658	1122,1231	92,660.00		借	502,298.23
01	30		本日合计			92,660.00		借	502,298.23
01	31	收-0003	*资产减少 - 清理收入_6_81041224_2022.	网银结算-81041224	1606,1601,22210102	58,760.00		借	561,058.23
01	31		本日合计			58,760.00		借	561,058.23
01			当前合计			370,209.33	491,751.60	借	561,058.23
01			当前累计			370,209.33	491,751.60	借	561,058.23
			结转下年					借	561,058.23

图 3.6.5　工行日记账

（2）将表头【科目】更改为“100202 中行存款”，将账页格式从“金额式”更改为“外币金额式”，如图 3.6.6 所示。

外币金额式

银行日记账

科目 100202 中行存款　　外币币名：美元　月份：2022.01-2022.01

2022年 月	日	凭证号数	摘要	结算号	对方科目	币种/汇率	借方 外币	借方 金额	贷方 外币	贷方 金额	方向	余额 外币	余额 汇率	余额 金额
			上年结转								借	30,000.00	6.23000	186,900.00
01	19	收-0002	*收到外币投资_3_36(	电汇-36000652	4001	美元:6.45600	50,000.00	322,800.00			借	80,000.00		509,700.00
01	19		本日合计				50,000.00	322,800.00			借	80,000.00	6.37125	509,700.00
01			当前合计				50,000.00	322,800.00			借	80,000.00	6.37125	509,700.00
01			当前累计				50,000.00	322,800.00			借	80,000.00	6.37125	509,700.00
			结转下年				50,000.00				借	80,000.00	6.37125	509,700.00

图 3.6.6　中行日记账

※※※

◆ 系统提供 4 种账页格式：金额式、外币金额式、数量金额式、数量外币式。在外币金额式账页中如为末级科目则显示外币名称，非末级科目则不显示外币名称。

◆ 必须事先通过【基础档案】→【财务】→【会计科目】命令指定现金科目和银行科目，否则无法查看日记账。

◆ 因为在总账系统中勾选了【明细账查询权限控制到科目】选项，且对“科目”进行了数据权限控制，因此需先对用户 203 授予科目权限，否则无法查看现金、银行存款日记账。

※※※※※※※※※※※※※※※※※※※※※※※※※※※※※※※※※※※※※

【拓展延伸】

出纳查看日记账时需要先进行"科目"权限的分配，这主要取决于两个因素：一是进行了"科目"数据权限的控制，二是在总账系统中勾选了【明细账查询权限控制到科目】选项，只有两者同时设置，才需要对出纳先分配权限，否则出纳无须授权也可以直接查看日记账。

任务 4 银行对账

【任务描述】 2022 年年初，山东绿都环保建材贸易有限公司工行日记账调整前余额为 682 600.50 元，银行对账单调整前余额为 712 600.50 元，期初有未达账项一笔，是企业已付银行未付的货款 30 000.00 元（2021 年 12 月 29 日，结算方式 6，票号：88310657，贷方）。山东绿都环保建材贸易有限公司 2022 年 1 月银行对账单见表 4.2.1，请进行工行的银行对账工作。

表 4.2.1 1 月银行对账单

日 期	结算方式	票号	借方金额/元	贷方金额/元
2022.01.02	6	88310657		30 000.00
2022.01.03	6	88070021		6 102.00
2022.01.09	6	88463257		3 706.00
2022.01.10	6	88040985	101 734.00	
2022.01.11	6	82541002	40 000.00	
2022.01.11	7	04003021		137 149.60
2022.01.12	8	32456000		43 650.00
2022.01.12	202	15120804		904.00
2022.01.13	6	88002369		13 896.00
2022.01.13	7	04823654		23 739.00
2022.01.15	6	88040012		124 300.00
2022.01.23	8	81233082	78 863.33	
2022.01.23	6	88002967	-1 808.00	
2022.01.24	6	88040163		88 800.00
2022.01.25	6	82300124		43 505.00
2022.01.27	201	10201510		6 000.00
2022.01.30	6	80214658	92 660.00	

【任务解析】本任务要求将企业工行存款日记账与银行对账单进行核对，因本月是系统第一次执行银行对账，因此操作步骤包括4步：录入银行对账期初数据、录入或导入银行对账单、执行银行对账、生成银行存款余额调节表。

【知识链接】银行对账是指在每月月末，会计将企业的银行存款日记账与当月银行存款对账单进行逐笔核对，勾对已达账项，找出未达账项，并编制每月银行存款余额调节表的过程。

【工作指导】

1. 凭证记账

（1）用户203登录【企业应用平台】，【操作日期】为"2022-01-31"，执行【总账】→【凭证】→【出纳签字】命令，对收付款凭证进行出纳签字。

（2）更换用户201登录【企业应用平台】，执行【总账】→【凭证】→【审核】命令，对新生成凭证进行审核。

（3）执行【总账】→【凭证】→【记账】命令，将所有凭证记账。

2. 录入银行对账期初数据

（1）用户203登录【企业应用平台】，【操作日期】为"2022-01-31"。

（2）执行【总账】→【出纳】→【银行对账】→【银行对账期初录入】命令，打开【银行科目选择】窗口，【科目】选择"工行存款（100201）"，单击【确定】按钮。

银行对账

（3）打开【银行对账期初】窗口，分别录入单位日记账和银行对账单的"调整前余额"。单击【日记账期初未达账项】按钮，打开【企业方期初】窗口，单击【增加】按钮，录入凭证日期、结算方式、贷方金额等信息，如图3.6.7所示。

图3.6.7 期初未达账项

（4）单击【退出】按钮，回到【银行对账期初】窗口，单位日记账和银行对账单"调整后余额"相等，如图3.6.8所示，关闭该窗口。

3. 录入银行对账单

（1）执行【出纳】→【银行对账】→【银行对账单】命令，打开【银行科目选择】窗口，选择"工行存款（100201）"选项，其他默认，单击【确定】按钮，打开【银行对账单】窗口。

（2）根据表4.2.1所示信息录入银行对账单，单击【保存】按钮，如图3.6.9所示。

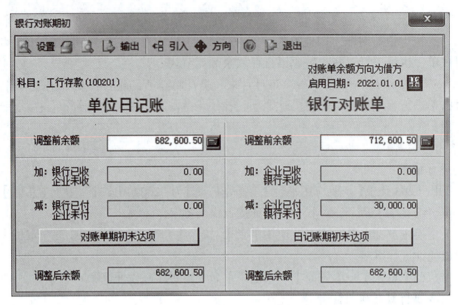

图 3.6.8 【银行对账期初】窗口

图 3.6.9 【银行对账单】窗口

4. 执行银行对账

（1）执行【出纳】→【银行对账】→【银行对账】命令，打开【银行科目选择】窗口，选项默认，如图 3.6.10 所示，单击【确定】按钮，打开【银行对账】窗口。

（2）单击工具栏中的【对账】按钮，打开【自动对账】窗口，如图 3.6.11 所示，默认系统设置的对账条件，单击【确定】按钮，系统自动完成银行存款日记账与银行对账单的对账工作。

（3）经查，金额"43 650.00"的业务因结算票号造成系统自动对账失败，可进行手工对账，分别在【两清】栏双击，出现"√"，单击【保存】按钮，如图 3.6.12 所示。

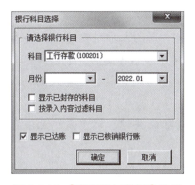

图 3.6.10 【银行科目选择】窗口

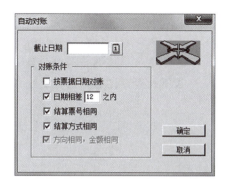

图 3.6.11 对账条件设置

科目：100201 (工行存款)

单位日记账

凭证日期	票据日期	结算方式	票号	方向	金额	两清	凭证号数	摘要	对账序号
2022.01.31	2022.01.31	6	81041224	借	58,760.00		收-0003	资产减少 - 清	
2022.01.10	2022.01.10	6	88040985	借	101,734.00	○	收-0004	收款单	2022013100013
2022.01.11	2022.01.11	6	82541002	借	40,000.00	○	收-0005	收款单	2022013100008
2022.01.23	2022.01.23	8	81233082	借	78,863.33	○	收-0006	票据贴现	2022013100006
2022.01.23	2022.01.23	6	88002967	借	-1,808.00	○	收-0007	付款单	2022013100010
2022.01.30	2022.01.30	6	80214658	借	92,660.00	○	收-0008	坏账收回(结	2022013100005
2022.01.10	2022.01.10	202	15120804	贷	904.00	○	付-0001	支付电费	2022013100004
2022.01.11	2022.01.11	7	04003021	贷	137,149.60	○	付-0002	缴纳税款	2022013100001
2022.01.12	2022.01.12	8		贷	43,650.00	Y	付-0003	发放工资	2022013100017
2022.01.13	2022.01.13	6	88002369	贷	13,896.00	○	付-0004	缴纳公积金	2022013100009
2022.01.13	2022.01.13	7	04823654	贷	23,739.00	○	付-0005	缴纳社会保险	2022013100002
2022.01.27	2022.01.27	201	10201510	贷	6,000.00	○	付-0006	提现备用	2022013100003
2022.01.03	2022.01.03	6	88070021	贷	6,102.00	○	付-0007	直接购入资产.	2022013100014
2022.01.15	2022.01.15	6	88040012	贷	124,300.00	○	付-0008	付款单	2022013100011
2022.01.24	2022.01.24	6	88040163	贷	88,800.00	○	付-0009	付款单	2022013100012
2022.01.24	2022.01.24	6	82300124	贷	43,505.00	○	付-0010	票据结算	2022013100007
2022.01.09	2022.01.09	6	88463257	贷	3,706.00	○	付-0011	代垫运费	2022013100016
2021.12.29		6	88310657	贷	30,000.00	○	-0000	支付贷款	2022013100015

银行对账单

日期	结算方式	票号	方向	金额	两清	对账序号
2022.01.02	6	88310657	贷	30,000.00	○	2022013100015
2022.01.03	6	88070021	贷	6,102.00	○	2022013100014
2022.01.09	6	88463257	贷	3,706.00	○	2022013100016
2022.01.10	6	88040985	借	101,734.00	○	2022013100013
2022.01.11	6	82541002	借	40,000.00	○	2022013100008
2022.01.11	7	04003021	贷	137,149.60	○	2022013100001
2022.01.12	8	32456000	贷	43,650.00	Y	2022013100017
2022.01.12	202	15120804	贷	904.00	○	2022013100004
2022.01.13	6	88002369	贷	13,896.00	○	2022013100009
2022.01.13	7	04823654	贷	23,739.00	○	2022013100002
2022.01.15	6	88040012	贷	124,300.00	○	2022013100011
2022.01.23	8	81233082	借	78,863.33	○	2022013100006
2022.01.23	6	88002967	借	-1,808.00	○	2022013100010
2022.01.24	6	88040163	贷	88,800.00	○	2022013100012
2022.01.25	6	82300124	贷	43,505.00	○	2022013100007
2022.01.27	201	10201510	贷	6,000.00	○	2022013100003
2022.01.30	6	80214658	借	92,660.00	○	2022013100005

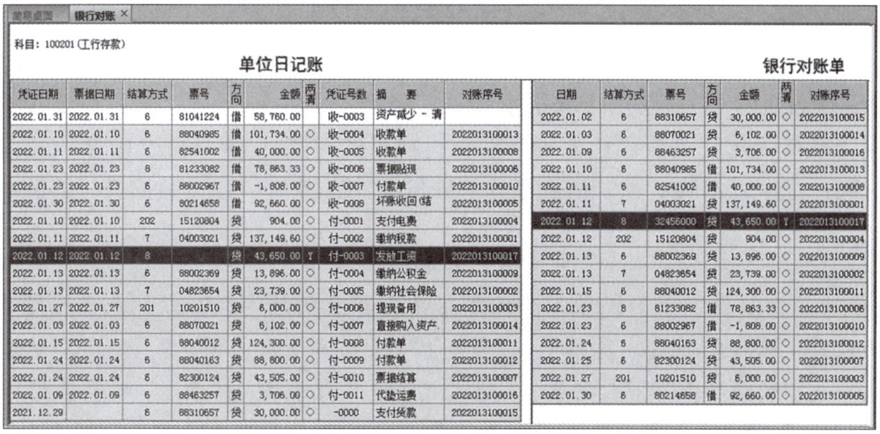

图 3.6.12 对账结果

5. 查看银行存款余额调节表

（1）关闭【银行对账】窗口，执行【出纳】→【银行对账】→【余额调节表查询】命令，打开【银行存款余额调节表】窗口。

（2）选择“工行存款（100201）”选项，单击工具栏中的【查看】按钮，或者双击“工行存款（100201）”，显示该银行账户的银行存款余额调节表，如图 3.6.13 所示。

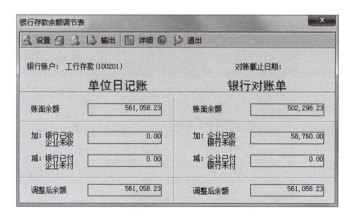

图 3.6.13 【银行存款余额调节表】窗口

※※※※※※※※※※※※※※※※※※※※※※※※※※※※※※※※※

◆ 银行对账期初数据应平衡，否则会影响本期对账结果。当存在期初未达账项而导致调整前企业日记账与银行对账单不平衡时，通过对账单期初未达账项或者日记账期初未达账项的调整，使两者余额相等。输入的期初未达账项发生日期不能大于或等于银行科目的启用日期。

◆ 对账条件设置是系统能否准确对账的关键，对于系统无法完成的自动对账，还可以辅助手工对账。

◆ 对于已经完成对账的业务记录，无法进行修改。

※※※※※※※※※※※※※※※※※※※※※※※※※※※※※※※※※

【拓展延伸】

若已经完成对账的数据存在错误，需要对期初未达账项或银行对账单进行修改，应在完成银行对账的状态下，单击【取消】按钮，系统打开【银行反对账范围】窗口，选择取消范围，系统提示"是否确认取消当前银行科目的对账标志到2022.01？"，单击【是】按钮，对账标记全部消失，系统回到尚未对账的状态，此时可以对数据进行修改或删除。

★★★古智启思★★★

《韩非子·外储说右下》记录了公仪休嗜鱼而拒鱼的故事。公仪休相鲁而嗜鱼，一国争买鱼而献之，公仪休不受。其弟子曰："夫子嗜鱼而不受者，何也？"对曰："夫唯嗜鱼，故不受也。夫即受鱼，必有下人之色；有下人之色，将枉于法；枉于法，则免于相。免于相，则虽嗜鱼，此不必能致我鱼，我又不能自给鱼。即无受鱼而不免于相，虽不受鱼，我能常自给鱼。此明夫恃人不如自恃也；明于人之为己者，不如己之自为也。"公仪休处事小心谨慎，避免因小失大。出纳人员管理货币资金，应该遵纪守法，严格自律，树立正确的金钱观，杜绝贪污腐败。

常见故障排除

序号	问题描述	原因分析	解决方案
1	总账系统无法填制凭证	忘记单击【增加】按钮	单击工具栏中的【增加】按钮
2	保存凭证时，系统提示"不满足借方必有条件"或"贷方必有条件"等	凭证类别错误	检查凭证类别，选择正确的收、付、转类别
3	已经给用户203授权，但是仍然无法执行出纳签字	没有指定科目	以账套主管身份在【会计科目】窗口进行科目的指定
4	辅助核算项目填写错误或者没有填写完毕，窗口关闭	—	选中需要填写辅助项的会计科目，通过"Ctrl+S"组合键打开【辅助项】窗口
5	登记支票登记簿时，系统提示"票号已经存在"，无法保存	凭证删除，但是未删除支票登记簿信息	将已经作废的凭证进行整理，彻底删除

续表

序号	问题描述	原因分析	解决方案
6	无法对凭证进行修改	凭证经过了后续处理	检查凭证是否进行了审核、记账等后续操作，将后续业务取消
7	凭证填写完毕后，按 Enter 键，凭证多出一行无法保存	—	通过【删分】功能或者"Ctrl+D"组合键，删除多余的一行
8	凭证记账时，发现没有可记账的凭证	已经完成记账；没有审核；期初试算不平衡	通过凭证的查询功能，检查凭证是否已经审核或者已经被记账；重新检查期初余额，进行试算平衡
9	保存凭证时，系统提示"制单不序时"	在总账系统中勾选了"制单序时控制"选项	执行【财务会计】→【总账】→【选项】命令，取消对"制单序时控制"选项的勾选
10	凭证作废后，整理凭证重新编号不成功	作废凭证后面的凭证已经审核记账	取消作废凭证后面凭证的记账，然后执行【整理凭证】命令，即可重新编号
11	未找到【恢复记账前状态】按钮	没有将【恢复记账前状态】按钮激活	在【期末】→【对账】窗口，按"Ctrl+H"组合键，将【恢复记账前状态】按钮激活
12	作废的凭证无法进行审核	作废的凭证不能审核，但是可以参与记账	无须对作废凭证审核，直接记账即可
13	已经给用户202授予了薪资管理系统权限，但该用户仍然不能进行薪资管理系统的业务处理	没有进行数据权限分配	以账套主管身份赋予用户202薪资账套主管的数据权限，或取消"工资权限"控制
14	薪资管理系统无法增加新聘任的人员	没有在基础档案中增加新聘任人员的档案	应先在基础档案中增加新聘任人员的档案，再从薪资管理系统增加新聘人员
15	执行工资替换功能，但是没有成功	没有选中范围进行操作	在执行"替换"功能前，应通过【全选】按钮选择参与替换的人员范围
16	工资数据中，个人所得税数据有误	相关公式设置、个人所得税扣税设置错误	通过【选项】窗口检查【扣税设置】选项卡，检查个人所得税相关公式
17	工资数据计算有误	公式设置错误或工资项目增减项属性设置错误	检查公式及工资项目中的增减项属性
18	银行代发一览表没有数据	没有选择正确的代发银行	检查代发银行选择是否正确，单击【格式】按钮，重新设置正确的代发银行
19	工资分摊时应付工资一览表的借方、贷方科目均为空。	在工资分摊窗口中没选择"明细到工资项目"选项	在工资分摊窗口中选择"明细到工资项目"选项
20	工资分摊制单时，按辅助项生成的凭证有多页，不直观	未合并制单	单击【制单】按钮前，勾选【合并科目相同、辅助项相同的分录】复选框
21	工资分摊凭证的金额错误	工资分摊公式设置错误	检查工资分摊设置、"工资项目"依据、职工所在部门及类别是否正确
22	录入卡片时，系统提示"原始卡片的开始日期不能在本月或本月之后"	资产增加误通过【原始卡片录入】命令实现	对于本月新增资产，应执行【固定资产】→【卡片】→【资产增加】命令，录入新的卡片

续表

序号	问题描述	原因分析	解决方案
23	误删固定资产,在【固定资产卡片管理】窗口中找不到删除的固定资产	操作错误,可以撤销减少	进入【固定资产卡片管理】窗口,将"在役资产"更换为"已减少资产",选中误删的固定资产,单击【撤销减少】按钮,如果减少后已经制单,需要先删除业务凭证和折旧凭证
24	固定资产业务变动后,系统没有打开相应的凭证	没有勾选【业务发生后立即制单】选项	勾选【业务发生后立即制单】选项,或通过【批量制单】功能实现凭证生成
25	购入多项相同固定资产,需要快速录入卡片	通过复制功能增加固定资产	先录入一张卡片,保存后单击工具栏中的【复制】按钮,录入新增资产的编号起止范围,进行卡片的复制
26	增加固定资产卡片时,发现应使用含税样式,卡片样式中不含税额信息	更改卡片样式	执行【固定资产】→【设置】→【资产类别】命令,更改卡片样式为"含税卡片样式"
27	发现资产变动单有误,想重新进行变动	删除资产变动单	删除资产变动单,重新执行资产变动,若已经生成凭证,应先删除凭证
28	在总账系统中无法对固定资产系统生成的凭证进行修改或删除	外系统生成凭证只能在原系统修改或删除	对于发生错误的凭证,应回到原系统进行修改或者删除,然后总账系统显示"作废"标记,可进行整理
29	资产盘亏后,却无制单数据	没有经过资产盘亏的审批处理	盘点结果需要经过审核批准后,方可进行盘亏处理,生成相应的会计凭证,执行【固定资产】→【卡片】→【盘盈盘亏确认】命令,对盘点结果进行审批处理
30	填写发票时,无法给发票编号	默认系统编号	通过【单据设置】→【单据编号设置】命令,修改发票编号为"完全手工编号"或"手工改动,重号时自动重取"
31	填制发票时,表体无法参照到相应的存货	存货档案中的存货属性错误	销售发票中的存货在存货档案中应勾选"内销""外销"属性;外购存货应勾选"外购"属性
32	应收款管理系统、应付款管理系统查找不到需要审核的单据	审核人没有审核权限或者登录日期错误	先检查审核人是否具有相应的数据权限,然后检查登录日期,登录日期应等于或者晚于单据日期
33	应收款管理系统中,企业取得商业承兑汇票后,进行收款单的审核,没有相应的单据	没有勾选"票据自动生成收款单"选项	在应收款管理系统中勾选"票据自动生成收款单"选项,或者填制好汇票后,单击【收款】按钮,系统生成收款单
34	录入商业汇票后,直接进行制单处理,没有数据	没有审核收款单或者付款单	商业汇票填制好后,应审核收款单或者付款单,并执行核销处理,然后通过"收付款制单"和"核销制单"功能进行合并制单,生成凭证
35	收款或者付款后,单独根据"核销制单"功能无法生成凭证	在不存在现金折扣的前提下,核销没有数据生成	应通过"收付款制单"和"核销制单"功能进行合并制单或修改受控科目制单方式为"明细到单据"

续表

序号	问题描述	原因分析	解决方案
36	核销时找不到相应的收付款单据	单据未被审核或者登录日期有误	审核相应的单据，并按照正确日期进入系统
37	处理发生的坏账又收回时，单击【结算单号】参照按钮，无结算单可选	收款单已经经过审核	检查收款单是否经过审核，如果已经过审核，则取消审核
38	核销、转账等操作完成后，发现有错误，想重新操作	取消前面的操作	通过【其他处理】→【取消操作】命令，取消核销、转账、坏账、票据等业务的处理，但是如果生成了凭证，应先删除凭证，再取消处理
39	出纳无权查询日记账	权限不足，科目未指定	检查是否在系统管理中授予指定用户"出纳"权限，同时检查是否将"库存现金"和"银行存款"科目指定给出纳
40	企业日记账和银行对账单中的很多业务对账不成功	条件限制严格或银行对账单、日常业务处理时结算方式单号有误	可以补充使用手工对账，对于同一笔经济业务，执行手工对账，若银行对账单发生错误，则进行修改

项目考核评价

姓名：		学号：		班级：		组别：			
评价项目		评价标准		评价依据	评价方式		权重	得分	总分
					小组 0.2	教师 0.8			
日常经济业务核算	职业素质	1. 遵守实训管理规定和劳动纪律； 2. 在实训过程中保持操作台干净整洁，实训耗材摆放规范，实训结束后及时清理垃圾； 3. 团结互助、高效完成实训任务。		实训表现			0.1		
	专业能力	1. 能根据业务类型正确选择系统； 2. 能根据企业内控和授权分工，以合理的身份处理单据、生成数据； 3. 按照新会计准则、税法、内控管理规定及时传递单据，利用软件处理经济业务； 4. 及时完成任务并上交截图		总账系统、薪资管理系统、固定资产系统等凭证列表及单据操作截图			0.6		
	创新能力	1. 研究软件功能，提升业务处理效率，提高数据可视性； 2. 结合薪资相关业务，创新其他可利用工资分摊实现的业务； 3. 结合业务个性化处理需要，设计单据格式，满足更多管理需要		课堂表现，分析、解决问题的能力			0.1		
	学习态度质量	1. 登录平台，观看微课、课件等学习资源，自主开展课前预习 2. 及时完成课前在线测试 3. 积极针对总账业务流程、个人所得税扣缴、固定资产管理、购销结算方式管理等知识点进行讨论、发帖、回帖		在线测试成绩/视频浏览时长/发帖、回帖数量	线上学习数据		0.2		
	教师评语	指导教师签名： 日期：							

项目小结

日常经济业务核算			
子项目	任务列表	学习内容	
总账凭证管理	1. 填制凭证	凭证构成要素	
		各种辅助核算凭证填制方法	
	2. 复核凭证	凭证审核	
		出纳签字	
	3. 查询凭证	"辅助条件"功能查询凭证方法	
	4. 记账	记账	
		取消记账快捷键及流程	
	5. 修改凭证	总账凭证修改	
		外系统生成凭证修改	
	6. 作废整理凭证	凭证作废、取消	
		凭证整理	
	7. 账簿管理	账簿类型及数据关系	
		不同类型账簿的查询方法	
薪资日常业务	1. 薪资计算	直接录入人员工资数据	
		用公式计算工资数据	
	2. 银行代发工资	银行代发工资与工资变动表数据关系	
		银行代发一览表查看	
	3. 扣缴个人所得税	个人所得税计算方法及原理	
		查看个人所得税纳税申报表	
	4. 生成工资分摊凭证	工资分摊凭证设置流程与方法	
		工资分摊凭证的生成	
	5. 薪资报表数据查询	薪资报表类型	
		薪资数据查询方法和作用	
固定资产日常业务	1. 固定资产增加	增加固定资产的处理方法	
	2. 固定资产变动	变动单类型	
		固定资产变动流程及退回方法	
	3. 计提折旧	折旧计提方法	
		计提折旧的流程	
	4. 固定资产出售	"资产处置损益"账户核算内容及结构	
		固定资产减少及撤销减少的流程	
	5. 固定资产盘点	固定资产盘点的流程	
		资产盘盈盘亏的处理规定	
	6. 固定资产账簿管理	固定资产账簿类型及查看方法	

续表

日常经济业务核算		
子项目	任务列表	学习内容
采购付款业务	1. 分配数据权限	数据权限的类型、分配方法
	2. 赊购	采购业务流程及涉及单据
	3. 运费采购	采购成本构成
		合并制单方法
	4. 预付款采购	预付款采购业务流程
		预付冲应付原理及作用
	5. 付款核销	付款审批管理规定
		核销类型及方法
	6. 现金折扣采购	现金折扣表现形式与意义
		现金折扣凭证生成注意事项
	7. 汇票签发与付款	商业汇票签发
		商业汇票结算
	8. 采购退货	退货流程
		红票对冲适用条件
	9. 应付账簿管理	应付账簿类型及管理意义
销售收款业务	1. 赊销	赊销业务流程及涉及单据
	2. 代垫费用销售	代垫款单据及业务流程
	3. 收款核销	核销的方法及作用
		核销的注意问题
	4. 预收款销售	预收款销售流程
		预收冲应收
	5. 票据收取与贴现	收到商业汇票
		票据贴现
	6. 销售折让	销售折让的概念
		特殊单据表体的设置
	7. 应收冲应收	应收转账业务类型
		应收冲应收适用情境及作用
	8. 坏账业务	坏账的发生
		坏账的计提
		发生的坏账又收回
	9. 应收账簿管理	应收账簿类型及管理意义
出纳业务	1. 查询资金日报表	资金日报表的作用及查询方法
	2. 管理支票登记簿	支票登记簿的管理
	3. 查询日记账	日记账类型作用
		查询日记账的方法及无法查询的原因分析
	4. 银行对账	银行对账流程及方法
		未达账项

项目四

期末业务处理

 职场寄语

为了及时核算企业的经营成果,为管理提供决策信息,并及时进行纳税申报,在会计工作中,人为地划分了会计期间。每个月末、年末,代表着一个会计期间的结束,需要财务人员及时地完结本会计期间发生的所有经济业务,利用软件中的自定义转账、对应结转、期间损益结转等功能,对每个月具有规律性的业务进行处理,既提升了业务处理的效率,又避免了业务的重复处理或遗漏。一般情况下只要会计主管或总账会计在期初定义好转账公式,以后期间的转账凭证直接生成即可,因此转账公式设置直接影响着多期财务数据的准确性,这要求财务人员对转账设置类型、适用情境、函数公式等具有深刻的理解,并结合企业业务需要灵活运用。这具有一定的难度,因此保持不断学习的态度、培养谨慎认真的工作习惯、提高效率意识,是一名优秀的财务人员必不可少的职业素质。

职业目标

目标类型	目标要求	对应子项目
能力目标	能根据业务需要选择函数完成自定义转账、对应结转、成本结转、汇兑损益、期间损益的公式设置	子项目 4.1
	能根据转账设置正确生成相应的会计凭证	子项目 4.1
	能进行期末各个模块的对账、结账等工作	子项目 4.2
	总账无法结账时,能进行原因分析、排查故障	子项目 4.2
知识目标	理解常见财务函数的含义	子项目 4.1
	理解期末转账定义的原理及意义	子项目 4.1
	掌握转账生成的顺序及要求	子项目 4.1
	熟悉各模块期末处理的原理及方法	子项目 4.2
素质目标	加强学习,更新知识,活学活用	子项目 4.1
	提升效率,严谨认真,具有严格的时间概念	子项目 4.1
	遵守流程,优化管理	子项目 4.2
	加强部门合作,培养团队协作意识	子项目 4.2

典型工作任务

项目	子项目	典型工作任务
期末业务处理	期末转账定义与凭证生成	自定义转账
		结转销售成本
		确认汇兑损益
		结转期间损益
	期末对账与结账	薪资管理系统月末处理
		固定资产系统月末处理
		往来系统月末处理
		总账系统月末处理

项目背景资料

山东绿都环保建材贸易有限公司每月都会发生利息计提、销售成本结转、期间损益结转等业务。财务部可以通过财务软件的自定义结转、销售成本结转、汇兑损益结转、期间损益结转功能对转账进行定义,按期生成相应的会计凭证,以简化财务工作,提升业务处理质量和效率。

子项目 4.1 期末转账定义与凭证生成

企业每月都会发生一些规律性较强的经济业务,如利息的计提、制造费用的分摊、销售成本的结转、损益结转等,对于这些经济业务,企业可以通过账簿查询相关科目本期的发生金额、余额,在总账系统中直接填制凭证,也可以通过期末转账定义与生成功能设置公式、生成凭证,进而提升业务处理的准确性和效率。本系统的期末转账定义功能提供了自定义转账、销售成本结转、期间损益结转等 8 种转账定义方式。

任务1　自定义转账

【任务描述】企业每月发生的固定经济业务如下,根据所给信息,进行自定义转账设置,并生成本月相关凭证。

(1)山东绿都环保建材贸易有限公司于 2021 年 12 月 20 日向中国工商银行贷款 150 万,期限为 1 年,年利率为 4.2%,合同约定每季度末归还利息,到期一次还本,公司于每月末计提利息(自定义转账序号:0001;转账说明:计提短期借款利息;凭证类别:转账凭证)。

借:财务费用 6603　　　　　　　　　QM(2001,月)*0.0035
　　贷:应付利息 2231　　　　　　　　　　　　　　　　JG( )

(2)山东绿都环保建材贸易有限公司每月月末将增值税余额转入"应交税费 – 未交增值税"(自定义转账序号:0002;转账说明:结转未交增值税;凭证类别:转账凭证)。

借:应交税费—应交增值税(转出未交增值税)22210103　　QM(222101,月)
　　贷:应交税费—未交增值税 222102　　　　　　　　　　　　JG( )

(3)山东绿都环保建材贸易有限公司处于市区,适用的城市维护建设税税率为 7%,教育费附加征收率为 3%,地方教育附加征收率为 2%(自定义转账序号:0003;转账说明:计提城建税教育费附加;凭证类别:转账凭证)。

借:税金及附加 6403　　　　　　　　　　　　JG( )
　　贷:应交税费—应交城市维护建设税 222104　　FS(222102,月,贷)*0.07
　　　　—应交教育费附加 222105　　　　　　　FS(222102,月,贷)*0.03
　　　　—应交地方教育费附加 222106　　　　　FS(222102,月,贷)*0.02

【任务解析】计提利息、计提城建税等业务每个月都会发生，既可以由会计人员在期末查看账簿数据，手工编制记账凭证，也可以对这类常规业务定义公式，期末根据公式生成凭证，本任务要求定义公式并生成凭证。

【知识链接】自定义转账功能可以完成城建税教育费附加计提、所得税计提、盈余公积提取、净利润结转等公式的定义。在使用自定义功能生成凭证时，首先应定义公式，系统提供了一系列函数，可利用公式定义向导或者直接手工录入公式，公式定义完毕后，每期期末通过"转账生成"功能生成凭证，提高了经济业务处理的效率。

【工作指导】

1. 自定义转账公式设置

（1）用户 202 登录【企业应用平台】，【操作日期】为"2022-01-31"。

（2）在【业务工作】选项卡中，执行【总账】→【期末】→【转账定义】→【自定义转账】命令，打开【自定义转账设置】窗口。

（3）单击【增加】按钮，打开【转账目录】窗口，填写转账序号、转账说明，选择凭证类别，单击【确定】按钮。

自定义转账
公式设置

（4）在【自定义转账设置】窗口，单击工具栏中的【增行】按钮，在【科目编码】框中输入"6603"，【方向】选择"借"，单击【金额公式】右侧的参照按钮，打开【公式向导】窗口，【函数名】选择"QM（）"，如图 4.1.1 所示，单击【下一步】按钮，打开【公式向导】窗口，将【科目】改为"2001"，如图 4.1.2 所示。

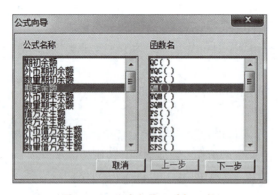

图 4.1.1　公式向导 – 选择函数

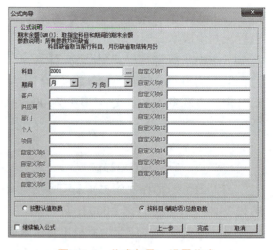

图 4.1.2　公式向导 – 设置公式

（5）单击【完成】按钮，回到【自定义转账设置】窗口，通过键盘输入"*0.0035"，补充完整第一行金额公式，如图 4.1.3 所示。

（6）单击工具栏中的【增行】按钮，在第二行【科目编码】框中输入"2231"，【方向】选择"贷"，单击【金额公式】右侧的参照按钮，打开【公式向导】窗口，【函数名】选择"JG（）"，单击【下一步】按钮，打开【公式向导】窗口，单击【完成】按钮，公式设置完毕，如图 4.1.4 所示，单击【保存】按钮。

图 4.1.3　补充金额公式

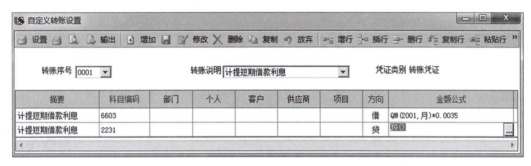

图 4.1.4　利息计提公式

（7）单击【增加】按钮，继续设置其他自定义公式，设置完成后如图 4.1.5、图 4.1.6 所示。

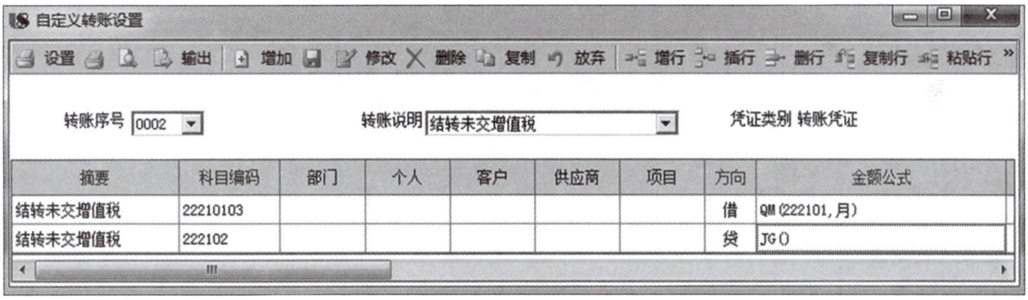

图 4.1.5　结转未交增值税公式

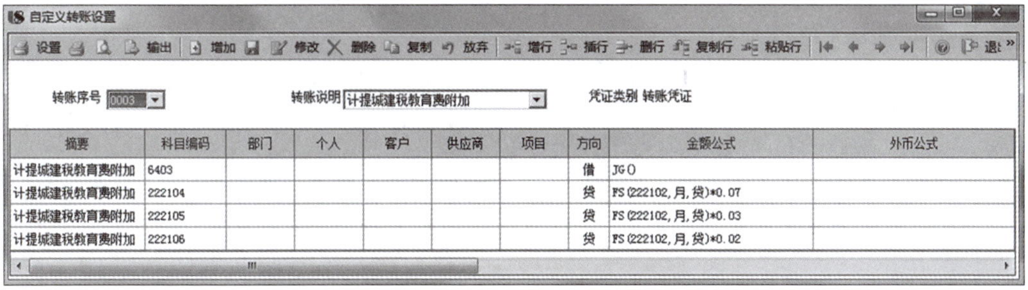

图 4.1.6　计提城建税教育费附加公式

※※※※※※※※※※※※※※※※※※※※※※※※※※※※※※※※

◆ 公式 QM（2001，月）*0.0035 的含义为：短期借款的月末余额乘以月利率 0.0035。公式定义时，不能使用百分比符号，只能换算成小数计算。

◆ 公式 JG（）的含义为：取对方科目计算结果。当借方发生额计算出来后，根据借贷相等原理，可直接从对方计算结果取数。

◆ 公式 FS（222102，月，贷）*0.07 的含义为：以"应交税费—未交增值税"本期贷方发生额乘以 7% 的税率。

◆ 输入自定义公式时，既可以使用公式向导法，也可以直接手工输入公式，但是需要注意的是，公式中所有符号只能在英文状态下输入，否则公式无效。

◆ 除以上业务外，长期待摊费用摊销、计提盈余公积、结转利润分配明细科目、薪资计提、公积社保计提、税费缴纳、制造费用分配等均可使用自定义转账功能。

※※※※※※※※※※※※※※※※※※※※※※※※※※※※※※※※

2. 生成自定义转账凭证 0001 和 0002

（1）执行【总账】→【期末】→【转账生成】命令，打开【转账生成】窗口，类型选择"自定义转账"，双击选中"0001"和"0002"，【是否结转】栏中显示选择标志"Y"，如图 4.1.7 所示。

自定义转账凭证生成

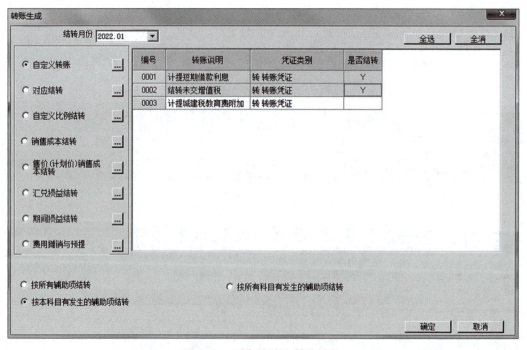

图 4.1.7　选择自定义转账编号

（2）单击【确定】按钮，生成计提利息凭证，如图 4.1.8 所示。

已生成

转账凭证

转 字 0027　　制单日期：2022.01.31　　审核日期：　　附单据数：0

摘要	科目名称	借方金额	贷方金额
计提短期借款利息	财务费用	525000	
计提短期借款利息	应付利息		525000
票号 日期 数量 单价	合计	525000	525000

备注　项目　部门　个人　客户　业务员

记账　审核　出纳　制单　肖勇

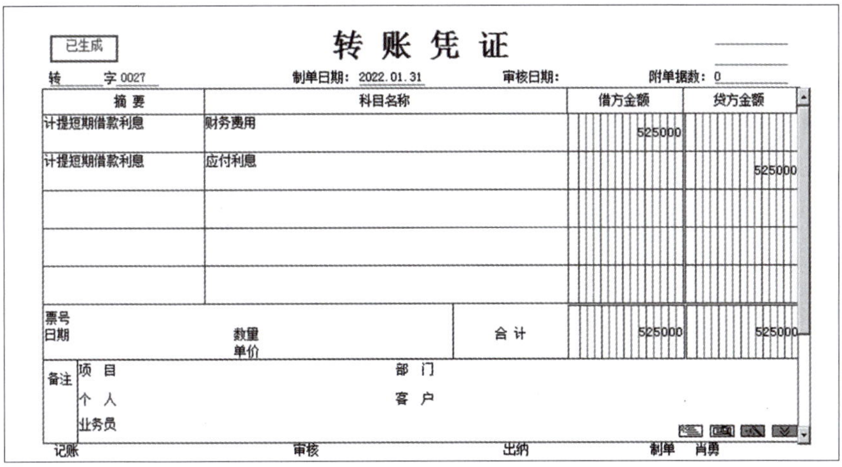

图 4.1.8　计提利息凭证

（3）单击【下张凭证】图标，查看结转未交增值税凭证，如图 4.1.9 所示。

已生成

转账凭证

转 字 0028　　制单日期：2022.01.31　　审核日期：　　附单据数：0

摘要	科目名称	借方金额	贷方金额
结转未交增值税	应交税费/应交增值税/转出未交增值税	3265532	
结转未交增值税	应交税费/未交增值税		3265532
票号 日期 数量 单价	合计	3265532	3265532

备注　项目　部门　个人　客户　业务员

记账　审核　出纳　制单　肖勇

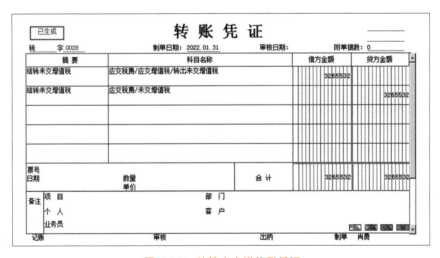

图 4.1.9　结转未交增值税凭证

3. 自定义转账凭证生成——凭证 0003

（1）更换用户 201 登录【企业应用平台】，执行【总账】→【凭证】→【审核】命令，对新生成的两张凭证进行审核。

（2）执行【总账】→【凭证】→【记账】命令，将其记账。

（3）更换用户 202 登录【企业应用平台】，执行【总账】→【期末】→【转账生成】命令，打开【转账生成】窗口，双击选中编号“0003”，如图 4.1.10 所示。

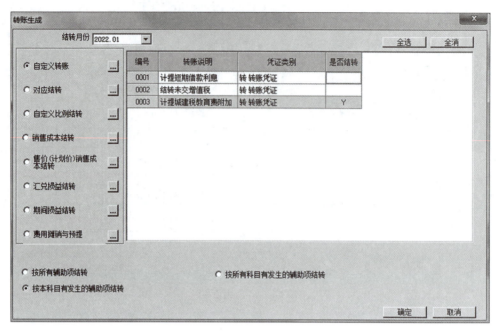

图 4.1.10 选择自定义转账编号

（4）单击【确定】按钮，生成计提城建税教育费附加凭证，如图 4.1.11 所示。

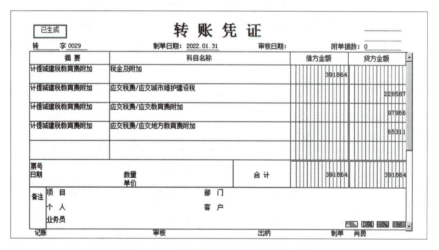

图 4.1.11 计提城建税教育费附加凭证

※※※※※※※※※※※※※※※※※※※※※※※※※※※※※※※※※※※※※※

◆ 凭证生成时要考虑先后顺序，否则可能造成凭证数据的错误。例如 0003 号计提城建税教育费附加凭证，计算税金时需要使用本期"应交税费—未交增值税"贷方发生额，因此需要先生成 0002 号结转未交增值税凭证并记账，0003 号凭证公式才能从系统取数计算。

◆ 自定义凭证不能重复生成，在生成 0003 号凭证时，0001 及 0002 号凭证已经生成，注意不要重复生成。

◆ 因公式是从账簿中取数，若本月或者前期有尚未登记入账的凭证，在生成自定义转账凭证时，系统会给出提示，如果尚未登记入账的凭证对于本次自定义凭证的生成没有影响，则可以继续生成凭证，否则应退出，先对前面的凭证进行记账，再生成相应的自定义凭证。

※※※※※※※※※※※※※※※※※※※※※※※※※※※※※※※※※※※※※

【拓展延伸】

每个企业都有一些每月都会发生、规律性较强的业务，对于这些经济业务，会计可以通过查询账簿数据，在总账系统中直接编制凭证，也可以通过期末自定义功能定义公式、生成凭证，进而提升业务处理的准确性和效率。在实际工作中自定义转账可适用的范围非常广泛，平时应加强对自定义转账常用公式的含义、定义公式注意事项的梳理，灵活使用该功能，提高工作效率。

★★★古智启思★★★

子曰："学而不思则罔，思而不学则殆"，一味读书而不思考，则不能合理有效地利用书本中的知识，就会惘然无知而没有收获。一味空想而不去学习和钻研，则终究是沙上建塔，一无所得。财务软件的学习也是如此，要深入思考、不断探索。结合本任务的知识点，除了计提短期借款利息可以使用自定义转账功能，还有哪些业务可以使用该功能？其公式应该如何设置？开动脑筋想一想吧。

任务2 结转销售成本

【任务描述】通过销售成本结转功能，定义本月已售产品成本结转公式并生成凭证。

【任务解析】山东绿都环保建材贸易有限公司未启用供应链，本月已售产品成本结转有两种方法，一是查看账簿数据，手工填制成本结转分录，二是利用【销售成本结转】功能定义成本结转公式，并生成成本结转凭证，该方法适用于采用月末一次加权平均法核算的存货，本任务要求通过第二种方法实现已售产品成本的结转。

【知识链接】如果企业使用【销售成本结转】功能，那么库存商品、主营业务成本和主营业务收入的科目结构要求完全一致，3个科目及其所有明细科目必须是数量核算。如果给3个科目及其明细设定了项目核算，则要求科目所属的项目大类必须相同。

【工作指导】

1.销售成本结转设置

（1）执行【总账】→【期末】→【转账定义】→【销售成本结转】命令，打开【销售成本结转设置】窗口。

（2）【凭证类别】选择"转账凭证"，在【库存商品科目】框中输入"1405"，在【商品销售收入科目】框中输入"6001"，在【商品销售成本科目】框中输入"6401"，如图4.1.12所示，单击【确定】按钮。

销售成本结转

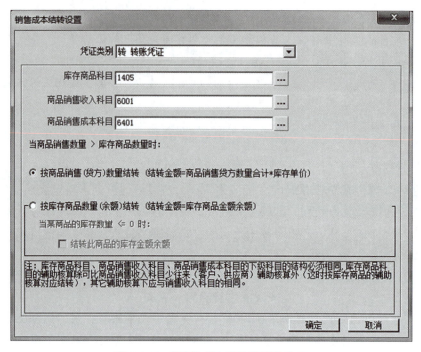

图 4.1.12 【销售成本结转设置】窗口

2. 销售成本结转凭证生成

（1）执行【总账】→【期末】→【转账生成】命令，打开【转账生成】窗口，选择左边的【转账类型】为"销售成本结转"，单击【确定】按钮。

（2）系统提示"2022.01月或之前月有未记账凭证，是否继续结转？"，单击【是】按钮，打开【销售成本结转一览表】窗口，显示已售产品结转成本，如图 4.1.13 所示。

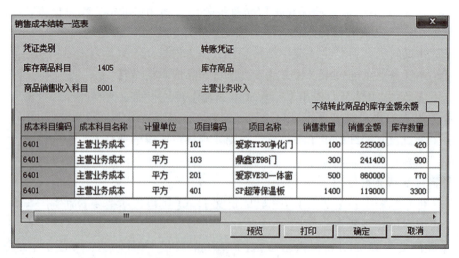

图 4.1.13 销售成本结转设置

（3）单击【确定】按钮，生成销售成本结转凭证，保存凭证，如图 4.1.14 所示。

项目四
期末业务处理
235

图 4.1.14　销售成本结转凭证

※※

◆ 库存商品科目、主营业务收入科目、主营业务成本科目的辅助核算必须完全一致，而且必须均有数量核算。

◆ 若库存商品科目、主营业务收入科目、主营业务成本科目的辅助核算有项目核算，则在进行项目分类时，3个科目必须属于同一项目大类。

◆ 期初库存商品需要数量金额信息，否则无法生成凭证。

※※

【拓展延伸】

当企业启用了供应链时，商品的出入库数量核算在库存管理系统中完成，而已售商品的成本结转则在存货核算系统中完成，根据系统设置的发出商品的成本核算方法，于确认收入时或者期末完成月末处理后，计算出发出商品的平均单价，结转已售产品的成本。若企业未启用供应链，通过【转账定义】→【销售成本结转】命令结转已售商品成本，需要同时具备以下条件：一是发出存货使用月末一次加权平均法核算，二是库存商品科目、主营业务收入科目、主营业务成本科目的辅助核算必须完全一致，而且必须均有数量核算。

任务 3　确认汇兑损益

【任务描述】月末，人民币对美元汇率为 6.5230，外币账户的期末余额按照期末汇率进行折算，计算汇兑损益并计入当期损益（银行结算方式：其他；现金流量：23 汇率变动对现金的影响）。

【任务解析】根据《企业会计准则第 19 号——外币折算》的规定，外币业务发生时，使用交易日的即期汇率或月初汇率将外币折算为本位币，月底按照期末汇率进行折算，产生的汇兑差额计入当期损益，同时调整外币货币性项目的记账本位币金额。

【知识链接】汇兑损益的定义与结转，用于期末自动计算汇率变动所导致的外币账户的汇兑损失或者收益。需要进行汇兑损益处理的外币账户有：外汇存款户，外币现金，外币结算的各项债权、债务。期末应先在外币设置录入期末汇率，系统根据期末汇率与期初汇率的差异，对所有外币核算的货币性资产及债权、债务自动计算汇率变动带来的损益。

【工作指导】

1. 录入调整汇率

（1）用户 201 登录【企业应用平台】，【操作日期】为"2022-01-31"。

（2）在【基础设置】选项卡中，执行【基础档案】→【财务】→【外币设置】命令，打开【外币设置】窗口，在月底【调整汇率】栏中输入"6.5230"，如图 4.1.15 所示，退出窗口。

确认汇兑损益

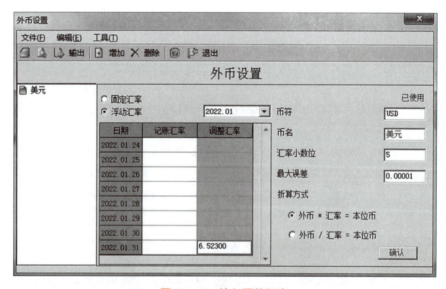

图 4.1.15　输入调整汇率

2. 设置汇兑损益科目

（1）更换用户202登录【企业应用平台】，【操作日期】为"2022-01-31"。

（2）执行【总账】→【期末】→【转账定义】→【汇兑损益】命令，打开【汇兑损益结转设置】窗口，在【汇兑损益入账科目】框中输入"6603"，双击【是否计算汇兑损益】栏，在该栏中出现"Y"标志，如图4.1.16所示，单击【确定】按钮。

图4.1.16 "汇兑损益结转设置"窗口

3. 生成汇兑损益凭证

（1）执行【期末】→【转账生成】命令，打开【转账生成】窗口，选择左边的【转账类型】为"汇兑损益结转"，依次单击【全选】和【确定】按钮。

（2）系统提示"2022.01月或之前月有未记账凭证，是否继续结转？"，单击【是】按钮，打开【汇兑损益试算表】窗口，显示本期汇兑损益的计算结果，如图4.1.17所示。

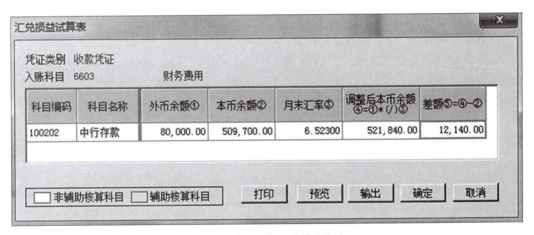

图4.1.17 "汇兑损益试算表"窗口

（3）单击【确定】按钮，生成汇兑损益凭证，通过"Ctrl+S"组合键打开中行存款的【辅助项】窗口，选择结算方式，单击【流量】按钮，【现金流量】选择"23"，将财务费用调整为借方红字金额，保存凭证，如图4.1.18所示。

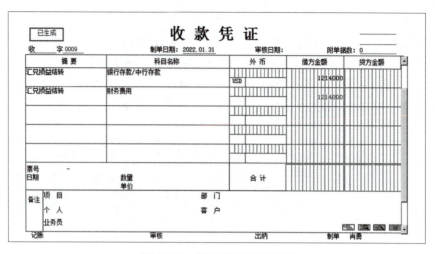

图 4.1.18　汇兑损益调整凭证

※※※※※※※※※※※※※※※※※※※※※※※※※※※※※※※※※※※※※※

◆ 为了保证汇兑损益计算正确，生成汇兑损益凭证时必须先将本月的所有与外币资金、外币核算债权相关的凭证登记入账。

◆ 财务费用是费用类科目，发生额只有在借方，利润表才能取到数字。

◆ 在生成汇兑损益凭证前，应先在外币设置中录入期末调整汇率。

◆ 因为现金流量项目"23 汇率变动对现金的影响"只有流入方向，因此汇兑损益结转的凭证中"银行存款"科目金额只能在借方。

※※※※※※※※※※※※※※※※※※※※※※※※※※※※※※※※※※※※※※

【拓展延伸】

受控于应收款管理系统和应付款管理系统的往来核算科目，汇率变动所产生的汇兑损益在应收款管理系统、应付款管理系统中进行处理；"库存现金""银行存款"科目由于汇率变动所产生的汇兑损益，在总账系统中处理。

任务 4　结转期间损益

【任务描述】企业采用账结法核算当期利润，每期期末分别生成收入类结转凭证和支出类结转凭证。

【任务解析】在账结法下，月末将损益类科目余额转入"本年利润"科目，损益类科目月末无余额。在软件核算条件下，可先设置期间损益结转公式，月末再根据定义好的公式分别生成损益结转凭证。

【知识链接】期间损益的结转用于在一个会计期间终了后，将损益类科目余额结转到"本年利润"科目中，从而及时反映企业利润的盈亏情况。损益类科目包括管理费用、主营业务收入、主营业务成本、税金及附加、营业外收入、资产处置损益等科目。

【工作指导】

1. 期间损益结转设置

（1）执行【总账】→【期末】→【转账定义】→【期间损益】命令，打开【期间损益结转设置】窗口。

（2）【凭证类别】选择"转账凭证"，在【本年利润科目】框中输入"4103"，单击【确定】按钮。

结转期间损益

2. 前期生成凭证记账

（1）更换用户203登录【企业应用平台】，执行【总账】→【凭证】→【出纳签字】命令，对汇兑损益凭证进行出纳签字。

（2）更换用户201登录【企业应用平台】，执行【总账】→【凭证】→【审核】命令，对新生成凭证进行审核。

（3）执行【总账】→【凭证】→【记账】命令，将所有凭证记账。

3. 期间损益凭证生成

（1）更换用户202登录【企业应用平台】，执行【总账】→【期末】→【转账生成】命令，打开【转账生成】窗口，选择左侧的"期间损益结转"选项，【类型】选择"收入"，单击【全选】按钮，如图4.1.19所示。

图 4.1.19　转账生成 – 收入结转

（2）单击【确定】按钮，生成收入结转凭证，保存凭证，如图4.1.20所示。

（3）单击【退出】按钮，回到【转账生成】窗口，【类型】选择"支出"，依次单击【全选】【确定】按钮，系统提示"2022.01月或之前月有未记账凭证，是否继续结转？"，单击【是】按钮，生成支出结转凭证，如图4.1.21所示。

已生成

转 账 凭 证

转 0031 - 0001/0002　制单日期：2022.01.31　审核日期：　附单据数：0

摘要	科目名称	借方金额	贷方金额
期间损益结转	本年利润		142998320
期间损益结转	主营业务收入	22500000	
期间损益结转	主营业务收入	24140000	
期间损益结转	主营业务收入	86000000	
期间损益结转	主营业务收入	11900000	
票号 日期	数量 单价　　合计	142998320	142998320

备注　项目　部门
个人　客户
业务员

记账　审核　出纳　制单　肖勇

图 4.1.20　收入结转凭证

已生成

转 账 凭 证

转 字 0032 - 0001/0005　制单日期：2022.01.31　审核日期：　附单据数：0

摘要	科目名称	借方金额	贷方金额
期间损益结转	本年利润	124308717	
期间损益结转	主营业务成本		20571429
期间损益结转	主营业务成本		18628667
期间损益结转	主营业务成本		66038961
期间损益结转	主营业务成本		6707273
票号 日期	数量 单价　　合计	124308717	124308717

备注　项目　部门
个人　客户
业务员

记账　审核　出纳　制单　肖勇

已生成

转 账 凭 证

转 字 0032 - 0002/0005　制单日期：2022.01.31　审核日期：　附单据数：0

摘要	科目名称	借方金额	贷方金额
期间损益结转	税金及附加		391864
期间损益结转	销售费用/差旅费		317800
期间损益结转	销售费用/折旧费		7680
期间损益结转	销售费用/工资薪酬		1739480
期间损益结转	销售费用/其他		14000
票号 日期	数量 单价　　合计	124308717	124308717

备注　项目　部门
个人　客户
业务员

记账　审核　出纳　制单　肖勇

图 4.1.21　支出结转凭证

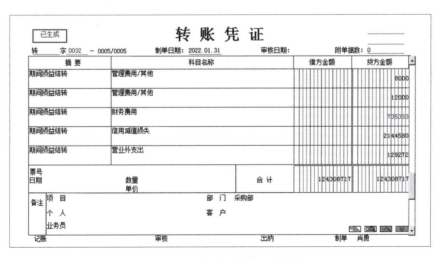

图 4.1.21 支出结转凭证（续）

（4）更换用户 201 登录【企业应用平台】,【操作日期】为"2022-01-31",对收入结转凭证和支出结账凭证进行审核、记账。

◆ 在生成期间损益凭证前，必须将所有涉及损益类科目的会计凭证登记入账。

◆ 生成的损益结转凭证，可以将收入类科目与费用类科目一并转入"本年利润"科目，生成一张凭证，也可以分别生成收入结转凭证和支出结转凭证。

◆ 生成的损益结转凭证仍需要进行审核、记账。

【拓展延伸】

账结法和表结法是计算利润的两种方法。在表结法下，各损益类科目每月月末只需结计出本月发生额和月末累计余额，不结转到"本年利润"科目，即1—11月期间，各损益类科目的余额在账务处理上暂不结转至"本年利润"科目，而是在损益表中按收入、支出结出净利润，然后将净利润在资产负债表中的"未分配利润"行中列示，到12月年终结算时，再将各损益类科目的余额结转至"本年利润"科目，结转后各损益类科目的余额为0。

【探索思考】

你的期间损益结转凭证金额正确吗？通过【总账】→【账表】→【科目账】→【余额表】命令，可以查看损益类科目本期发生额，联查账簿，打开余额表看看吧！

子项目 4.2 期末对账与结账

本月经济业务全部处理完毕后，需要对所有启用的系统进行月末处理，包括薪资管理系统的月末清零处理、固定资产系统的月末对账结账处理、应收款管理系统、应付款管理系统的月末结账，以及总账系统的月末对账与结账工作。只有企业所启用的其他子系统全部结账后，总账系统才能结账。月末处理完毕后，本月各系统的经济业务不允许再变动。

任务1 薪资管理系统月末处理

【任务描述】根据每个月工资数据变动情况，月末将"绩效工资""请假扣款""请假天数""月初累计收入""期初累计预扣预缴税额"几个项目的数据清零。

项目四 期末业务处理

【任务解析】根据任务要求，进行薪资管理系统的月末处理，选择下月金额发生变动的数据，进行清零处理。

【知识链接】当企业完成了薪资管理系统本月业务处理后，需要进行期末处理，即对每月发生变化的工资项目进行清零处理。对于数据未发生变化的工资项目，无须清零，下期继续使用，以提高工资录入的效率。

【工作指导】

（1）用户202登录【企业应用平台】，【操作日期】为"2022-01-31"。

（2）执行【人力资源】→【薪资管理】→【业务处理】→【月末处理】命令，打开【月末处理】窗口，如图4.2.1所示，单击【确定】按钮。

（3）系统提示"月末处理之后，本月工资将不许变动！继续月末处理吗？"，单击【是】按钮，系统继续提示"是否选择清零？"，单击【是】按钮，打开【选择清零项目】窗口。

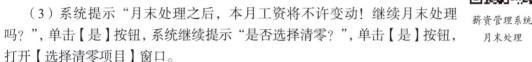
薪资管理系统月末处理

（4）根据任务要求选择清零项目，如图4.2.2所示，单击【确定】按钮，系统提示"月末处理完毕！"，单击【确定】按钮退出。

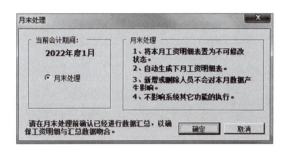

图4.2.1 【月末处理】窗口

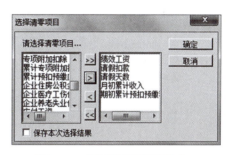

图4.2.2 【选择清零项目】窗口

◆ 月末处理只在<u>每年的1—11月进行</u>，在年底，应该由账套主管建立新的年度账，登录【系统管理】模块结转上年数据，完成工资数据的结转。

◆ 若本月<u>工资数据没有汇总，则无法进行月末处理</u>。

◆ 月末处理后，当月工资数据不允许再变动，若要更改数据，可通过<u>反结账</u>功能实现。

任务2 固定资产系统月末处理

【任务描述】月末固定资产系统与总账系统进行对账，若对账无误，对固定资产系统进行结账处理。

【任务解析】本任务要求对固定资产系统进行对账结账处理。

【知识链接】系统在运行过程中，可以通过对账功能，随时检查固定资产账套与财务账套的资产原值和累计折旧金额是否平衡。对账不限制时间，可以随时进行，当本月固定资产系统的全部经济业务处理完毕后，应对该系统进行结账。

【工作指导】

1. 月末对账

（1）用户 201 登录【企业应用平台】，【操作日期】为"2022-01-31"。

（2）执行【固定资产】→【处理】→【对账】命令，打开【与财务对账结果】窗口，系统提示"平衡"，如图 4.2.3 所示，单击【确定】按钮。

2. 月末结账

（1）执行【固定资产】→【处理】→【月末结账】命令，打开【月末结账】窗口，单击【开始结账】按钮。

（2）打开【与财务对账结果】窗口，单击【确定】按钮，系统提示"月末结账成功完成！"，如图 4.2.4 所示。

固定资产系统
月末处理

图 4.2.3 【与财务对账结果】窗口

图 4.2.4 月末结账成功完成

◆ 固定资产系统与总账系统对账前，应保证固定资产系统传递到总账系统的凭证已经审核、记账，否则对账不成功。

◆ 月末结账前要进行数据备份，否则数据一旦丢失，将造成严重后果。

◆ 若本会计期间未进行月末结账处理，则系统将不允许处理下一期间业务。

◆ 月末结账工作每月只能进行一次，如果结账后发现结账前操作有误，可以通过【恢复月末结账前状态】命令进行反结账。

任务 3 往来系统月末处理

【任务描述】月末对应收款管理系统和应付款管理系统进行结账处理。

【任务解析】本任务要求完成往来系统所有单据处理，并分别进行结账。

【知识链接】本月应收款管理系统和应付款管理系统中应收单、收款单、应付单、付款单都已完成审核、制单，其他处理也都全部制单，则可以执行月末结账。

项目四 期末业务处理

【工作指导】

（1）用户 201 登录【企业应用平台】，【操作日期】为"2022-01-31"。

（2）执行【应收款管理】→【期末处理】→【月末结账】命令，打开【月末处理】窗口，双击 1 月的【结账标志】栏，如图 4.2.5 所示。

往来系统月末处理

（3）单击【下一步】按钮，显示该系统所有单据的处理情况，如图 4.2.6 所示，单击【完成】按钮，系统提示"1 月份结账成功"，单击【确定】按钮退出。

（4）以同样的流程完成应付款管理系统月末结账。

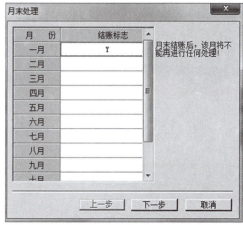

图 4.2.5 月末处理 – 结账情况   图 4.2.6 月末处理 – 处理情况

※※※※※※※※※※※※※※※※※※※※※※※※※※※※※※※※※※

- ◆ 应收款管理系统与应付款管理系统月末处理原理及流程相同。
- ◆ 如果应收款管理系统中有尚未处理完毕的单据，则不能进行月末结账。
- ◆ 一个月只能进行一次月末结账，若上月尚未结账，则本月无法结账。
- ◆ 在执行了月末结账后，本月将不能再进行任何业务处理。

※※※※※※※※※※※※※※※※※※※※※※※※※※※※※※※※※※

任务 4 总账系统月末处理

【任务描述】月末对总账系统进行对账和结账。

【任务解析】本任务要求处理完毕总账系统的所有经济业务，在其他子系统均已结账的前提下，对总账系统进行期末对账和结账。

【知识链接】总账系统期末结账代表一段期间经济业务处理完毕，结账后，本系统将不能再处理任何经济业务。结账有先后顺序，只有其他子系统完成结账，总账系统才能进行结账处理。

【工作指导】

1. 总账系统对账

（1）用户 201 登录【企业应用平台】，【操作日期】为"2022-01-31"。

总账系统对账结账

（2）执行【总账】→【期末】→【对账】命令，打开【对账】窗口，单击【试算】按钮，系统提示"试算结果平衡"，如图 4.2.7 所示，单击【确定】按钮，关闭该窗口。

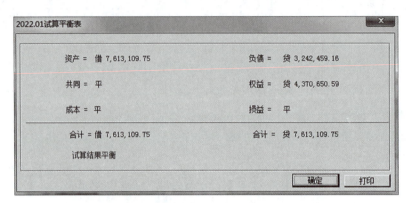

图 4.2.7 【2022.01 试算平衡表】窗口

（3）单击【检查】按钮，系统自动检查后提示"总账、辅助账、多辅助账、凭证数据正确！"。

（4）单击【选择】按钮后激活【对账】按钮，单击【对账】按钮，系统自动对账并显示对账结果，如图 4.2.8 所示，关闭【对账】窗口。

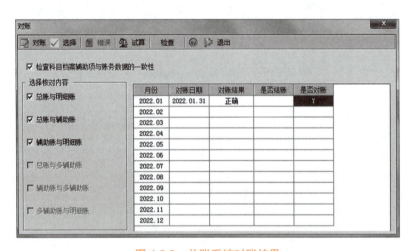

图 4.2.8 总账系统对账结果

2. 总账系统结账

（1）执行【总账】→【期末】→【结账】命令，打开【结账】窗口，系统默认"2022.01"，如图 4.2.9 所示。

（2）单击【下一步】按钮，打开【结账-核对账簿】窗口，单击【对账】按钮，系统对账完毕无误后，继续单击【下一步】按钮，打开【结账-月度工作报告】窗口，显示2022 年 1 月工作报告，如图 4.2.10 所示。

（3）单击【下一步】按钮，系统提示"2022 年 01 月工作检查完成，可以结账"，如图 4.2.11 所示，单击【结账】按钮，总账系统结账完成。

图 4.2.9 【结账–开始结账】窗口

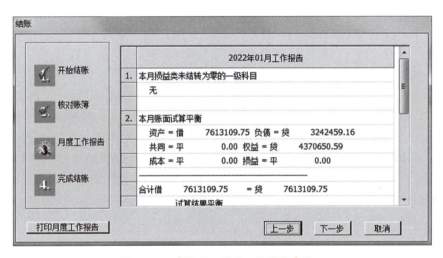

图 4.2.10 【结账–月度工作报告】窗口

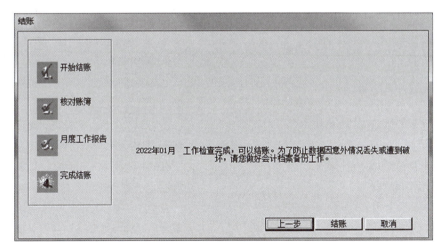

图 4.2.11 结账提示

❋❋❋❋❋❋❋❋❋❋❋❋❋❋❋❋❋❋❋❋❋❋❋❋❋❋❋❋

◆ 总账系统结账前要求其他子系统均已完成结账，且损益类科目全部转入"本年利润"科目，即所有损益类科目期末余额为零，所有凭证审核记账，否则结账不成功。

◆ 账套主管在【结账】窗口，按"Ctrl+Shift+F6"组合键，可取消结账。

◆ 总账系统结账不成功时，可以返回【结账－月度工作报告】窗口，查找不能结账的具体原因，并进行修正。

❋❋❋❋❋❋❋❋❋❋❋❋❋❋❋❋❋❋❋❋❋❋❋❋❋❋❋❋

★★★古智启思★★★

《陶朱公经商十八法》记载："账目要稽查，切勿懈怠，懈怠则资本滞。"早在春秋末期，陶朱公就意识到账目稽查的重要性。随着会计的发展，现代账目稽查制度更加完善，月末先对账，然后结账。对账内容包括账证核对、账账核对以及账实核对。结账也有相应的顺序，思考：为什么在软件处理环境下，总账系统最后才能结账呢？

常见故障排除

序号	问题描述	原因分析	解决方案
1	短期借款利息定义失败	公式错误	检查公式是否用了百分比，系统要求只能用小数，不得使用百分比；公式应在英文状态下输入，不能在中文状态下输入
2	短期借款利息定义成功，但是生成的凭证没有贷方	公式定义错误	检查公式定义第二行，【方向】应选择"贷"
3	销售成本定义失败	1405、6001、6401三个科目结构不一致	使用销售成本结转时，要求1405、6001、6401三个科目均为数量核算，且结构完全一致，检查三个科目是否符合要求
4	无法正确生成汇兑损益凭证	没有期末调整汇率的设置	执行【基础档案】→【财务】→【外币设置】命令，设置企业的期末调整汇率，然后进行汇兑损益凭证的生成
5	期间损益凭证数据错误	没有将所有损益相关凭证记账	生成期间损益凭证前，应将所有损益相关凭证登记入账
6	固定资产系统与总账系统对账不平	固定资产系统凭证没有经过审核记账	将固定资产系统生成的所有凭证进行审核、记账后，再执行两个系统的对账工作
7	应收款管理系统、应付款管理系统无法结账	存在未处理完毕的单据	检查有无未处理完毕的单据，如未审核、未生成凭证，单据全部处理完毕后，再执行结账命令
8	总账系统无法结账	多种原因	单击【上一步】按钮，查看具体原因，如其他系统未结账、损益类科目有余额，根据具体原因进行调整和修正

项目考核评价

姓名：		学号：	班级：	组别：				
	评价项目	评价标准	评价依据	评价方式		权重	得分	总分
				小组 0.2	教师 0.8			
期末业务处理	职业素质	1. 遵守实训管理规定和劳动纪律； 2. 在实训过程中保持操作台干净整洁，实训耗材摆放规范，实训结束后及时清理垃圾； 3. 团结互助，高效完成实训任务	实训表现			0.1		
	专业能力	1. 能根据任务要求，准确快速地进行公式定义，并正确生成会计凭证； 2. 能按照规定结账流程完成薪资管理系统、固定资产系统、往来系统及总账系统的期末对账、结账工作； 3. 对于业务处理中遇到的问题，能深入分析原因，排除故障； 4. 及时完成任务并上交截图	定义的转账公式截图、各系统结账完成状态截图			0.6		
	创新能力	深入研究用友 U8V10.1 软件账务函数的含义、作用、使用方法，结合企业实际工作内容，利用期末转账定义功能探索所得税计提、盈余公积计提等业务公式的定义方法	课堂表现，分析、解决问题的能力			0.1		
	学习态度质量	1. 登录平台，观看微课、课件等学习资源，自主开展课前预习； 2. 及时完成课前在线测试； 3. 积极针对用友 U8V10.1 软件账务函数、系统结账流程等知识点进行讨论、回帖发帖	在线测试成绩/视频浏览时长/发帖、回帖数量	线上学习数据		0.2		
	教师评语	指导教师签名： 日期：						

项目小结

期末业务处理		
子项目	任务列表	学习内容
期末转账定义与凭证生成	1. 自定义转账	常用账务函数的含义
		使用账务函数定义公式的方法
		自定义短期借款利息计提的方法
		自定义增值税期末结转的方法
		自定义城建教育费附加计提的方法
	2. 结转销售成本	销售成本结转适用的条件
		1405、6001、6401科目设置的要求
		销售成本结转的方法及流程
	3. 确认汇兑损益	外币核算科目期末汇率调整的要求
		系统生成汇兑损益的流程
	4. 结转期间损益	期间损益结转设置方法
		期间损益结转凭证的生成注意事项
期末对账与结账	1. 薪资管理系统月末处理	月末清零的作用
		薪资管理系统月末处理流程
		薪资管理系统反结账方法
	2. 固定资产系统月末处理	固定资产系统期末与总账系统对账
		固定资产系统月末结账
		固定资产系统反结账方法
	3. 往来系统月末处理	往来系统月末结账的前提
		往来系统月末结账的方法
		往来系统取消结账的方法
	4. 总账系统月末处理	总账系统期末对账的内容及流程
		总账系统结账的前提条件
		总账系统取消结账的快捷键及方法

项目五

编制财务报表

 职场寄语

财务报表包括内部报表和外部报表，用友 U8V10.1 软件中各系统提供了多种格式的内部报表，同时财务人员还可根据管理需要在 UFO 报表系统自定义报表格式。内部报表是企业财务数据和业务数据的重要载体，是管理者进行生成经营、筹资投资决策的重要依据。而外部报表主要包括利润表、资产负债表和现金流量表等，是企业投资者、债权人和其他有关各方掌握企业财务状况、经营成果和现金流量情况，进而分析企业的盈利能力、偿债能力、投资收益、发展前景等，为投资、贷款和贸易提供决策的依据；也是财政、税务、工商、审计等部门监督企业经营管理的重要依据。财务报表真实公允有助于经济社会健康发展，故财务人员务必客观公允、不做假账，坚守职业操守，协助企业履行好社会责任。

职业目标

目标类型	目标要求	对应子项目
能力目标	能根据企业需要设计报表格式，定义报表公式	子项目 5.1
	能根据报表模板生成资产负债表、利润表等常用报表	子项目 5.2
	能通过报表数据的勾稽关系，检查报表的对错	子项目 5.2
	能分析报表错误的原因并进行故障排查	子项目 5.2
知识目标	了解用友 UFO 报表的主要功能	子项目 5.1
	掌握主要函数的含义、使用方法	子项目 5.1
	理解表页管理、报表数据处理及图表功能的使用方法	子项目 5.1
	掌握根据模板生成报表的流程	子项目 5.2
	理解报表间的勾稽关系	子项目 5.2
素质目标	深入探索，加强学习，学懂用好账务函数	子项目 5.1
	提升效率，严谨认真，及时出具财务报表	子项目 5.2
	操守为重，客观公正，不做假账，确保报表数据公允客观	子项目 5.2
	树立服务意识，加强部门合作，确保数据传递畅通	子项目 5.2

典型工作任务

项目	子项目	典型工作任务
编制财务报表	编制自定义报表	设置报表格式
		生成报表数据与图表
	利用报表模板生成常用报表	生成利润表
		生成资产负债表
		生成现金流量表

项目背景资料

  企业全月经济业务处理完毕后，财务部门编制当月的利润表、资产负债表和现金流量表。此外由于企业每月要进行货币资金分析，因此需要设计一个货币资金分析表模板，按月取数生成数据。

子项目 5.1　编制自定义报表

UFO 报表是报表处理的工具，既可以独立运作，也可以与财务系统同时运作，当 UFO 报表独立运作时，可用于处理日常办公事务，完成制作表格、图形、数据运算等电子表格的所有功能。当 UFO 报表与财务系统同时运作时，通过从总账系统或者其他业务系统取得有关数据，自动编制各种会计报表，并生成分析图，满足企业内部管理及外部报送的需求。

任务 1　设置报表格式

【任务描述】为了加强对货币资金的管理，设计一张名为"货币资金表"的自定义报表（5.1.1），保存到"D:\财务报表"文件夹中，报表参数如图 5.1.1 所示。

货币资金表

编制单位：绿都环保建材公司　　　　　　　　　　　　　　　单位：元

报表项目	行次	期初余额	期末余额
库存现金	1		
银行存款	2		
合计	3		

制表人 孙雯

图 5.1.1　自定义报表

（1）表格尺寸：7 行 4 列；行高：第一行 10，其他行保持默认值；列宽：40。
（2）表头标题"货币资金表"：黑体、16 号、居中对齐；"编制单位"：宋体、11 号、居左居下对齐；"单位"：宋体、11 号、居右居下对齐。
（3）表体文字：黑体、12 号、居中。
（4）表尾"制表人"：宋体、11 号、居下居右对齐；D7 单元格属性：字符。
（5）关键字：年、月、日，偏移：左偏移 110、80、50。

【任务解析】本任务要求设置自定义报表，并定义公式。

【知识链接】报表格式管理提供了丰富的报表格式设计功能，如设置组合单元、画表格线、调整行高和列宽、设置字体和颜色。通过自定义报表，企业可以根据业务需要制作各种内部报表。

【工作指导】

1. 定义表格格式

（1）用户 201 登录【企业应用平台】，【操作日期】为"2022-01-31"。
（2）在【业务工作】选项卡中，执行【财务会计】→【UFO 报表】命令，

定义报表格式

打开【UFO报表】窗口，关闭【日积月累】窗口。

（3）单击工具栏中的【新建】按钮或按"Ctrl+N"组合键，建立一张空白报表，报表底部左下角显示当前表格状态为"格式"状态。

（4）执行【格式】→【表尺寸】命令，打开【表尺寸】窗口，设置【行数】为"7"，【列数】为"4"，如图 5.1.2 所示，单击【确认】按钮。

（5）选择区域 A1: D1，执行【格式】→【组合单元】命令，打开【组合单元】窗口，如图 5.1.3 所示，【组合方式】选择"按行组合"，同理将 A2: C2 区域组合，将 A7: C7 区域组合。

图 5.1.2　设置表尺寸

图 5.1.3　组合单元

（6）选中区域 A3: D6，执行【格式】→【区域画线】命令，打开【区域画线】窗口，选择"网线"选项，单击【确认】按钮，将所选区域画上表格线，如图 5.1.4 所示。

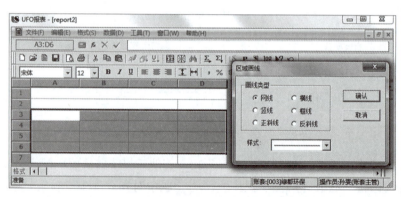

图 5.1.4　区域画线

（7）选中单元格 A1，执行【格式】→【行高】命令，打开【行高】窗口，在【行高】框中输入"10"，单击【确定】按钮，如图 5.1.5 所示。

（8）选中 A～D 列，执行【格式】→【列宽】命令，打开【列宽】窗口，在【列宽】框中输入"40"，单击【确定】按钮，如图 5.1.6 所示。

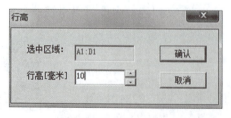

图 5.1.5　设定行高

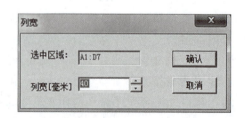

图 5.1.6　设定列宽

（9）根据任务资料，输入表格文字内容，如图5.1.7所示。

图5.1.7　货币资金表

（10）选中标题所在组合单元A1，执行【格式】→【单元属性】命令，打开【单元格属性】窗口，单击【字体图案】页签，【字体】选择"黑体"，【字号】选择"16"，如图5.1.8所示；单击【对齐】页签，【水平方向】和【垂直方向】都选择"居中"，如图5.1.9所示，单击【确定】按钮，同理设置其他单元格属性。

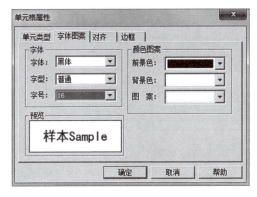

图5.1.8　设置字体

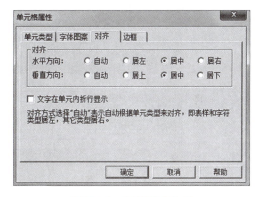

图5.1.9　设置对齐方式

※※※※※※※※※※※※※※※※※※※※※※※※※※※※※※※※※※※※

◆ 表格有"格式"状态和"数据"状态，设置表格格式、公式，定义关键字均在"格式"状态下完成。

◆ 在"格式"状态下输入内容的单元均默认为表样单元，未输入数据的单元均默认为数值单元，在"数据"状态下可输入数值。

◆ 若希望在"数据"状态下输入字符，应将其属性定义为字符。

※※※※※※※※※※※※※※※※※※※※※※※※※※※※※※※※※※※※

2.设置关键字

（1）选中组合单元A2，执行【数据】→【关键字】→【设置】命令，打开【设置关键字】

窗口，选择"年"选项，如图5.1.10所示，单击【确定】按钮，同理将"月"和"日"也设为关键字。

（2）执行【数据】→【关键字】→【偏移】命令，打开【定义关键字偏移】窗口，输入关键字的偏移量，在【年】框中输入"–110"，在【月】框中输入"–80"，在【日】框中输入"–50"，如图5.1.11所示。

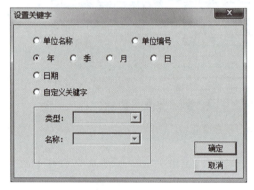

图 5.1.10　设置关键字

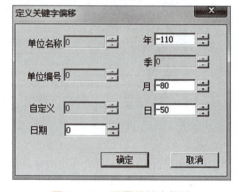

图 5.1.11　设置关键字偏移

（3）单击【确定】按钮，完成关键字偏移，如图5.1.12所示。

图 5.1.12　关键字设置好后的表格样式

※※

◆ 关键字在报表"格式"状态下设置，在"数据"状态下录入，每个报表可以同时定义多个关键字。

◆ 如果要取消关键字，可以执行【数据】→【关键字】→【取消】命令。

◆ 关键字的位置可以用偏移量来表示，负数值表示向左移，正数值表示向右移。在调整时，可以通过输入正或负的数值来调整。

※※

3. 定义表格公式

（1）在"格式"状态下，选中单元格C4，即"库存现金"的期初余额，执行【数据】→【编辑公式】→【单元公式】命令，打开【定义公式】窗口。

（2）单击【函数向导】按钮，打开【函数向导】窗口，单击左侧的"用友账务函数"选项，选择右侧的函数"期初（QC）"，如图 5.1.13 所示。

（3）单击【下一步】按钮，打开【用友账务函数】窗口，单击下方的【参照】按钮，打开【账务函数】窗口，在【科目】框中输入"1001"，如图 5.1.14 所示。

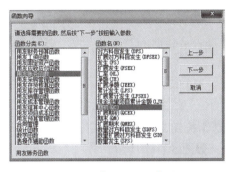 

图 5.1.13 【函数向导】窗口　　　　　　图 5.1.14 【账务函数】窗口

（4）单击【确定】按钮，回到【用友账务函数】窗口，在【函数录入】框中完成了公式设置，如图 5.1.15 所示，单击【确定】按钮，回到【定义公式】窗口，完成单元格 C4 公式定义。

（5）同理设定"库存现金"期末余额公式以及"银行存款"期初余额、期末余额公式，期末数公式设置，期末（QM）公式设置如图 5.1.16 所示。

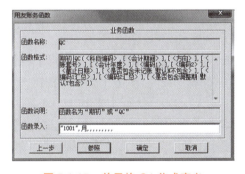 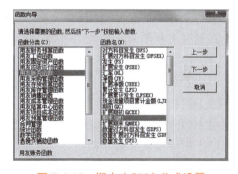

图 5.1.15　单元格 C4 公式定义　　　　　图 5.1.16　期末（QM）公式设置

（6）单击单元格 C6，执行【数据】→【单元公式】命令，在【定义公式】窗口直接输入"C4+C5"，同理设定单元格 D6 公式"D4+D5"。

（7）完成报表公式设置，执行【文件】→【另存为】命令，将文件名改为"货币资金表"，保存到目标文件夹中。

任务 2　生成报表数据与图表

【任务描述】利用自定义报表，生成山东绿都环保建材贸易有限公司 2022 年 1 月的货币资金表及资金分析图。

【任务解析】本任务要求输入关键字生成 2022 年 1 月的货币资金表，并根据本月资金数据，以分析图的形式更为直观地呈现本月资金情况。

【知识链接】在实际工作中，数据图形与财务报表相比，所呈报的数据更加直观清晰，有助于管理者分析决策。定义好货币资金表后，通过关键字的输入可以获得目标期间的财务报表数据，在此基础上生成相关数据分析图，为管理决策提供支撑。

【工作指导】

1. 生成报表数据

（1）单击报表底部左下角的【格式】按钮，将报表从当前的"格式"状态切换到"数据"状态。

生成报表图表

（2）执行【数据】→【关键字】→【录入】命令，打开【录入关键字】窗口，在【年】【月】【日】框中分别输入"2022""01""31"，单击【确认】按钮。

（3）系统提示"是否重算第1页？"，单击【是】按钮，系统计算完成山东绿都环保建材贸易有限公司2022年1月31日的货币资金表，如图5.1.17所示。

图5.1.17　生成货币资金表数据

2. 建立分析图表

（1）将报表从"数据"状态切换到"格式"状态，单击单元格A7，执行【编辑】→【追加】→【行】命令，打开【追加行】窗口，输入追加行数"12"，单击【确认】按钮。

（2）将报表切换到"数据"状态，选取数据区域A3：D6，执行【工具】→【插入图表对象】命令，打开【区域作图】窗口，在【图表名称】框中输入"资金分析图"，在【图表标题】框中输入"资金对比"，在【X轴标题】框中输入"期间"，在【Y轴标题】框中输入"金额"，图表格式选择"立体成组直方图"，如图5.1.18所示。

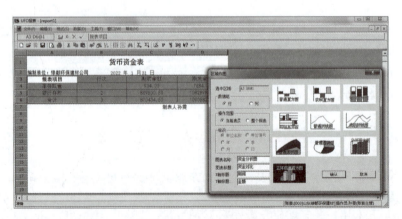

图5.1.18　建立分析图表

（3）单击【确认】按钮，根据货币资金表数据生成立体柱形图，如图5.1.19所示。

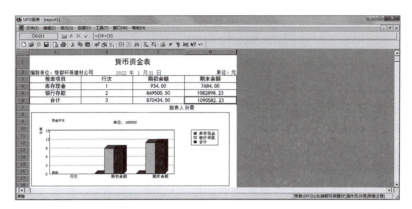

图 5.1.19　资金分析图

（4）执行【文件】→【另存为】命令，将该表命名为"货币资金表"，保存到 D 盘中的目标文件夹。

◆ 给报表追加行、列只能在"格式"状态下操作，而追加表页需要在"数据"状态下操作。

◆ 插入的图表对象源于报表的数据，因此有关图表对象的操作必须在"数据"状态下进行。单击图表窗口可以单独显示图表，并对图表进行编辑。

◆ 选择图表对象显示区域时，区域不能少于2行×2列，否则会提示出现错误。

◆ UFO 报表系统生成的报表是".rep"格式，若想打开报表，需要先进入 UFO 报表系统，再通过"打开"功能按钮或"Ctrl+O"组合键，找到报表保存路径，然后将报表打开。

子项目 5.2　利用报表模板生成常用报表

用友 U8V10.1 软件提供了 UFO 报表模板，并定义好了公式，以区分不同行业，提供企业常用的资产负债表、利润表、现金流量表、利润分配表等报表。企业可以利用报表模板直接生成所需的财务报表，进而简化了报表编制的工作。利用报表模板生成财务报表，是利用从总账系统中取得的有关会计数据，根据已经定义好的格式和公式自动计算，快速准确地生成财务报表。

任务 1 生成利润表

【**任务描述**】利用报表模板生成山东绿都环保建材贸易有限公司 2022 年 1 月的利润表，以"1 月利润表"命名，并将其保存在"D:\财务报表"文件夹中。

【**任务解析**】本任务要求调用系统提供的报表模板，生成 2022 年 1 月的利润表，查看本月企业经营获利情况。

【**知识链接**】利润表是反映企业在某一特定期间经营情况的报表，我国使用多步式利润表，表格内容至少应包括营业收入、营业利润、利润总额、净利润。用友 U8V10.1 软件系统已经提供了利润表模板，企业可以根据自身需要对利润表模板进行调整优化。

【**工作指导**】

1. 调用利润表模板

（1）用户 201 登录【企业应用平台】，【操作日期】为"2022-01-31"。

（2）在【业务工作】选项卡中，执行【财务会计】→【UFO 报表】命令，打开【UFO 报表】窗口，关闭【日积月累】窗口。

（3）单击工具栏中的【新建】按钮，建立一张空白报表。

（4）执行【格式】→【报表模板（M）】命令，打开【报表模板】窗口，【所在行业】选择"2007 年新会计制度科目"，【财务报表】选择"利润表"，单击【确认】按钮，系统提示"模板格式将覆盖本表格式！是否继续？"，单击【确定】按钮，如图 5.2.1 所示。

生成利润表

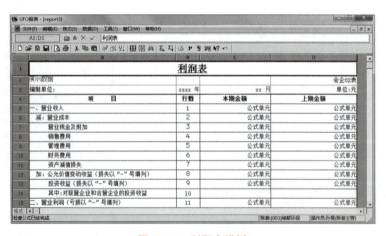

图 5.2.1 利润表模板

2. 调整利润表模板

（1）单击单元格 A12，执行【编辑】→【插入】→【行】命令，打开【插入行】窗口，插入行数量为"1"，单击【确认】按钮。

（2）在单元格 A12 中输入"信用减值损失"，单击单元格 C12，执行【数据】→【编辑公式】→【单元公式】命令，打开【定义公式】窗口。

（3）单击【函数向导】按钮，打开【函数向导】窗口，单击左侧的"用友账务函数"选项，选择右侧的"发生（FS）"选项，单击【下一步】按钮，打开【用友账务函数】窗口，单击"参照"按钮。

（4）打开【账务函数】窗口，在【科目】框中输入"6702"，如图 5.2.2 所示，单击【确定】按钮，回到【用友账务函数】窗口，完成了公式设置，如图 5.2.3 所示，单击【确定】按钮，回到【定义公式】窗口，单击【确认】按钮。

图 5.2.2 【账务函数】窗口

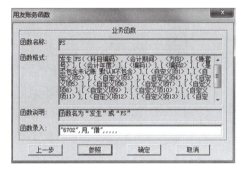

图 5.2.3 函数公式

（5）单击单元格 A14，执行【编辑】→【插入】→【行】命令，打开【插入行】窗口，插入行数量为"1"，单击【确认】按钮。

（6）在单元格 A14 中输入"资产处置损益（损失以'-'号填列）"，单击单元格 C14，按等号（"="）键打开【定义公式】窗口，通过函数向导完成公式的定义，如图 5.2.4 和图 5.2.5 所示，注意图 5.2.4 中的【方向】为"贷"。

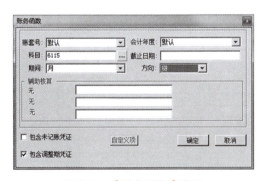

图 5.2.4 【账务函数】窗口

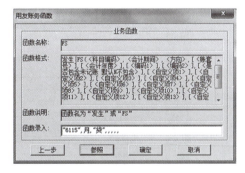

图 5.2.5 函数公式

（7）单击单元格 C17，按等号（"="）键打开【定义公式】窗口，该表格原有公式如图 5.2.6 所示，在原公式的基础上输入"-C12+C14"，如图 5.2.7 所示。

图 5.2.6 单元格 C17 原函数公式

图 5.2.7 单元格 C17 调整后函数公式

（8）调整行数数字，将编制单位名称补充完整，新利润表模板如图 5.2.8 所示。

图 5.2.8　新利润表模板

3. 生成利润表数据

（1）将报表从"格式"状态切换到"数据"状态，执行【数据】→【关键字】→【录入关键字】命令，打开【录入关键字】窗口，录入关键字"2022 年 01 月"，单击【确认】按钮。

（2）系统提示"是否重算第 1 页？"，单击【是】按钮，系统自动计算利润表各项目数据，计算结果如图 5.2.9 所示。

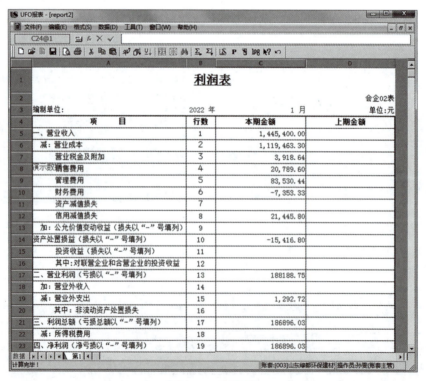

图 5.2.9　利润表

（3）执行【文件】→【另存为】命令，以"1月利润表"命名，保存到目标文件夹。

◆ 系统虽然已经提供了报表模板，但是由于基础设置时新增了"资产处置损益"和"信用减值损失"两个损益类科目，因此需要调整报表模板格式，并定义公式。

◆ 利润表数据中，所有收入类科目从贷方取数，所有支出类科目从借方取数，因此在填制凭证时要特别注意科目的方向是否正确，如取得利息收入的凭证，"财务费用"应填制借方红字，否则报表无法取数，金额错误。

◆ 如果利润金额不正确，可以执行【总账】→【账表】→【科目表】→【余额表】命令，比对金额，查找错误原因。

★★★警钟长鸣★★★

抚顺特钢曾连续8年财务造假，通过虚增存货、减少生产成本、将部分虚增存货转入在建工程和固定资产等方式，累计虚增利润近20亿元，虚增资产40亿元。抚顺特钢违法行为持续时间长，手段特别恶劣，涉案数额特别巨大，严重扰乱市场秩序并造成严重社会影响，致使投资者利益遭受了特别严重的损害。2019年7月，证监会对抚顺特钢及45名相关责任人给予行政处罚，并处以60万元罚款。同时要求时任董事长赵明远、单志强，董事孙启、张晓军终身禁入市场，时任财务总监王勇、姜臣宝10年禁入市场。

任务2　生成资产负债表

【任务描述】利用报表模板生成山东绿都环保建材贸易有限公司2022年1月31日的资产负债表，以"1月资产负债表"命名，将其保存在"D:\财务报表"文件夹中。

【任务解析】本任务要求调用系统提供的报表模板，生成2022年1月31日的资产负债表，检查报表是否平衡、正确，并保存报表。

【知识链接】资产负债表又称为财务状况表，是反映企业某一特定日期资产分布、资产来源等情况的报表，是外界对企业进行评价的重要依据。在手工账务处理方式下，财务人员要根据企业的总分类账、明细分类账余额分析填列报表项目，工作量非常大。用友U8V10.1软件UFO报表系统设置好资产负债表的模板，财务人员只需要调用模板，并根据企业实际情况进行报表项目的调整即可，大大简化了报表编制工作。

【工作指导】
1. 调用资产负债表模板

（1）在【UFO报表】窗口，关闭【利润表】窗口，单击【新建】按钮，建立一张空白报表。

（2）执行【格式】→【报表模板（M）】命令，打开【报表模板】窗口，【所在行业】选择"2007年新会计制度科目"，【财务报表】选择"资产负债表"，单击【确认】按钮，系统提示"模板格式将覆盖本表格式！是否继续？"，单击【确定】按钮。

生成资产负债表

（3）录入编制单位名称"山东绿都环保建材贸易有限公司"。

2. 生成资产负债表数据

（1）将报表切换到"数据"状态，执行【数据】→【关键字】→【录入关键字】命令，打开【录入关键字】窗口，录入关键字"2022年01月31日"，单击【确认】按钮。

（2）系统提示"是否重算第1页？"，单击【是】按钮，系统自动计算资产负债表各项目数据，计算结果如图5.2.10、图5.2.11所示。

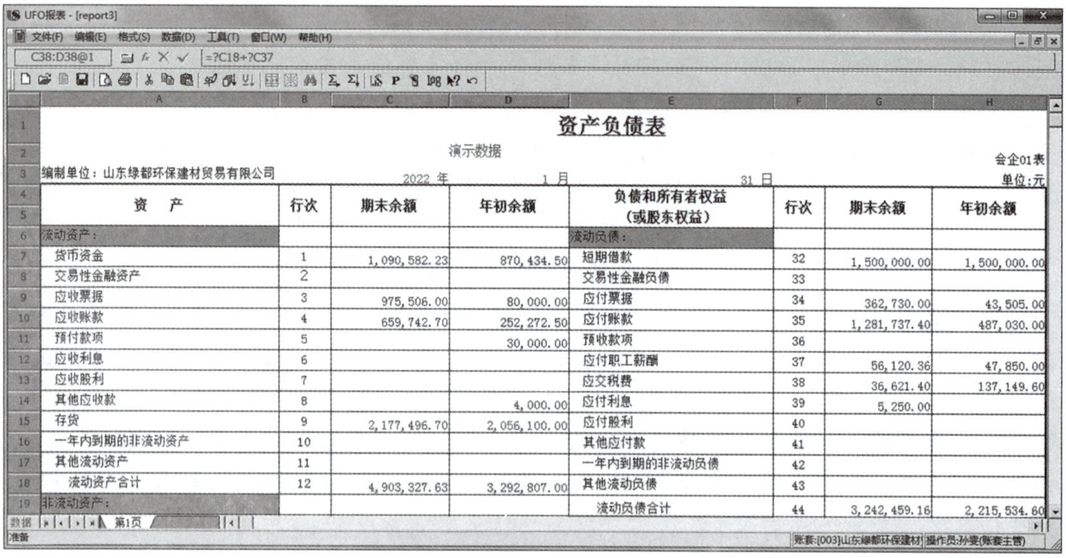

图5.2.10 资产负债表（1/2）

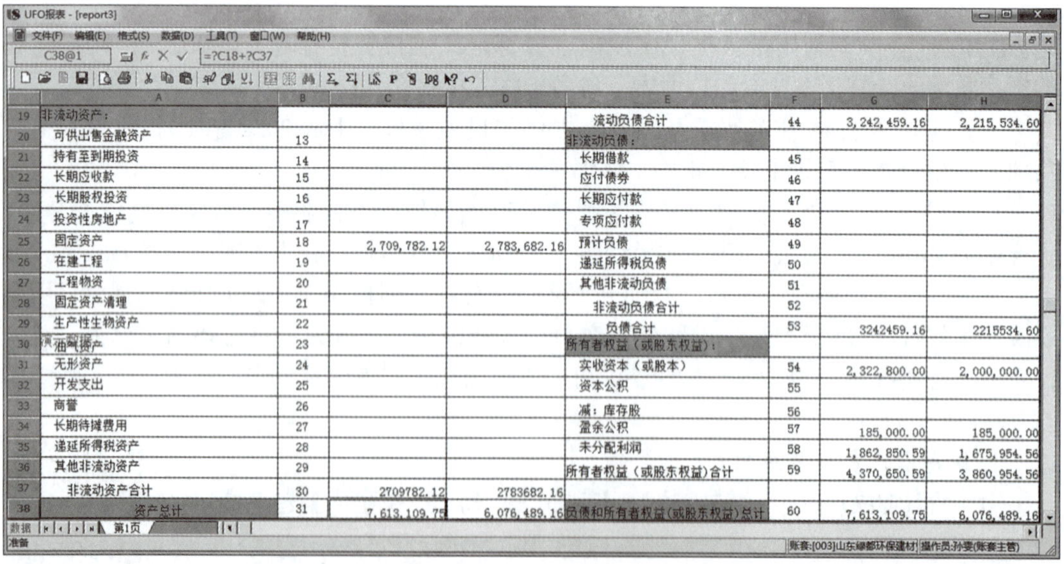

图5.2.11 资产负债表（2/2）

（3）执行【文件】→【另存为】命令，以"1月资产负债表"命名，保存到目标文件夹。

※※

◆ 用友 U8V10.1 软件环境下报表格式为".rep",保存后的报表不能直接打开,需要进入 UFO 报表系统,通过"打开文件"功能,选择正确的路径打开报表。

◆ 资产负债表中"未分配利润"的期末与期初余额的差额,应该与利润表中本年累计的利润相等,本报表是 1 月报表,因此两者差额与 1 月的本期利润额相等,即期末（1 862 850.59 元）− 期初（1 675 954.56 元）= 利润表本期利润（186 896.03 元）。

※※

任务 3　生成现金流量表

【任务描述】利用报表模板生成山东绿都环保建材贸易有限公司 2022 年 1 月的现金流量表,以"1 月现金流量表"命名,将其保存在"D:\财务报表"文件夹中。

【任务解析】本任务要求调用系统提供的报表模板,设置报表项目公式,录入关键字生成 2022 年 1 月的现金流量表并保存。

【知识链接】现金流量表反映企业特定期间现金及现金等价物流入、流出及结存的总体情况,分别以经营活动、投资活动、筹资活动列报,有助于报表使用者对企业偿债能力、支付能力等做出客观的评判。用友 U8V10.1 软件环境下日常业务处理分性质录入了现金流量项目,期末可以直接定义好公式,生成现金流量表,简化了报表编制的工作。

【工作指导】

1. 调用现金流量表模板

（1）关闭【资产负债表】窗口,单击【新建】按钮,建立一张空白报表。

（2）执行【格式】→【报表模板（M）】命令,打开【报表模板】窗口,【所在行业】选择"2007 年新会计制度科目",【财务报表】选择"现金流量表",单击【确认】按钮,系统提示"模板格式将覆盖本表格式! 是否继续？",单击【确定】按钮。

生成现金流量表

（3）录入编制单位名称"山东绿都环保建材贸易有限公司"。

2. 设置报表公式

（1）模板中金额小计等单元格已经定义好公式,没有公式的单元格需要定义。单击单元格 C6,按等号（"="）键打开【定义公式】窗口,单击【函数向导】按钮,打开【函数向导】窗口,单击左侧的"用友账务函数"选项,选择右侧的"现金流量项目金额（XJLL）"选项,如图 5.2.12 所示。

（2）单击【下一步】按钮,打开【用友账务函数】窗口,单击【参照】按钮,打开【账务函数】窗口,【方向】默认为"流入",【现金流量项目编码】选择"01 销售商品、提供劳务收到的现金",如图 5.2.13 所示,单击【确定】按钮。

（3）回到【用友账务函数】窗口,单击【确定】按钮,在【定义公式】窗口中完成公式定义,如图 5.2.14 所示。

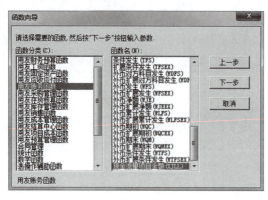
图 5.2.12 【函数向导】窗口

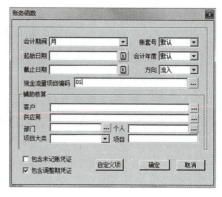
图 5.2.13 【账务函数】窗口

图 5.2.14 单元格 C6 公式

（4）同理为其他单元格定义公式，选择正确的现金流量方向（流入或流出），以单元格 C10 "购买商品、接受劳务支付的现金"为例，函数设置如图 5.2.15 所示。

（5）对于单元格 C39 "汇率变动对现金及现金等价物的影响"，设置公式时，【方向】选择"流入"，【现金流量项目编码】选择"23 汇率变动对现金的影响"，如图 5.2.16 所示。

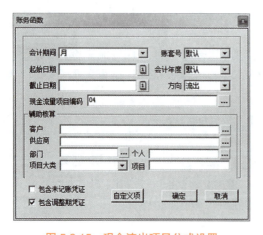
图 5.2.15 现金流出项目公式设置

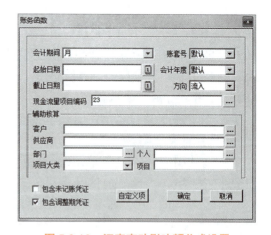
图 5.2.16 汇率变动影响额公式设置

（6）设置单元格 C41 "期初现金及现金等价物余额"公式，使用用友账务函数中的"期初（QC）"函数，将库存现金 1001、银行存款 1002、其他货币资金 1012 的期初余额加和，参照函数公式取 1001 期初余额后，如图 5.2.17 所示，复制"QC（"1001"，月,,,,,,,,,）"，在【定义公式窗口】中录入"+"粘贴并分别修改科目为 1002 和 1012，定义后的公式应为"QC（"1001"，月,,,,,,,,）+QC（"1002"，月,,,,,,,,,）+QC（"1012"，月,,,,,,,,,）"，如图 5.2.18 所示。

图 5.2.17 现金期初余额　　　　　图 5.2.18 期初现金及现金等价物余额公式

3. 生成现金流量表数据

（1）将报表切换到【数据】状态，执行【数据】→【关键字】→【录入关键字】命令，打开【录入关键字】窗口，录入关键字"2022年01月"，单击【确认】按钮。

（2）系统提示"是否重算第1页？"，单击【是】按钮，计算结果如图5.2.19所示。

现金流量表

编制单位：山东绿都环保建材贸易有限公司　　2022年　　1月

会企03表　单位：元

项目	行次	本期金额	上期金额
一、经营活动产生的现金流量：			
销售商品、提供劳务收到的现金	1	311449.33	
收到的税费返还	2		
收到其他与经营活动有关的现金	3	750.00	
经营活动现金流入小计	4	312,199.33	
购买商品、接受劳务支付的现金	5	256605.00	
支付给职工以及为职工支付的现金	6	81348.60	
支付的各项税费	7	137086.00	
支付其他与经营活动有关的现金	8	4610.00	
经营活动现金流出小计	9	479,649.60	
经营活动产生的现金流量净额	10	-167,450.27	
二、投资活动产生的现金流量：			
收回投资收到的现金	11		
取得投资收益收到的现金	12		
处置固定资产、无形资产和其他长期资产收回的现金净额	13	58760.00	
处置子公司及其他营业单位收到的现金净额	14		
收到其他与投资活动有关的现金	15		
投资活动现金流入小计	16	58,760.00	
购建固定资产、无形资产和其他长期资产支付的现金	17	6102.00	
投资支付的现金	18		
取得子公司及其他营业单位支付的现金净额	19		
支付其他与投资活动有关的现金	20		
投资活动现金流出小计	21	6,102.00	
投资活动产生的现金流量净额	22	52,658.00	
三、筹资活动产生的现金流量：			
吸收投资收到的现金	23	322800.00	
取得借款收到的现金	24		
收到其他与筹资活动有关的现金	25		
筹资活动现金流入小计	26	322,800.00	
偿还债务支付的现金	27		
分配股利、利润或偿付利息支付的现金	28		
支付其他与筹资活动有关的现金	29		
筹资活动现金流出小计	30		
筹资活动产生的现金流量净额	31	322,800.00	
四、汇率变动对现金及现金等价物的影响	32	12,140.00	
五、现金及现金等价物净增加额	33	220,147.73	
加：期初现金及现金等价物余额	34	870434.50	
六、期末现金及现金等价物余额	35	1,090,582.23	

图 5.2.19 现金流量表

（3）执行【文件】→【另存为】命令，以"1月现金流量表"命名，保存到目标文件夹。

※※※※※※※※※※※※※※※※※※※※※※※※※※※※※※※※※※※※※※

- 给单元格定义公式，可以通过函数向导，也可以直接输入。
- 定义现金流量公式时，应注意方向问题，如定义"购买商品支付劳务支付的现金"单元格公式时，【方向】应选择"流出"。
- 系统已经对小计、现金流量净额等设定好了公式，可直接使用。
- 执行【总账】→【现金流量表】→【现金流量统计表】命令，可以查看本期的现金流量统计表，与生成的现金流量表数据进行比对。

※※※※※※※※※※※※※※※※※※※※※※※※※※※※※※※※※※※※※※

★★★政策解读★★★

为了贯彻落实党中央、国务院激励企业加大研发投入、优化研发费用加计扣除政策实施方式的部署，国家税务总局于2021年9月发布《关于进一步落实研发费用加计扣除政策有关问题的公告》，在允许企业10月纳税申报期享受上半年研发费用加计扣除的基础上，2021年10月纳税申报期再增加一个季度优惠。同时优化简化研发支出辅助账样式，调整优化计算方法，促进企业提前享受研发费用加计扣除优惠，增加流动资金，缓解资金压力，减轻办税负担。

常见故障排除

序号	问题描述	原因分析	解决方案
1	货币资金表数据错误	凭证未全部记账或者公式设置错误	检查所有凭证是否已经审核入账；检查货币资金表的公式所选择的函数是否正确
2	报表从"格式"状态转到"数据"状态，报表数据错误或者没有生成	没有正确录入关键字	根据任务要求，录入正确的关键字
3	资产负债表的"日"为灰色，无法录入关键字	没有将"日"设置成关键字	资产负债表需要反映某一时点数据，因此在"格式"状态下，将"日"设置成关键字
4	录入关键字，报表数据不正确	引入模板时，行业性质选择错误	关闭模板，重新引入模板，【行业性质】选择"2007新会计科目制度"，与建立账套信息一致
5	资产负债表期初、期末数字相等	凭证没有记账	执行凭证的审核、出纳签字并记账，然后重新生成报表
6	利润表与资产负债表的勾稽关系不正确	报表数据有错误	对照总账系统的科目余额表数据，比对哪个项目出现问题，进行修正
7	资产负债表不平	损益类科目有余额、凭证未完全记账等	对照总账系统的科目余额表数据，查找原因
8	现金流量表数据与现金流量统计表数据不一致	公式定义错误	检查公式是否正确，特别留意是否将"流出"项错设成"流入"项

项目考核评价

姓名：		学号：	班级：		组别：			
评价项目	评价项目	评价标准	评价依据	评价方式		权重	得分	总分
				小组 0.2	教师 0.8			
编制财务报表	职业素质	1. 遵守实训管理规定和劳动纪律； 2. 在实训过程中保持操作台干净整洁，实训耗材摆放规范，实训结束后及时清理垃圾； 3. 团结互助，高效地完成实训任务	实训表现			0.1		
	专业能力	1. 能根据任务要求，准确快速地设置自定义报表格式及公式，生成自定义报表数据和图表； 2. 能清晰地解释利润表格式调整的原理，报表若无法正确取数，能分析出现错误的原因并进行修正； 3. 能根据报表勾稽关系判断本月报表是否正确； 4. 及时完成任务并上交截图	自定义报表、模板报表截图			0.6		
	创新能力	1. 研究UFO报表系统的功能，实现个性化自定义报表的开发制作 2. 能根据最新企业会计准则报表模式对系统模板进行更新，对公式进行重新设置	课堂表现，分析、解决问题的能力			0.1		
	学习态度质量	1. 登录平台，观看微课、课件等学习资源，自主开展课前预习； 2. 及时完成课前在线测试； 3. 积极针对报表间勾稽关系、报表数据来源等问题进行讨论、回帖、发帖。	在线测试成绩/视频浏览时长/发帖、回帖数量	线上学习数据		0.2		
	教师评语	指导教师签名： 日期：						

项目小结

编制财务报表			
子项目	任务列表		学习内容
编制自定义报表	1. 设置报表格式		表格"格式"状态与"数据"状态功能区分
			表尺寸、行高、列宽设置
			表格单元属性内容及设置方法
			关键字的作用及设置、偏移、取消方法
			利用函数为报表定义公式
	2. 生成报表数据与图表		录入关键字
			根据报表数据插入图表
利用报表模板生成常用报表	1. 生成利润表		利润表的含义与作用
			最新利润表格式
			调用利润表模板流程与生成报表数据
			保存与打开报表的方法
	2. 生成资产负债表		资产负债表的含义与作用
			新准则下资产负债表的格式与内容
			调用资产负债表模板流程与生成报表数据
			利润表与资产负债表数据勾稽关系
	3. 生成现金流量表		现金流量表主表格式
			现金流量表公式定义方法
			生成现金流量表

参考文献

[1] 毛华扬.会计信息系统原理与应用[M].北京：中国人民大学出版社，2018.
[2] 张瑞君.会计信息系统[M].北京：中国人民大学出版社，2019.
[3] 汪刚.会计信息系统实验[M].北京：高等教育出版社，2013.
[4] 李爱红，陈洪波.ERP财务供应链一体化实训教程（用友U8V10.1）[M].北京：高等教育出版社，2017.
[5] 宋红尔.会计信息化——财务篇（用友ERP-U8V10.1版）[M].大连：东北财经大学出版社，2018.
[6] 李爱红.会计电算化项目教程[M].北京：中国财政经济出版社，2017.
[7] 财政部会计资格评价中心.初级会计实务[M].北京：经济科学出版社，2021.